Panorama hispanohablante 1

Spanish ab initio for the IB Diploma

Teacher's Resource

Second edition

Chris Fuller, Virginia Toro, María Isabel Isern Vivancos, Alicia Peña Calvo and Víctor González

CAMBRIDGE
UNIVERSITY PRESS

University Printing House, Cambridge CB2 8BS, United Kingdom

One Liberty Plaza, 20th Floor, New York, NY 10006, USA

477 Williamstown Road, Port Melbourne, VIC 3207, Australia

314–321, 3rd Floor, Plot 3, Splendor Forum, Jasola District Centre, New Delhi – 110025, India

79 Anson Road, #06–04/06, Singapore 079906

Cambridge University Press is part of the University of Cambridge.

It furthers the University's mission by disseminating knowledge in the pursuit of education, learning and research at the highest international levels of excellence.

www.cambridge.org

Information on this title: www.cambridge.org/9781108649803

© Cambridge University Press 2019

This publication is in copyright. Subject to statutory exception and to the provisions of relevant collective licensing agreements, no reproduction of any part may take place without the written permission of Cambridge University Press.

First published 2019

20 19 18 17 16 15 14 13 12 11 10 9 8 7 6 5 4 3

Printed in Great Britain by CPI Group (UK) Ltd, Croydon CR0 4YY

A catalogue record for this publication is available from the British Library

ISBN 9781108649803 Paperback

Cambridge University Press has no responsibility for the persistence or accuracy of URLs for external or third-party internet websites referred to in this publication, and does not guarantee that any content on such websites is, or will remain, accurate or appropriate. Information regarding prices, travel timetables, and other factual information given in this work is correct at the time of first printing but Cambridge University Press does not guarantee the accuracy of such information thereafter.

This work has been developed independently from and is not endorsed by the International Baccalaureate (IB).

IB consultant: Carmen de Miguel

Dedicado a la memoria de Virginia Toro, estimada docente de la lengua española que participó como autora en este proyecto.

NOTICE TO TEACHERS IN THE UK

It is illegal to reproduce any part of this work in material form (including photocopying and electronic storage) except under the following circumstances:

(i) where you are abiding by a licence granted to your school or institution by the Copyright Licensing Agency;

(ii) where no such licence exists, or where you wish to exceed the terms of a licence, and you have gained the written permission of Cambridge University Press;

(iii) where you are allowed to reproduce without permission under the provisions

of Chapter 3 of the Copyright, Designs and Patents Act 1988, which covers, for example, the reproduction of short passages within certain types of educational anthology and reproduction for the purposes of setting examination questions.

Acknowledgements

Cover image: Gabriel Perez/Getty Images

Índice	Página

Introducción

Enfoque de *Panorama Hispanohablante*

Panorama Hispanohablante ha sido concebido específicamente para los estudiantes que no hayan cursado lengua española con anterioridad. Este curso tiene como objetivo hacer que los estudiantes adquieran el idioma necesario para que se puedan desenvolver lingüísticamente en situaciones auténticas. También se les introduce a las distintas culturas de países hispanohablantes. Al final de los dos años de curso el estudiante debería haber adquirido las destrezas necesarias para presentarse al examen del Bachillerato Internacional, o para continuar su aprendizaje del idioma de manera más autónoma si así lo desea.

Panorama Hispanohablante tiene dos volúmenes, que corresponden a los dos años del curso de español *ab initio* del Bachillerato Internacional. Los dos volúmenes presentan textos y actividades adaptados al nivel de los estudiantes. Los libros se pueden utilizar en cualquier contexto educativo, y en todo tipo de colegios nacionales o internacionales.

El profesor que enseña el curso *ab initio* por primera vez encontrará todo el apoyo necesario para planificar su programa de enseñanza, con multitud de consejos para que pueda preparar a sus estudiantes para poder afrontar con éxito las diferentes pruebas del examen. Por otra parte, el profesor experimentado también encontrará en *Panorama Hispanohablante* recursos adicionales que complementarán su programa de enseñanza.

¿Cómo se refleja el espíritu del programa del Bachillerato Internacional en este curso?

El Bachillerato Internacional tiene como objetivo preparar a los estudiantes para los estudios superiores, pero además tiene como meta formar ciudadanos globales informados, cultivados y solidarios, con un espíritu abierto e independiente.

Panorama Hispanohablante es un libro con un enfoque decididamente internacional. Ofrece textos auténticos, provenientes de una variedad de países hispanohablantes. Los textos se seleccionaron no solo por su adherencia al programa *ab initio* del Bachillerato Internacional, sino también por el interés que podrán despertar en los jóvenes. Además, las diferentes actividades les permitirán desarrollar un verdadero conocimiento intercultural.

Se han concebido las actividades para que permitan al estudiante adquirir progresivamente sus conocimientos y sus destrezas lingüísticas, y al mismo tiempo reflexionar y desarrollar su capacidad crítica (sobre todo por medio de enlaces con el programa de Teoría del Conocimiento y de Creatividad, Actividad y Servicio), y su participación activa en el aprendizaje.

Se recomienda animar a los estudiantes desde el comienzo del curso a que trabajen independientemente en el aprendizaje del idioma. Pueden ampliar su vocabulario con la ayuda de un diccionario, aprendiendo no solo las palabras que aparezcan en los textos que estén estudiando, sino también otras palabras ligadas al mismo tema. Los estudiantes podrían incluir todas las palabras que aprendan en un archivo electrónico, o en un cuaderno de vocabulario, donde podrían clasificar el vocabulario por tema, algo que les ayudaría más adelante a la hora de repasar para el examen.

En *Panorama Hispanohablante* se abordan todos los aspectos gramaticales que forman parte del programa de español *ab initio* del Bachillerato Internacional, pero no son libros de gramática. Por eso, se aconseja acompañar *Panorama Hispanohablante* con un libro de gramática de su elección, en el idioma de instrucción de su colegio, para explicar más detalladamente los diferentes aspectos gramaticales mencionados en las secciones de *Gramática en contexto*. Además, se recomienda proveer a los estudiantes con ejercicios de gramática adicionales a los que aparecen en los libros y cuadernos de ejercicios. Esto les permitirá consolidar sus conocimientos con respeto a los aspectos gramaticales más complejos.

¿Cómo se organiza este curso?

El programa español *ab initio* se basa en tres campos de estudio: el idioma, los textos y tres áreas temáticas. Las cinco áreas temáticas son *Identidades, Experiencias, Ingenio humano, Organización social y Compartimos el planeta.*

Estas cinco áreas temáticas cubren una variedad de temas y aspectos diferentes, que sirven de base para el aprendizaje del idioma, el estudio de diferentes tipos de textos y la exploración de la variedad de culturas hispanohablantes, mientras que los estudiantes desarrollan sus destrezas receptivas, productivas e interactivas. Cada unidad de *Panorama Hispanohablante* se enfoca en un tema particular y en una serie de aspectos relacionados, que dan pie al desarrollo y práctica de varios elementos lingüísticos. Además, el programa español ab initio tiene por desafío desarrollar la comprensión de cinco conceptos clave: el público (¿**a quién** está dirigo el texto?), el significado (¿**qué** ha querido decir el autor del texto?), el propósito (¿**por qué** ha escrito el autor el texto?), el contexto (¿**cuál** es el contexto del texto?) y la variación de la lengua (¿**qué lenguaje** es más apropiado?).

Varios ejercicios incluyen preguntas que ayudarán a los alumnos a dominar este tema.

Panorama Hispanohablante incluye dos libros del alumno, dos libros del profesor, dos cuadernos de ejercicios, una serie de grabaciones de audio y material adicional.

Las grabaciones de audio forman parte integral del curso en el libro 1. El examen del Bachillerato Internacional contiene ejercicios de comprensión auditiva. Las grabaciones del libro 1 son indispensables para un buen aprendizaje del idioma, y ayudarán a que los estudiantes adquieran una buena pronunciación.

Panorama Hispanohablante está organizado de la siguiente manera:

14 unidades en el libro 1

11 unidades en el libro 2

Cada unidad incluye:

- Grabaciones (libro 1) y textos, sencillos y cortos en las primeras unidades, con textos auténticos más largos y complejos posteriormente, que permitirán al estudiante desarrollar sus destrezas lingüísticas y su comprensión intercultural.
- Muchas imágenes que ilustran puntos gramaticales y que ayudan a descubrir la cultura de los países hispanohablantes, u ofrecen un estímulo visual para las pruebas orales.
- Actividades de comprensión.
- Actividades orales.
- Actividades escritas.
- Ejercicios de gramática en contexto.
- Actividades preparatorias para los exámenes orales y escritos.
- Actividades preparatorias para el examen de comprensión auditiva (en el libro 2, donde dos páginas al final de cada unidad se dedican exclusivamente a ejercicios de comprensión auditiva).
- Listas de vocabulario, consejos para la pronunciación e información cultural.

La última página de cada unidad es de repaso (libro 1) o de preparación a los exámenes (libro 2).

Iconos empleados en el libro del alumno

Para empezar

Habla

 Escucha

 Lee

 Comprende

 Escribe

 Investiga

 Imagina

¿Cómo utilizar este curso?

Para los estudiantes que nunca han estudiado español, se recomienda utilizar el primer libro en el primer año, y el segundo en el segundo año de estudio; y seguir las unidades en el orden en el cual aparecen en el libro. Por otra parte, para los estudiantes que ya tienen algún conocimiento del idioma, el profesor podría seleccionar elementos del primer libro para que sus alumnos puedan repasar los aspectos del idioma que ya conozcan, y así diseñar el curso de manera más personalizada.

Los cuadernos de ejercicios tienen como objetivo reforzar los conocimientos adquiridos en clase, y proveen actividades que los estudiantes pueden completar en su tiempo libre. Por eso, se recomienda que cada estudiante tenga su propio cuaderno de ejercicios. Han sido diseñados de manera que los estudiantes puedan escribir en ellos las respuestas a los diferentes ejercicios.

¿Qué hay en el libro del profesor y Cambridge Elevate?

El libro del profesor contiene:

- Las respuestas para cada ejercicio.
- Las transcripciones de las grabaciones.
- Recomendaciones prácticas: cómo utilizar los libros.
- Sugerencias para actividades complementarias.
- Consejos para los exámenes.
- Consejos para el trabajo escrito.
- Una tabla resumiendos las características de los varios tipos de textos.
- Consejos para el oral individual.

Cambridge Elevate ofrece diferentes posibilidades de uso y explotación pedagógica. Contiene los siguientes materiales:

- Un glosario de todas las palabras principales que aparecen en el libro del alumno.
- Actividades complementarias para imprimir y utilizar en clase.
- Todas las grabaciones que acompañan las actividades de las secciones Escucha en el libro del alumno 1.

Deseamos que los estudiantes disfruten aprendiendo el idioma español y descubriendo la variedad cultural del mundo hispanohablante. Esperamos que *Panorama Hispanohablante* les ayude a tener éxito en sus estudios del Bachillerato Internacional y que posteriormente continúen aprendiendo el idioma de manera independiente.

Panorama hispanohablante 1 es un curso de español *ab initio* para el Programa del Diploma del Bachillerato Internacional

Unidades de *Panorama hispanohablante 1*, libro del alumno

Unidad	Área temática	Tema	Aspectos	Gramática	Tipos de texto
1: Me presento	Identidades	Atributos personales Relaciones personales	• Edad • Fecha de nacimiento • Idiomas • Nacionalidad • Identificación • Saludos • Familia (introducción) • Aspecto físico • Personalidad	• Artículo determinado • Concordancia de adjetivos • Negativos simples • Presente de verbos comunes • Números cardinales • Fechas • Ortografía	Mapa Entrevista

Unidad	Área temática	Tema	Aspectos	Gramática	Tipos de texto
2: Mis orígenes	Identidades	Atributos personales Relaciones personales	• Aspecto físico (continuación) • Actitudes • Edad • Ropa • Familia (continuación) • Profesiones	• Presente regular (continuación) • Verbos *tener* y *ser* • Verbo *estar* • Números cardinales (continuación) • Comparativos • Orden de las palabras	Mapa Lista Notas Sitio web de una red social
3: Así es mi día	Experiencias	Rutina diaria	• De lunes a viernes • En casa • El fin de semana • El calendario • La hora • Las comidas del día • Las tareas doméstica	• *Hay* • Presente: verbos *e > ie*, *e > i*, *o > ue* • Hora • Verbos reflexivos regulares e irregulares • Verbos personales *hacer y soler* • Adverbios de tiempo	Diario Carta informal Correo electrónico Artículo
4: ¡Que aproveche!	Identidades	Comidas y bebidas	• Cantidad • Comestibles • Compras • Instrucciones para cocinar • Restaurantes • Salud y dieta	• Negativos • Adverbios de frecuencia • Adverbios de cantidad • Pronombres y adjetivos demostrativos	Lista Blog Correo electrónico Receta Póster
5: ¿Dónde vives?	Organización social Ingenio humano	El barrio Transporte público	• Ciudad • Pueblo • Lugares • Direcciones • Edificios • Tipos de vivienda • Transporte público	• Preposiciones de lugar • Adjetivos descriptivos de lugar • Verbos irregulares + preposición de lugar: *estar* + *en*, *ir* + *a* + lugar, *ir* + *en* + medio de transporte	Correo electrónico Mapa Folleto turístico
6: Zonas climáticas	Compartimos el planeta	Clima Geografía física	• Clima • Condiciones meteorológicas • Estaciones • Impacto del clima en la vida cotidiana	• Verbo impersonal *hacer* • Pretérito indefinido • Adverbios de tiempo	Blog Correo electrónico Informe meteorológico Mapa Artículo

Unidad	Área temática	Tema	Aspectos	Gramática	Tipos de texto
7: De viaje	Compartimos el planeta Ingenio humano Experiencias	Medio ambiente Transporte Vacaciones y turismo	• Cuestiones medioambientales • Direcciones • Medios de transporte • Viajes • Actividades • Alojamiento	• Futuro inmediato: *ir a* • Conjunciones • Imperativo • Pretérito indefinido (verbos irregulares) • Expresiones temporales	Folleto Itinerario Anuncio Correo electrónico Diario Artículo Tarjeta postal
8: Mi tiempo libre	Experiencias Ingenio humano	Ocio Entretenimiento	• Centros de deportes • Clubes y equipos • Tipos de deporte • Actividades recreativas • Artes • Televisión	• Pretérito indefinido (repaso) • *Gustar* + adverbios de cantidad • Adverbios de negación • Oración negativa	Póster Encuesta Correo electrónico Horario Entrevista Blog Artículo
9: La educación	Organización social	Educación	• Asignaturas • Profesores • Ropa / vestimenta • Espacio escolar • Sistemas educativos	• Pretérito imperfecto • Adjetivos comparativos • Adjetivos superlativos • Condicional	Horario Página web Blog Carta formal Artículo Folleto
10: ¡Vamos a celebrar!	Experiencias	Festivales y celebraciones	• Eventos culturales y especiales: festivales • Actividades recreativas • Festejos	• Adjetivos • Verbos modales (introducción) • Verbos irregulares con cambio en el radical • Adjetivos comparativos (repaso) • Superlativo absoluto • Pretérito imperfecto (repaso) • Verbos impersonales	Póster Horario Anuncio Folleto Correo electrónico Receta Sitio web de una red social Invitación
11: De compras	Ingenio humano	Entretenimiento	• Centros comerciales • Compras en Internet • Costumbres y tradiciones: regateo, rebajas • Tiendas / negocios • Mercados • Transacciones • Productos	• Números ordinales • Formas impersonales • Diminutivos • Pronombres (objeto directo) • Pretérito imperfecto y pretérito indefinido	Correo electrónico Entrevista Aviso Debate Encuesta Artículo Presentación

Unidad	Área temática	Tema	Aspectos	Gramática	Tipos de texto
12: Salud y bienestar	Identidades	Bienestar físico Comidas y bebidas	• Cuerpo • Enfermedad • Doctor / médico • Remedios / medicamentos • Accidentes • Salud y dieta: vegetarianismo	• Pretérito perfecto • Verbo *doler* • Verbos modales (continuación)	Correo electrónico Lista Entrevista Carta Informe Cuestionario Artículo Aviso
13: Mi estilo de vida	Identidades	Bienestar físico	• Estilo de vida • Dieta • Estado físico • Adicción	• Imperativo (repaso) • Condicional (repaso) • Subjuntivo (introducción) • Pretérito imperfecto y pretérito indefinido (repaso) • Expresar recomendaciones y consejos	Blog Sitio web de una red social Folleto Artículo
14: Las relaciones personales	Identidades Ingenio humano	Relaciones personales Tecnología	• Amigos • Comunidad • Familia • Internet y redes sociales • Relaciones entre internautas	• Formas impersonales (repaso) • Expresar y contrastar opiniones • Expresar acuerdo y desacuerdo	Correo electrónico Sitio web de una red social Folleto Carta Artículo Página web

Áreas temáticas y temas que forman parte del curso de español *ab initio* del Programa del Diploma del Bachillerato Internacional y que son abarcados en las unidades de *Panorama hispanohablante 1*

Identidades		Experiencias		Ingenio humano		Organización social		Compartimos el planeta	
Atributos personales	1, 2	Rutina diaria	3	Transporte	7	El barrio	5	Clima	6
Relaciones personales	1, 2, 14	Ocio	8	Entretenimiento	8, 11	Educación	9	Geografía física	6
Comidas y bebidas	4, 12	Vacaciones y turismo	7	Medios de comunicación	n/a	Lugar de trabajo	n/a	Medio ambiente	7
Bienestar físico	12, 13	Festivales y celebraciones	10	Tecnología	14	Cuestiones sociales	n/a	Cuestiones globales	n/a

Puntos gramaticales que forman parte del curso de español *ab initio* del Programa del Diploma del Bachillerato Internacional y que son abarcados en unidades de *Panorama hispanohablante 1*

	Unidades de *Panorama hispanohablante 1*
Adjetivos	1, 5, 9, 10
Adverbios	3, 4, 6, 8
Artículo determinado	1
Comparativos	2
Condicional	9, 13
Conjunciones	7
Demostrativos	4
Diminutivos	11
Formas impersonales	11, 14
Futuro inmediato (*ir a*)	7
Gustar + adverbios de cantidad	8
Hay	3
Imperativo	7, 13
Negativos	1, 4, 8
Números cardinales	1, 2
Números ordinales	11
Preposiciones de lugar	5
Presente	1, 2, 3
Pretérito imperfecto	9, 10, 11, 13
Pretérito indefinido	6, 7, 8, 11, 13
Pretérito perfecto	12
Pronombres (objeto directo)	11
Superlativo absoluto	10
Verbo *doler*	12
Verbo *hacer*	3, 6
Verbos impersonales	10
Verbos irregulares	3, 5, 10
Verbos modales	10, 12
Verbos reflexivos	3
Verbos *tener* y ser	2

1 Me presento

Área temática	Identidades
Tema	Atributos personales Relaciones personales
Aspectos	Edad Fecha de nacimiento Idiomas Nacionalidad Identificación Saludos Familia (introducción) Aspecto físico Personalidad
Gramática	Artículo determinado Concordancia de adjetivos Negativos simples Presente de verbos comunes Números cardinales Fechas Ortografía
Tipos de texto	**Textos profesionales** Mapa Entrevista
Punto de reflexión	¿Por qué es importante hablar otro idioma?
Rincón IB	**Teoría del Conocimiento** • ¿Crees que tu identidad cambia cuando hablas otra lengua? **Creatividad, Actividad y Servicio** • Imagina que presentas a tu familia a unos nuevos amigos. Prepara una actuación con tus compañeros. **Para investigar** • Investigación sobre el uso de los apellidos en el mundo hispanohablante y comparación con otros sistemas. • Investigación sobre la importancia de la familia en el mundo hispanohablante comparada con otros modelos de familia. **Oral individual** • Presentarse y presentar a la familia con una foto como estímulo. • Conversación general sobre datos personales y familia.

La primera unidad del libro está basada en el tema de los datos personales, para desarrollar la capacidad de los estudiantes de comenzar a interactuar utilizando la lengua española. Introduce aspectos tales como la edad, fecha de nacimiento, idiomas, nacionalidad, saludos y familia; y en cuestiones gramaticales cubre artículos, adjetivos y su concordancia, el presente de verbos comunes, números cardinales y fechas. En la unidad vamos también a reflexionar sobre la importancia de hablar otros idiomas.

1 Para empezar

Este ejercicio tan básico es una oportunidad para introducir a los estudiantes el concepto del masculino y femenino, en caso de que no exista en el idioma propio. También lo puede utilizar como una plataforma para discutir los conocimientos previos de los estudiantes.

Respuesta

Bienvenido o bienvenida.

2 Lee

El objetivo del ejercicio es ver si los estudiantes reconocen la palabra *español* e introducir la idea de que en el idioma español hay consonantes que no necesariamente existen en otros idiomas. Además, el ejercicio crea una oportunidad para discutir cognados. Es importante que el alumno piense a quién va dirigido el cartel (a jóvenes estudiantes de español como lengua extranjera).

A. *Los asistentes al encuentro internacional de estudiantes y profesores de español se presentan*

1 Escucha y lee

El objetivo del ejercicio es familiarizar a los estudiantes con saludos y despedidas comunes del idioma español. Ayude a sus estudiantes gesticulando los saludos y las despedidas para que puedan acceder al ejercicio e identificar el vocabulario con más facilidad. Puede introducir vocabulario adicional, como por ejemplo *buenas noches* o *hasta la vista*. También puede discutir con los estudiantes diferencias regionales, como por ejemplo el hecho de que en países como Perú no es habitualmente utilizada la palabra *adiós*, pues se percibe como un poco brusca y "definitiva" (no desea volver a ver a esa persona), mientras que *chao* (que viene del *ciao* italiano) es más común que en España, donde la despedida más habitual es *adiós*.

Audio

1 Hola, me llamo Christophe. Soy francés, vivo en la capital de Francia, en París. Hablo francés y español. ¡Adiós!

2 ¡Buenos días! Me llamo Romy y vivo en Stuttgart, en Alemania. Soy alemana. Hablo alemán, francés, inglés y español. ¡Hasta luego!

3 Hola, ¿qué tal? Me llamo Michael y soy estadounidense. Vivo en el sur de los Estados Unidos, en California. Hablo inglés y español. ¡Chao!

4 Hola, buenas tardes. Me llamo Jian y soy china. Vivo en el norte de Beijing, en China. Hablo español, mandarín y un poco de italiano. ¡Hasta pronto!

Respuesta

Saludos: hola, buenos días, buenas tardes.

Despedidas: adiós, hasta luego, chao, hasta pronto.

2 Lee

El ejercicio tiene el objetivo de hacer que los estudiantes se centren en palabras claves para identificar países, nacionalidades e idiomas. Dirija la atención de los estudiantes al ejemplo y haga que a través de él identifiquen el significado de las categorías, así como el patrón seguido. Por ejemplo: letra mayúscula para países, minúscula para nacionalidad e idiomas, que frecuentemente son una repetición de la nacionalidad.

Respuesta

Nombre	País	Nacionalidad	Idiomas
Christophe	*Francia*	*francés*	*francés y español*
Romy	Alemania	alemana	alemán, francés, inglés y español
Michael	Estados Unidos	estadounidense	inglés y español
Jian	China	china	mandarín, italiano y español

Puntos cardinales

Comparta con sus estudiantes que en español, generalmente, se utiliza *sur* como punto cardinal, aunque en países latinoamericanos también es común decir *sud*. Cuando combinamos dos puntos cardinales, tanto el uso de *sur* como *sud* es aceptable como prefijo: *sureste* o *sudeste*. No hay regulación alguna en cuanto a su uso, y depende de lo que el hablante encuentre de más fácil pronunciación, siguiendo en líneas generales la misma tendencia: *sur* en España y *sud* en la mayoría de países latinoamericanos.

3 Escribe

Este ejercicio proporciona a los estudiantes un modelo de conversación que luego podrán reutilizar para su práctica oral. Aunque a primera vista el ejercicio puede parecer un tanto difícil, a través del vocabulario básico de presentaciones y saludos ya aprendidos, y los encabezados de la tabla del ejercicio anterior, su dificultad es bastante menor de lo inicialmente percibido. Si lo cree necesario, puede pedir a sus estudiantes que vuelvan a leer los textos de la actividad 2 y que traten de deducir el significado del verbo *vivir*.

Respuesta

—Hola, ¿cómo te llamas?

—Hola, buenos días. Me llamo Ludmila, ¿y tú?

—Me llamo Paco, encantado.

—Encantada. ¿Cuál es tu nacionalidad?

—Soy chileno, ¿y tú?

—Yo soy rumana. Vivo en Bucarest, en el sudeste de Rumanía. ¿Y tú? ¿Dónde vives?

—Vivo en Iquique, en el norte de Chile. ¿Qué idiomas hablas?

—Hablo español, rumano y ruso. ¿Y tú?

—Solo hablo español. ¡Adiós!

—¡Adiós! ¡Hasta pronto!

4 Habla

El ejercicio brinda a los estudiantes la oportunidad de practicar de modo oral el vocabulario aprendido hasta el momento, de manera que pueda supervisar la pronunciación de los estudiantes. Antes de que los estudiantes comiencen sus conversaciones, se sugiere que utilice una de las dos conversaciones de la actividad 3 y se la demuestre a toda la clase, cambiando la información relevante por información personal. Seguidamente, puede hacer lo mismo con dos o tres estudiantes competentes para que sirva de modelo al resto del grupo y comprendan lo que deben hacer.

Gramática en contexto

Las nacionalidades

Esta tabla tiene como objetivo subrayar la importancia del masculino y femenino en el idioma español, cuya relevancia y dificultad dependerá de la existencia del género en el idioma nativo de los estudiantes. Se sugiere que haga que los estudiantes observen con detalle los cambios en la tabla y deduzcan las reglas de la formación del femenino.

Dependiendo del idioma nativo de los estudiantes, quizás sea necesario subrayar el hecho de que en español las nacionalidades no requieren mayúscula.

5 Escucha

Dependiendo del perfil de sus estudiantes, puede que sea necesario que les diga que la nacionalidad no es necesariamente la misma que el país donde viven los jóvenes. Puede animar a los estudiantes más hábiles a anotar datos adicionales, tales como los puntos cardinales, nombres de ciudades o cognados con su lengua nativa o con el idioma del colegio. Analice con los alumnos qué papel juega el acento de las personas en nuestra comprensión del idioma.

Audio

1 Hola. Me llamo Ethan, vivo en Inglaterra, en Bath, pero soy escocés. Hablo inglés y español.

2 Buenos días, me llamo Monika y soy canadiense. Vivo en Canadá, en la capital. También hablo inglés y español.

3 Hola, mi nombre es Gerard y soy francés, aunque vivo en el norte de España, en Bilbao. Hablo francés, español y un poco de alemán.

4 Buenos días, me llamo Nuccio y vivo en los Estados Unidos, aunque soy de Catania, en el sur de Italia. Soy italiano y hablo español, inglés e italiano.

Respuesta

¿Cómo se llama?	¿Cúal es su nacionalidad?	¿Dónde vive?	¿Qué idiomas habla?
Ethan	*escocés*	*Bath, Inglaterra*	*inglés y español*
Monika	canadiense	Canadá (en la capital)	inglés y español
Gerard	francés	Bilbao, España (norte)	francés, español, alemán (un poco)
Nuccio	italiano (de Catania, en el sur)	Estados Unidos	español, inglés e italiano

Cuaderno de ejercicios 1/1

El objetivo del ejercicio es repasar las nacionalidades. Recuerde a los estudiantes que deberán prestar atención al género y elegir si quien habla es un chico o una chica, para así utilizar las correspondientes terminaciones masculinas o femeninas. Quizás también sea oportuno que les recuerde que en español no deberán utilizar mayúsculas para referirse a las nacionalidades.

Respuesta

1 Vivo en España. Soy español / española.
2 Vivo en China. Soy chino / china.
3 Vivo en Pakistán. Soy pakistaní.
4 Vivo en México. Soy mexicano / mexicana.
5 Vivo en Francia. Soy francés / francesa.

6 Habla

En esta ocasión los estudiantes practican las conversaciones utilizando las identidades ficticias de los asistentes al encuentro, de manera que deberán practicar vocabulario un poco más variado de lo que utilizaron al hablar de sí mismos. Se sugiere que agrupe a los estudiantes en grupos de cuatro para que así tengan la oportunidad de interactuar con varios compañeros. Alternativamente, puede asignar una identidad a cada estudiante y hacer que se levanten y circulen por la clase presentándose e intercambiando información con otros. En este caso, si lo desea, puede añadir otras identidades para hacer el ejercicio más variado.

Si le parece oportuno, puede plantear la cuestión del uso de *e* en lugar de *y* cuando la siguiente palabra empieza con *i-* o *hi-* (excepto palabras que empiezan con *hie-*), utilizando la información contenida en los idiomas hablados por Kaitlin y Pablo.

En la parte final, pida a los alumnos que escriban los diálogos en un estilo formal también. Puede introducir el uso de *usted* y la tercera persona del singular del verbo.

7 Lee

El ejercicio brinda a los estudiantes la oportunidad de practicar el presente de los verbos presentados, teniendo que cambiar los verbos que hayan utilizado en el ejercicio anterior a la tercera persona del singular.

Respuesta

Se llama *Kaitlin,* ***es*** *escocesa y* ***vive*** *en Edimburgo.* ***Habla*** *español e inglés.*

Se llama Sadaf, es pakistaní y vive en Faisalabad. Habla urdu, inglés y español.

Se llama Albert, es alemán y vive en Brandemburgo. Habla español, inglés y alemán.

Se llama Pablo, es mexicano y vive en Veracruz. Habla español e inglés.

Gramática en contexto

Verbos en presente

Cómo explicar la tabla de los verbos dependerá en gran parte del idioma de los estudiantes y de sus conocimientos previos de otras lenguas. Se sugiere que pregunte a sus estudiantes sobre la información de la tabla para deducir, a través de su capacidad de observación y conocimientos previos, algunos de los elementos claves de la gramática española, tales como las terminaciones *-ar*, *-er* e *-ir* de los infinitivos, el hecho de que hay verbos que mantienen la raíz del infinitivo en su conjugación (regulares), mientras otros cambian completamente (irregulares), y el hecho de que algunos verbos requieren un pronombre adicional (reflexivos).

8 Habla

El ejercicio tiene como objetivo proporcionar a los estudiantes práctica oral adicional y al mismo tiempo familiarizarse con el uso de las conjugaciones de los verbos que han visto en la sección de *Gramática en contexto*. En primer lugar deben entrevistar a un compañero, para lo que puede indicarles que utilicen las preguntas que encabezan la tabla del ejercicio 5, considerando las terminaciones adecuadas de los verbos. Deberá llamar la atención de los estudiantes sobre el uso adecuado de los posesivos (por ejemplo, *¿cuál es su nacionalidad?*) y proporcionarles el posesivo *tu* para que formulen las preguntas correctamente.

Los estudiantes deberán tomar nota de las respuestas dadas por sus compañeros y después reescribirlas en tercera persona para relatar la información al resto de la clase.

Ejemplo:

—¿Cómo te llamas?

—Me llamo Pedro.

—¿Dónde vives?

—Vivo en Londres.

—¿Cuál es tu nacionalidad?

—Soy italiano.

—¿Qué idiomas hablas?

—Hablo inglés, italiano y español.

Se llama Pedro. Vive en Londres. Es italiano, y habla inglés, italiano y español.

9 Escribe

Este ejercicio tiene el mismo objetivo que el ejercicio anterior y brinda la oportunidad de practicar las personas del plural de los verbos: primera y segunda personas del plural (deberá proporcionar a los estudiantes el posesivo *vuestra*).

—¿Cómo os llamáis?

—Nos llamamos Valeria y Lorea.

—¿Dónde vivís?

—Vivimos en Popayán, en Colombia.

—¿Cuál es vuestra nacionalidad?

—Somos colombianas.

—¿Qué idiomas habláis?

—Hablamos inglés y español.

Actividad complementaria 1.1

Esta actividad adicional se puede utilizar para introducir el concepto de los apellidos paternos y maternos en el mundo hispanohablante.

1 ¿Cuál es tu nombre completo?
2 ¿Cuántos apellidos tienes?
3 ¿Tienen todas las personas en tu familia el mismo apellido?
4 ¿Cuántos apellidos tienen los hispanohablantes?
5 ¿Por qué?

B. *¡Aquí se habla español!*

1 Escucha

La introducción del abecedario es una buena oportunidad para explicar a los alumnos que el español es un idioma fonético en el que cada letra equivale en general a un solo fonema, de manera que una vez que se aprende el abecedario se pueden pronunciar palabras desconocidas con relativa facilidad.

Tradicionalmente el abecedario español tenía 29 letras, incluyendo la *ch* y la *ll*, pero hoy en día el abecedario español solo cuenta con 27 letras, puesto que la Real Academia Española ha resuelto que *ch* y *ll* pasan a ser dígrafos (grupo de dos letras representando un solo sonido) en lugar de grafemas (unidad mínima de la escritura de una lengua).

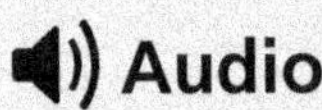 **Audio**

A B C D E F G H I J K L M N Ñ O P Q R S T U V W X Y Z

2 Escucha

El objetivo del ejercicio es llamar la atención sobre las letras del abecedario español que pueden ser más problemáticas dado que la correlación del nombre de la letra y su sonido no es tan clara ni evidente como el resto. También es una oportunidad para que los estudiantes se den cuenta de que hay letras cuyo sonido es diferente según precedan a una vocal fuerte (*a*, *o*, *u*) o a una vocal débil (*e*, *i*). Una vez completado el ejercicio, usted puede guiar a los estudiantes a hacer las comparaciones pertinentes con otros idiomas que conozcan. En muchos casos (por ejemplo en inglés) se dan las mismas excepciones con la *c* y la *g*, pero es posible que los estudiantes nunca se hayan parado a reflexionar sobre ellas.

3 Habla y comprende

El objetivo del ejercicio es la práctica del abecedario español en el contexto de los países y las ciudades de habla hispana. Si lo desea, puede indicar a los estudiantes que el idioma oficial de Belice es el inglés, pero la mayoría de sus habitantes hablan español, y que Puerto Rico es un estado libre asociado de los Estados Unidos con inglés y español como idiomas oficiales.

En la caja de la parte superior del mapa se indica que hay más hablantes de español en Estados Unidos que en España. Puede preguntar a los alumnos cuántos hablantes de español hay en ambos países para hacer una comparación más precisa.

Los estudiantes también pueden buscar información sobre Guinea Ecuatorial y leer la prensa digital que ofrece este país por Internet.

Esta actividad también se puede hacer en pequeños grupos, a modo de competición en la que ganará el primer grupo que consiga deletrear lugares del mapa empezando por cada letra del abecedario.

Respuesta

1 *Argentina*, Belice, Bolivia, Chile, Colombia, Costa Rica, Cuba, Dagua, Ecuador, España, Formosa, Guatemala, Guinea Ecuatorial, Honduras, Ipís, Jerez de la Frontera, Kiyú, Lima, México, Nicaragua, Ñuñoa, Orocovis, Panamá, Paraguay, Perú, Puerto Rico, Quito, República Dominicana, Sapucaí, El Salvador, Tegucigalpa, Uruguay, Venezuela, Warnes, Xalapa, Yaviza, Zaraza.

2 Esta actividad puede estimular la pronunciación de los sonidos en español que pueden ser complicados en otras lenguas, como la *c*, la *r* y la *j*.

En esta actividad también se puede aprovechar para mencionar las diferencias entre la pronunciación de la *c* en el español central y su pronunciación como una *s* en el sur de España, en las islas Canarias y en Hispanoamérica.

C. *Los números*

4 Lee

El objetivo del ejercicio es dar a los estudiantes la oportunidad de trabajar los números en su forma escrita en el contexto de la unidad. Los estudiantes deberán sumar el número de asistentes de manera que practicarán una gama significativa de cifras.

Respuesta

	Número
Total asistentes	noventa y cinco
Profesores de español	veintidós
Estudiantes de español	setenta y tres
Hablantes de español como lengua materna	ocho
Hablantes de inglés como lengua materna	cincuenta y seis
Europeos	cuarenta y dos

5 Lee

El objetivo del ejercicio es que los estudiantes practiquen el reconocimiento de los números al mismo tiempo que se familiarizan con la forma más popular de decir los números de teléfono en español. Habitualmente, los números de teléfono se dicen de dos en dos dígitos. Cuando hay tres dígitos, normalmente se dice el primer dígito solo seguido por el par.

El ejercicio también destaca los números *sesenta* y *setenta*, pues su parecido hace que se confundan con facilidad.

Se sugiere que usted lea los números del folleto informativo al mismo tiempo que los estudiantes leen en voz baja los números de las letras A-E, para que así escuchen la pronunciación y entonación de una persona que domina el idioma.

Respuesta

A *Información autobuses: tres, dieciséis, cinco, **sesenta** y dos, sesenta y uno, sesenta y uno.*

B Información turística: tres, diecisiete, tres, veinte, setenta, **sesenta.**

C Emergencias: uno, veinti**trés.**

D Información restaurantes: tres, quince, **siete,** veintitrés, cuarenta y siete, ochenta y tres.

E Información hoteles: tres, dieciocho, cuatro, ochenta y siete, cero, cero, **noventa** y tres.

6 Habla

El objetivo del ejercicio es que los estudiantes practiquen la pronunciación y comprensión auditiva de los números. Se sugiere que ponga a los estudiantes en parejas y tomen turnos para decir el número de teléfono de uno de los asistentes para que su compañero escuche e identifique al propietario del número. Alternativamente, puede asignar identidades a los estudiantes y estos pueden completar el ejercicio en grupos o levantarse y circular por la clase preguntando a otros por su número hasta que hayan completado los cinco números diferentes.

D. *En el encuentro hay actividades para todas las edades*

1 Lee

El objetivo del ejercicio es que los estudiantes se familiaricen con la estructura utilizada para expresar la edad al mismo tiempo que continúan practicando los números.

Respuesta

Tom, 23	Sophia, 26
Virginie, 28	Michael, 58
Salvador, 63	María, 20

2 Escribe

Este ejercicio tiene el mismo objetivo que el ejercicio anterior. El anterior se centraba en la destreza receptiva de comprensión lectora, y este se centra en la destreza de producción escrita, ya que los estudiantes deben escribir las frases. Anímelos a escribir los números en letras y no dígitos para consolidar su aprendizaje.

Me llamo Silva, tengo treinta y siete años.

Me llamo Blanka, tengo cuarenta y nueve años.

Me llamo Alec, tengo cuarenta y tres años.

Me llamo Alana, tengo treinta y un años.

Me llamo Neassa, tengo diecinueve años.

Gramática en contexto

Verbo *tener*

El verbo *tener* es uno de los verbos irregulares de uso más frecuente. Dependiendo del idioma nativo, puede que tenga que explicar los usos idiomáticos del verbo *tener* donde en otras lenguas se utiliza el verbo *ser* para el mismo propósito.

Usted y *ustedes*, a menudo abreviado como *Ud./Uds.* se utiliza en España y otros países de habla hispana en lugar de *tú/vosotros(as)* al referirse a una persona de más edad o a la que se debe mostrar respeto. *Ustedes* sustituye a menudo a *vosotros(as)* independientemente de la necesidad de mostrar respeto, mientras que *usted* se usa en algunas regiones de Hispanoamérica como sustituto de *tú*.

El uso de *usted* y *ustedes* es uno de los aspectos más dinámicos de la lengua española y su uso está en constante evolución.

3 Habla y comprende

El ejercicio tiene el objetivo gramatical de practicar la conjugación del verbo *tener*, mientras se consolida la estructura para expresar la edad y se practican los números.

Respuesta

1 A *Tiene tres años.*
B Tiene dieciocho años.
C Tienen treinta y seis años.
D Tiene cuarenta y cinco años.
E Tienen cincuenta y cinco años.
F Tiene setenta años.

2 Esta actividad puede estimular una tarea oral para comparar el uso de los pronombres personales en la lengua del alumno con su uso en español.

Puede recordar a los alumnos que el uso de pronombres personales en español se puede omitir en muchos casos, ya que tenemos suficiente información con la conjugación y las terminaciones del verbo.

E. *Los meses del año*

4 Lee

El objetivo del ejercicio es la introducción y práctica de los meses del año en el contexto del cumpleaños.

A pesar de que este vocabulario sea nuevo, dado el ejemplo, las ilustraciones y el hecho de que los meses están numerados, los alumnos deberían comprender con facilidad su significado y lo que se requiere que hagan.

Es muy probable que en los meses del año se encuentre un número elevado de cognados con las lenguas maternas de los estudiantes. En cualquier caso, deberá asegurarse de que los estudiantes observen que en español los meses no empiezan con mayúscula.

Respuesta

1 *25/02*
2 3/04
3 18/06
4 27/11

Cuaderno de ejercicios 1/2

El ejercicio tiene el propósito de practicar las fechas, particularmente porque la estructura de estas es menos flexible que en otros idiomas y sigue un orden de palabras diferente, de manera que cuanto más se practiquen menos probable será que los estudiantes utilicen las fechas de forma incorrecta.

Respuesta

Verticales
1 veintidósdemayo
6 catorcedejunio
8 veintitrésdeenero
12 dosdeenero
13 ochodeoctubre
15 cincodejulio
18 diezdeenero

Horizontales
2 veintiunodefebrero
3 veintiséisdenoviembre
4 veinticincodeseptiembre
5 diecinuevedeagosto
7 quincedeabril
9 trecedejunio
10 diezdeagosto
11 dieciséisdeabril
14 cincodenoviembre
16 nuevedemayo
17 sietedediciembre
18 dosdeseptiembre

Cuaderno de ejercicios 1/3

El objetivo de esta actividad es que los alumnos escriban correctamente el cumpleaños de los personajes que se presentan y su edad. Es importante explicar y utilizar correctamente la tercera persona del singular del verbo *tener* y repasar cómo se escriben los números y los meses del año.

Respuesta

1 *El cumpleaños de Elías es el veintiocho de noviembre. Tiene diecisiete años.*
2 El cumpleaños de Yolanda es el veinticinco de febrero. Tiene seis años.
3 El cumpleaños de Ramón es el cinco de diciembre. Tiene setenta y ocho años.
4 El cumpleaños de Silvia es el quince de junio. Tiene cuarenta y cinco años.
5 El cumpleaños de Adrián es el veintiséis de septiembre. Tiene diecinueve años.
6 El cumpleaños de Carlos es el tres de enero. Tiene treinta y seis años.
7 El cumpleaños de Isabel es el treinta de abril. Tiene quince años.
8 El cumpleaños de Salvador es el diecisiete de agosto. Tiene noventa y cuatro años.
9 El cumpleaños de Gema es el veintitrés de marzo. Tiene veintiséis años.

5 Escribe

El objetivo del ejercicio es que los estudiantes practiquen el uso de fechas y en particular de cumpleaños. Es importante reiterar que en español no se precisan mayúsculas para los meses del año, y de hecho su uso representa un error ortográfico.

Respuesta

1 *Mi cumpleaños es el cuatro de enero.*
2 Mi cumpleaños es el quince de mayo.
3 Mi cumpleaños es el diecinueve de julio.
4 Mi cumpleaños es el tres de agosto.
5 Mi cumpleaños es el veinticinco de octubre.
6 Mi cumpleaños es el treinta y uno de diciembre.

6 Escucha

El ejercicio crea una oportunidad para que los estudiantes practiquen la comprensión auditiva de números y meses del año en el contexto de edades y cumpleaños, y así consolidar su aprendizaje y práctica junto con los dos ejercicios anteriores.

Respuesta

	Edad	Cumpleaños
1	*28*	*4/09*
2	56	15/01
3	19	26/05
4	34	30/07
5	49	13/03

🔊 Audio

1 Tengo 28 años. Mi cumpleaños es el 4 de septiembre.
2 Tengo 56 años. Mi cumpleaños es el 15 de enero.
3 Tengo 19 años. Mi cumpleaños es el 26 de mayo.
4 Tengo 34 años. Mi cumpleaños es el 30 de julio.
5 Tengo 49 años. Mi cumpleaños es el 13 de marzo.

7 Habla

El objetivo de la actividad es que los estudiantes practiquen la pronunciación de los meses del año y los números, así como la estructura para comunicar fechas. También practicarán su destreza auditiva al escuchar y tomar notas de las fechas de cumpleaños de otros alumnos.

Si lo desea, puede concluir la lección pidiendo a los estudiantes que se pongan en fila por orden de su cumpleaños, donde la primera persona es la que cumple años antes (típicamente, enero o febrero) y la última la que los cumple a finales de año. Los estudiantes no deben utilizar el idioma propio para completar la actividad.

Actividad complementaria 1.2

Esta actividad aporta un repaso adicional del uso de las nacionalidades y los números que los estudiantes han aprendido durante esta unidad.

1 ¿Cuántos estudiantes hay en tu clase de español?
2 ¿Cuántas nacionalidades están representadas en tu clase?
3 ¿Cuáles son?
4 ¿Cuántos idiomas diferentes habláis entre todos?
5 ¿Cuáles son?
6 ¿Cuándo es el cumpleaños de tu mejor amigo/a?
7 ¿Cuántas clases de español tenéis a la semana?

F. *Los asistentes al encuentro se describen*

1 Lee

El objetivo de la actividad es reiterar la concordancia de los adjetivos. Puede animar a los estudiantes a que añadan una columna adicional para escribir el significado de los adjetivos en su lengua materna o en el idioma del colegio. También sería conveniente mencionar que el adjetivo *bonito/a*, dependiendo de los países, puede usarse tanto para cosas como para personas, mientras que *guapo/a* se usa casi exclusivamente referido a personas.

Respuesta

Soy...		**Somos...**	
Masculino singular	**Femenino singular**	**Masculino plural**	**Femenino plural**
alto	alta	*altos*	altas
bajo	*baja*	bajos	bajas
atractivo	atractiva	atractivos	atractivas
guapo	*guapa*	guapos	guapas
bonito	bonita	*bonitos*	bonitas
atlético	atlética	atléticos	*atléticas*
sofisticado	*sofisticada*	sofisticados	sofisticadas
callado	callada	callados	calladas
simpático	*simpática*	simpáticos	simpáticas

2 Escribe

El objetivo del ejercicio es que los estudiantes tengan una base de vocabulario con adjetivos que les permitan describir la foto del chico y de la chica en detalle. Los alumnos pueden utilizar los adverbios de cantidad de la caja de vocabulario anterior.

Respuesta posible

Marifé es muy guapa.
Luis es un poco atlético.
Marifé no es ni alta ni baja.
Luis es bastante alto.
Luis y Marifé son bastante atractivos.

3 Investiga

El objetivo del ejercicio es crear una oportunidad para el uso del diccionario bilingüe por primera vez, ya que los estudiantes deberán dominarlo para encontrar las equivalencias entre el español y su propio idioma.

En la presentación del vocabulario descriptivo hasta el momento se han evitado adjetivos con connotación negativa que puedan incomodar a los estudiantes cuando más tarde deban describirse a sí mismos.
Si lo cree oportuno, puede hacer que los estudiantes busquen los antónimos del ejercicio 1, que ayudarán a crear más oportunidades para usar frases negativas y la estructura *ni... ni...*

4 Lee

Este ejercicio brinda la oportunidad de practicar utilizando el diccionario nuevamente, aunque en algunos casos los estudiantes puedan reconocer algunos de los adjetivos si estos fueran cognados en otros idiomas que conozcan. Tenga en cuenta que la opinión de los estudiantes en relación a la connotación positiva o negativa de los adjetivos puede variar y debería permitirles justificar su opinión en el idioma del colegio si esta fuera diferente de la del resto del grupo.

Respuesta

ambicioso: positivo
callado: negativo
formal: positivo
hablador: positivo/negativo
inteligente: positivo
perezoso: negativo
responsable: positivo
serio: positivo/negativo
trabajador: positivo

Gramática en contexto

Concordancia de adjetivos

Es importante que haga que sus estudiantes se fijen en la tabla y la comparen con la tabla del ejercicio 1, donde todos los adjetivos seguían el mismo patrón para formar el femenino y el plural.

Se sugiere que haga que los estudiantes observen esta tabla y traten de deducir las reglas que se aplican a la concordancia de adjetivos de acuerdo con su terminación en la forma masculina.

5 Lee

El objetivo del ejercicio es consolidar vocabulario visto en la unidad de una manera relevante a los jóvenes de hoy. La concordancia de adjetivos debería ayudarles a completar el ejercicio con éxito, aunque para ello deberán utilizar también el sentido común: si Sandra es venezolana, es de suponer que habla más que *un poco* de español. Tan solo en el caso de los cumpleaños las respuestas correctas pueden ser ambas.

Anime a los estudiantes a que reflexionen sobre el tipo de texto. Este tipo de textos se pueden encontrar en fichas personales.

Respuesta

Nombre: Sandra Morales
Edad: treinta y cuatro años
Cumpleaños: quince de enero / veintidós de abril
Nacionalidad: venezolana
Idiomas: inglés, alemán y español
Aspecto físico: bastante alta y muy atractiva
Personalidad: bastante atlética y muy simpática
Nombre: O'Neil Watson
Edad: sesenta y ocho años
Cumpleaños: veintidós de abril / quince de enero
Nacionalidad: estadounidense
Idiomas: inglés y un poco de español
Aspecto físico: bastante guapo y ni alto ni bajo
Personalidad: muy responsable, bastante ambicioso y un poco perezoso

6 Escribe

Pregunte a los alumnos sobre el tipo de texto que van a escribir. La respuesta correcta es una descripción.

Los alumnos tienen que utilizar la tercera persona del singular para describir a O´Neil y a Sandra e indicar toda la información de la actividad 5 presentada en las fichas.

Para ampliar el ejercicio, se puede hacer una entrevista entre O´Neil y Sandra.

7 Habla

Indique a sus alumnos que, en grupos de dos, expliquen a su compañero cómo son O´Neil y Sandra con la información escrita en la actividad 6. De forma adicional, puede indicar a los alumnos que antes preparen las preguntas de cada parte de la ficha de la actividad 5 para los dos personajes.

Cuaderno de ejercicios 1/4

El objetivo de esta actividad es que los alumnos indiquen la forma del adjetivo más adecuada según el sentido de la frase o su concordancia.

Respuesta

1 alta, baja
2 responsable
3 callada
4 guapa
5 atlético
6 formal

G. *Los asistentes al encuentro internacional de español como lengua extranjera hablan de sus familias*

1 Lee

El objetivo de la actividad es cerciorarse de que los estudiantes comprendan el vocabulario para que puedan aplicarlo en sucesivos ejercicios.

Respuesta

1 *Sí, una hermana menor.*
2 Sí, un hermano gemelo.
3 Sí, un hermanastro y una hermanastra menores.
4 Sí, dos hermanas mayores.
5 No, es hijo único.

2 Escribe

El ejercicio brinda a los estudiantes la oportunidad de demostrar su comprensión del vocabulario presentado en el ejercicio anterior escribiendo frases similares de acuerdo con las ilustraciones.

Respuesta

1 *Salva tiene dos hermanas mayores.*
2 Elena tiene un hermano mayor.
3 Sofía tiene tres hermanas menores.
4 Leonor tiene una hermana mayor.
5 Armando tiene dos hermanos menores y una hermana menor.
6 Iker tiene un hermano gemelo.

3 Habla

El objetivo del ejercicio es fundamentalmente la repetición oral del vocabulario clave para que este sea consolidado. Si lo desea, puede extender la actividad haciendo que los estudiantes añadan preguntas al sondeo, como la edad de los hermanos o su cumpleaños.

4 Escribe

El objetivo del ejercicio es hacer que los estudiantes razonen el vocabulario de parentescos y encuentren su equivalente en otros idiomas que conozcan para poder completar la actividad.

1 *Montse es **la madre** de Julia.*
2 Floren es **la hermana** de Isabel.
3 Miguel es **el hermanastro** de Quique.
4 José es **el abuelo** de Martín.
5 Miguel, Alicia y Quique son **los cuñados** de Cristian.
6 Isabel es **la tía** de Rubén.

Cuaderno de ejercicios 1/5

El objetivo del ejercicio es que, a partir de un texto sobre el parentesco, los alumnos decidan si las frases que se presentan son verdaderas o falsas.

Los alumnos tienen que justificar las frases que son falsas.

Respuesta

1 Verdadero
2 Falso – Juan Manuel es hijo único.
3 Falso – Juan Manuel tiene nueve primos en total.
4 Falso – El padre de Juan Manuel tiene tres hermanos.
5 Falso – La madre de Juan Manuel tiene dos hermanos.
6 Falso – Juan Manuel tiene diez tíos y cuatro abuelos.

Cuaderno de ejercicios 1/6

El objetivo de la actividad es que los alumnos practiquen de forma activa la conjugación de los verbos *ser, estar* o *tener*.

Respuesta

1 tengo
2 están
3 es
4 tienen
5 tiene, es
6 son
7 tienen
8 está

5 Escucha

El objetivo del ejercicio es que los alumnos practiquen la comprensión auditiva del vocabulario relacionado con la edad y las relaciones familiares. Deberá darles a los alumnos suficiente tiempo para que procesen la información y deduzcan la respuesta con la ayuda del árbol genealógico. Aunque en cada frase se da más de una información que ayuda a identificar a la persona que habla, y no es necesario entender todo para poder completar el ejercicio correctamente.

Respuesta

1 Miguel
2 Cristian
3 Sandra
4 Quique
5 Alicia

Audio

1 Tengo veintiocho años, estoy casado y tengo un hijo y una hija.
2 Mi madre se llama Eleonor y tiene cincuenta y nueve años.
3 Tengo un hermano que tiene treinta y dos años y mi abuela se llama Josefa.
4 Tengo treinta y dos años y mi madrastra se llama Isabel.
5 Estoy soltera, pero tengo hermanos y cuñados.

6 Lee

El objetivo de este corto y simple ejercicio es dar a los estudiantes una idea de cómo pueden abordar el siguiente ejercicio, en el que tendrán la oportunidad de poner en práctica lo aprendido en ejercicios anteriores.

Respuesta

Habla la chica sentada en medio, en la foto A.

7 Habla

En este ejercicio los estudiantes deben demostrar su destreza oral para describir una de las familias pretendiendo ser uno de sus miembros. Dé unos minutos a los estudiantes para que preparen lo que van a decir con antelación. También puede utilizar el ejercicio para practicar la comprensión auditiva, haciendo que el resto de la clase, o en grupos, identifique a la persona que supuestamente habla en cada caso. Recuerde a los estudiantes que disponen de un modelo a seguir en el párrafo del ejercicio número 6.

Repaso

El encuentro internacional de español como lengua extranjera llega a su fin

1 Lee

Este es un ejercicio de repaso que consolida la mayoría de preguntas e información que los estudiantes han aprendido en esta unidad. Los estudiantes deberían ser capaces de completar la tarea sin dificultad, pero, si fuera necesario, podría recordarles que se fijen en los verbos, puesto que las respuestas son oraciones completas con este propósito.

Respuesta

1 **B**, 2 **G**, 3 **D**, 4 **I**, 5 **E**, 6 **F**, 7 **A**, 8 **H**, 9 **C**

2 Escribe

Aquí se requiere que los estudiantes extraigan la información clave de la conversación del ejercicio anterior para rellenar el formulario que introduce esta página. En la conversación no se hace referencia al aspecto físico y la personalidad de Raúl por lo que los estudiantes deberán inventar estos datos.

Respuesta

Nombre: *Raúl*

Edad: 27 años

Cumpleaños: el treinta y uno de agosto

Nacionalidad: venezolano

Vive en: Caracas

Estudiante o profesor: profesor

Idiomas: inglés, español y portugués

Personalidad (respuesta posible): simpático y trabajador

Descripción (respuesta posible): pelo y ojos negros, no muy alto, atractivo

Familia: un hermano gemelo y dos hermanas mayores

Cuaderno de ejercicios 1/7

Este ejercicio pone a prueba la capacidad de comprensión de los estudiantes y consolida los conocimientos adquiridos en esta unidad. Debería recomendar a los estudiantes que no intenten abordar el ejercicio en el estricto orden de los espacios a completar, sino completando aquellos que sean evidentes en primer lugar, y por eliminación. También sería oportuno recordarles que apliquen sus conocimientos gramaticales para descartar algunas de las posibilidades.

Respuesta

¡Hola!

Buenos días, [1] **me llamo** Tara y [2] **vivo** en California, así pues soy [3] **estadounidense**. Soy estudiante de español y también hablo [4] **inglés** y un poco de [5] **alemán**. Tengo [6] **treinta y dos** años y mi cumpleaños es en febrero, es el [7] **veinticuatro** de [8] **febrero**. Soy [9] **bastante** alta y guapa. No tengo hermanos ni [10] **hermanas**, soy hija [11] **única**, pero [12] **tengo** dieciséis primos y un [13] **hijo**. Mi hijo [14] **se llama** Nixon.

¡Hasta pronto!

Tara xx

Cuaderno de ejercicios 1/8

Este ejercicio brinda la oportunidad a los estudiantes de producir su propio párrafo, que contendrá elementos de todo lo que han aprendido hasta el momento. Puede animar a los estudiantes más hábiles a que extiendan el párrafo hablando de otro miembro de su familia además de ellos mismos.

Cuaderno de ejercicios 1/9

El objetivo de este ejercicio es que el alumno piense en las preguntas adecuadas para hacer la entrevista y las escriba correctamente en el cuaderno de actividades.

Respuesta

1 ¿Cómo te llamas?
2 ¿ De dónde eres?
3 ¿Qué idiomas hablas?
4 ¿Cuántos años tienes?

3 Habla

El objetivo del ejercicio es que los estudiantes consoliden su aprendizaje hasta este momento de un modo oral. En realidad, el ejercicio incluye destrezas de producción y comprensión al mismo tiempo, puesto que, aparte de practicar las preguntas, deberán comprender las respuestas de sus compañeros para tomar notas, pero también producir sus propias respuestas. Anime a los estudiantes a que utilicen los adverbios de cantidad que han visto para dar más detalles sobre su aspecto físico y personalidad, y también que intenten utilizar conectores para responder con frases más largas. Si lo desea, puede hacer que entrevisten a más de un compañero.

4 Escribe

En este caso el ejercicio se centra en las destrezas de expresión escrita y la habilidad de los estudiantes a la hora de aplicar la gramática que han aprendido hasta el momento. Los estudiantes tienen que relatar la información sobre un compañero, obtenida mediante la entrevista, escribiendo un párrafo. Recuerde a los estudiantes que pongan atención a la conjugación de los verbos, puesto que deberán escribir la información utilizando la tercera persona en lugar de la primera.

Respuesta posible

Se llama Raúl y tiene 27 años. Su cumpleaños es el treinta y uno de agosto, y es venezolano. Vive en la capital de Venezuela, en Caracas, y es profesor de español, pero habla también inglés y portugués. Es bastante simpático y muy trabajador. Tiene el pelo y los ojos negros, aunque no es muy alto, pero es atractivo. Tiene un hermano gemelo y dos hermanas mayores.

Punto de reflexión

Esta actividad resume en dos preguntas el objetivo de la lección. El alumno tendrá que enumerar una lista con los puntos más importantes del aprendizaje de un nuevo idioma. También es importante que el alumno reflexione sobre el tema de su propia identidad y cómo puede cambiar al aprender una nueva lengua.

Creatividad, Actividad y Servicio

Prepara una actuación con tus compañeros de clase sobre tu familia para presentársela a tus nuevos amigos. Tienes que incluir como mínimo el papel de padre, madre, hijo y hermanos, abuelos, primos y tíos.

2 Mis orígenes

Área temática	Identidades
Tema	Atributos personales Relaciones personales
Aspectos	Aspecto físico (continuación) Actitudes Edad Ropa Familia (continuación) Profesiones
Gramática	Presente regular (continuación) Verbos *tener* y *ser* Verbo *estar* Números cardinales (continuación) Comparativos Orden de las palabras
Tipos de texto	**Textos profesionales** Mapa **Textos personales** Lista Notas Sitio web de una red social
Punto de reflexión	¿Quién eres? ¿De dónde vienes?
Rincón IB	**Teoría del Conocimiento** • ¿La familia es importante en el mundo moderno? **Creatividad, Actividad, Servicio** • Habla con tus padres y abuelos y luego crea un póster para reflexionar sobre tus orígenes y cómo impactan sobre tu presente y tu futuro. **Para investigar** • Investigación sobre la importancia de la inmigración hispana y su influencia en otras culturas. **Oral individual** • Describir fotos relacionadas con emigrantes hispanos y comparar con la emigración en el país de los estudiantes. • Conversación sobre los niños cuyos padres han emigrado. Relacionar con personas que conocen.

Durante esta unidad los estudiantes seguirán a una familia y un grupo de amigos de Tijuana, una ciudad mexicana en la frontera con los Estados Unidos, para aprender cómo describir la personalidad y el físico, y para reflexionar sobre sus prioridades y sus ambiciones. El contenido de esta unidad ayuda a los estudiantes a entender sus propios orígenes y, así, a reflexionar sobre quiénes son y el lugar que ocupan en el panorama general de nuestro mundo interconectado.

1 Para empezar

Este ejercicio tiene como objetivo mostrar claramente dónde está México e introducir la geografía de la región, ya que esta unidad tendrá lugar en la ciudad de Tijuana, al noroeste del país. Indique a los estudiantes que la geografía del país determina que en muchos casos los habitantes mexicanos de las ciudades cercanas a la frontera estadounidense crean que tienen más en común con sus vecinos al otro lado de la frontera que con sus compatriotas en la capital, a más de mil kilómetros de su ciudad. Anime a los estudiantes a reflexionar sobre las similitudes entre las palabras para los países en español y otros idiomas que conozcan.

Respuesta

1 **Países hispanohablantes:** México, Guatemala, Honduras, Nicaragua, El Salvador, Costa Rica, Panamá, Ecuador, Perú, Colombia, Venezuela, Cuba.

2
1 *Está en Ecuador.*
2 Está en Honduras.
3 Está en Costa Rica.
4 Está en Colombia.
5 Está en Venezuela.

2 Habla

Los estudiantes deben preguntar "¿En qué país está...?" y practicar como describir exactamente dónde están las ciudades. Puede emparejar a los estudiantes más capaces con los estudiantes que tengan menos confianza para que se puedan ayudar mutuamente.

Una vez que hayan respondido a las preguntas, se puede ampliar el ejercicio animando a los estudiantes a preguntar dónde están otras ciudades que aparecen en el mapa.

1 *Tijuana está en el noroeste de México.*
2 La Habana está en el noroeste de Cuba.
3 San Antonio está en el sur de los Estados Unidos.
4 San Diego está en el suroeste de los Estados Unidos.
5 La ciudad de Guatemala está en el sur de Guatemala.

A. *Javier se describe*

1 Lee

Este texto presenta a los estudiantes un modelo básico de párrafo.

Recuerde a los estudiantes las tácticas que pueden utilizar para decodificar el texto, como reflexionar sobre el contexto y pensar en el tipo de contenido que probablemente aparecerá, así como identificar cognados con otros idiomas que conozcan.

2 Lee y escribe

Este ejercicio presenta los verbos en la tercera persona del singular. Anime a los estudiantes a reflexionar sobre la transformación de la primera persona, presentada en el texto, y la tercera persona.

Anímelos también a reflexionar sobre el formato del texto. El formato del texto indica que Javier escribió una lista. Es un texto personal, pero sin opiniones, escrito de manera factual, pero sin usar frases completas como con un tuit o correo electrónico.

Respuesta

Nombre: *Se llama Javier.*

Nacionalidad: Es mexicano.

Localización: Vive en Tijuana, es una ciudad pequeña en México.

Edad: Tiene diecinueve años.

Cumpleaños: Es el veintinueve de octubre.

Trabajo: No tiene trabajo.

3 Escribe

En este ejercicio los estudiantes continúan practicando cómo utilizar los verbos básicos para describirse. El texto ofrece otro modelo de cómo utilizar los verbos en la primera persona. Indique a los estudiantes que presten atención al texto para luego poder incorporar esa información en sus propias descripciones más adelante en esta unidad.

El énfasis principal es cómo conjugar los verbos *ser* y *tener*, dos verbos claves para el desarrollo lingüístico de los estudiantes.

Respuesta

Nombre: *Se llama Manolo.*

Nacionalidad: Es mexicano.

Localización: Vive en Tijuana.

Edad: Tiene 18 años.

Cumpleaños: Es el 15 de marzo.

Trabajo: Es estudiante, no tiene trabajo.

4 Escribe

El objetivo de este ejercicio es consolidar la descripción básica y puntualizar el cambio de género en *mexicano* / *mexicana*. Indique a los estudiantes que se pueden inventar las respuestas.

El objetivo de las preguntas conceptuales es animar a los estudiantes a elegir el estilo apropiado para la tarea, considerando el destinatario y el objetivo del mensaje.

Tras completar las frases, puede poner en común con la clase las respuestas que hayan escrito los estudiantes, comentando cómo se podrían mejorar, y dando ejemplos sobre cómo aconsejar: *escribe frases completas* o *incluye más detalles.*

Respuesta posible

Nombre: Se llama Margarita.

Nacionalidad: Es mexicana.

Localización: Vive en Tijuana.

Edad: Tiene 18 años.

Cumpleaños: Es el 7 de enero.

Trabajo: Es estudiante.

Cuaderno de ejercicios 2/1

Esta actividad ofrece la oportunidad no solo de practicar la formación de los verbos *ser y tener*, sino de repasar sus usos.

Respuesta

1	Tengo	6	Tengo
2	Eres	7	Tienes
3	Es	8	Tiene
4	Es	9	Soy
5	Eres	10	Es

B. *La vida en Tijuana, México*

Cuaderno de ejercicios 2/2

Esta actividad ayuda a los estudiantes a practicar cómo escribir los números y a
fortalecer el uso de los números más complicados, como *quinientos y setecientos*.

Respuesta

	Número	Palabra
1	235	*Doscientos treinta y cinco*
2	372	Trescientos setenta y dos
3	826	Ochocientos veintiséis
4	1520	Mil quinientos veinte
5	3989	*Tres mil novecientos ochenta y nueve*
6	468	*Cuatrocientos sesenta y ocho*
7	570	Quinientos setenta
8	5523	Cinco mil quinientos veintitrés
9	22681	*Veintidós mil seiscientos ochenta y uno*
10	2019	Dos mil diecinueve
11	714	Setecientos catorce

Cuaderno de ejercicios 2/3

Este ejercicio permite a los estudiantes seguir leyendo y escribiendo los números,
pero conlleva más desafío al animarlos a contestar a preguntas sobre
operaciones matemáticas.

Respuesta

1 *ciento doce*
2 nueve
3 novecientos sesenta
4 setecientos once
5 noventa
6 novecientos noventa y nueve
7 trescientos noventa y seis
8 setenta mil
9 sesenta y tres mil cuatrocientos cuarenta y cinco

5 Escribe

Este ejercicio ayuda a los estudiantes a practicar los números y también a mejorar su conocimiento de la geografía de la región.

Explique a los estudiantes que en los países hispanohablantes se utiliza el sistema métrico decimal.

Además, anime a los estudiantes a reflexionar sobre el efecto que las grandes distancias deben tener sobre la percepción de los habitantes de esos lugares, en cuanto a quiénes son sus vecinos, quiénes son sus compatriotas, con quiénes tienen más en común, etc.

Respuesta

1 *Los Ángeles*
2 San Diego
3 Chihuahua
4 San Francisco
5 San Diego

6 Escribe

Este ejercicio proporciona una continuación de la práctica de los números y un refuerzo del conocimiento de la geografía de la región.

Respuesta

1 ¿A qué distancia está San Francisco de Chihuahua?
San Francisco está a mil trescientos sesenta y un kilómetros de Chihuahua.

2 ¿A qué distancia está San Diego de Tijuana?
San Diego está a treinta y ocho kilómetros de Tijuana.

3 ¿A qué distancia está Tijuana de Ciudad de México?
Tijuana está a dos mil setecientos cincuenta y ocho kilómetros de Ciudad de México.

4 ¿A qué distancia está Los Ángeles de San Francisco?
Los Ángeles está a trescientos ochenta y un kilómetros de San Francisco.

5 ¿A qué distancia está Ciudad de México de Chihuahua?
Ciudad de México está a mil cuatrocientos treinta y cuatro kilómetros de Chihuahua.

6 ¿A qué distancia está San Francisco de Las Vegas?
San Francisco está a quinientos sesenta y cuatro kilómetros de Las Vegas.

7 ¿A qué distancia está Chihuahua de Las Vegas?
Chihuahua está a novecientos ocho kilómetros de Las Vegas.

8 ¿A qué distancia está San Diego de San Francisco?
San Diego está a ochocientos nueve kilómetros de San Francisco.

9 ¿A qué distancia está Tijuana de Los Ángeles?
Tijuana está a doscientos veintiocho kilómetros de Los Ángeles.

10 ¿A qué distancia está Los Ángeles de Chihuahua?
Los Ángeles está a novecientos ochenta kilómetros de Chihuahua.

7 Habla

Este ejercicio brinda la oportunidad de practicar los números de manera oral, consolidando la formación de los números y mejorando su fluidez. Puede ampliar la actividad indicando a los estudiantes que se pregunten sobre distancias entre ciudades del país donde residen.

C. *Mi familia*

Aunque no hay ejercicios en esta página, los estímulos visuales y textuales proporcionan otra oportunidad para hablar con los estudiantes sobre cómo deducir palabras y estructuras nuevas:

- Uso de imágenes para empezar a formar una opinión sobre el texto.
- Cognados relacionados con los idiomas que conocen.
- Vocabulario que ya han aprendido.

1 Lee

Esta página continúa con la presentación de los miembros de la familia. Además es una oportunidad para indicar a los estudiantes que, en muchos casos, las familias que viven cerca de la frontera se encuentran divididas entre los dos países.

También aparecen nombres de animales de compañía en el texto. Guíe a los estudiantes sobre cómo utilizar un diccionario para encontrar el significado de las palabras que desconozcan.

Pida a los estudiantes que le expliquen el orden de las palabras en español. Guíelos a deducir que los adjetivos normalmente siguen a los sustantivos.

Es importante ayudar a los estudiantes a reflexionar sobre el hecho de que la unidad familiar cambia según la localización global y debido a varios factores socioeconómicos, especialmente a causa de razones religiosas (por ejemplo, a causa de actitudes hacia métodos anticonceptivos), costumbres y necesidades (mortalidad infantil, presencia de niños en el mercado laboral, especialmente en países en vías de desarrollo o comunidades agrarias).

2 Lee y escribe

Esta actividad condiciona a los estudiantes a analizar el vocabulario del texto para deducir qué palabras se refieren a los animales. Indique a los estudiantes que utilicen un diccionario para confirmar sus ideas.

Respuesta

dos perros

cinco peces

tres gatos

una tortuga

las serpientes y un caballo

3 Escucha y escribe

Muchos estudiantes olvidan utilizar las palabras provistas, así es importante recordarles que están allí para ayudarles. No obstante, en el caso de estudiantes más avanzados, puede animarlos a cubrir estas palabras para que se tengan que esforzar más.

Es una conversación informal porque se produce entre miembros de una misma familia (Luis llama a Javier primo). Además se utiliza el *tú* en vez del *usted* y se usan expresiones como *¡Qué va!*

Audio

Luis: ¿Qué tal tu familia, primo?

Javier: Pues, mi padre es muy serio, y a veces un poco severo.

Luis: ¿Tú hablas mucho con él?

Javier: Él habla mucho, pero cuando nosotros hablamos en casa, la familia, nunca nos escucha.

Luis: Pero tu padre es siempre muy divertido.

Javier: ¡Qué va! Mi madre es muy simpática, y hablo mucho con ella. Pero mi padre es como mi abuelo, un poco tímido y nervioso. Y un poco aburrido.

Luis: Pero, primo, tú no eres ni nervioso ni tímido, tienes mucha confianza. Eres más como mi padre, tu tío Quique. Es muy hablador también, siempre está muy alegre.

Respuesta

1 poco, 2 hablas, 3 habla, 4 familia, 5 muy, 6 es, 7 hablo, 8 como, 9 eres, 10 también

4 Lee y escribe

Los sinónimos y antónimos son cruciales para el desarrollo del vocabulario de los estudiantes. Además, el uso efectivo del diccionario es una habilidad clave para los estudiantes. Dialogue con la clase antes de que empiecen a buscar palabras en el diccionario para decidir qué deberán buscar.

Es un ejercicio útil para llevar a cabo en parejas, para que los estudiantes dialoguen sobre las palabras que encuentren y tomen decisiones conjuntas.

Respuesta

1 *Es serio.*

2 Es aburrido.

3 Es tímido.

4 Es simpática.

5 Lee y escribe

La categorización es una práctica importante para los estudiantes porque ofrece otra manera de practicar el vocabulario nuevo.

Indique a los estudiantes las terminaciones de los adjetivos y discuta con ellos cómo cambian de género.

Señale también que es posible que diferentes personas consideren diferentes características positivas o negativas, por ejemplo *hablador*.

Respuesta

Positivas	Negativas
serio	severo
divertido	nervioso
simpática	aburrido
tímido	hablador
hablador	tímido
contento	

6 Escribe

Este ejercicio requiere un poco de creatividad por parte de los estudiantes. Es importante enfatizar que no hay una respuesta correcta, pero lo importante es el uso de estructuras apropiadas. Los estudiantes pueden utilizar los ejercicios previos como modelos.

Los estudiantes necesitarán entender las características de una carta y de un diálogo. Anímelos a reflexionar sobre el propósito del texto y quién va a leerlo y, como resultado, decidir si necesitan usar un tono formal o informal. En este caso podrían escribir un diálogo informal, siguiendo el ejemplo de la actividad 3.

7 Habla

Puede diferenciar este ejercicio animando a los estudiantes más capaces a hablar independientemente, mientras que los demás puedan utilizar el libro y su cuaderno.

Una vez que los estudiantes hayan trabajado en parejas, podrán presentarse a la clase: *me llamo…, tengo… hermanos, vivo en…*, etc.

Anime al resto de la clase a que sugiera cómo se podrían mejorar las presentaciones de cada estudiante.

 ***Actividad complementaria 2.1***

Esta actividad aporta un repaso adicional del vocabulario de relaciones familiares.

Respuesta

1 El hijo de mi padre es mi ***hermano***.
2 La madre de mi madre es mi **abuela**.
3 El hijo de mi tío es mi **primo**.
4 La hermana de mi padre es mi **tía**.
5 El abuelo de mi hermano es mi **abuelo**.
6 La hija de mi padre es mi **hermana**.

D. *Mi familia y la ropa*

1 Investiga

El objetivo de este ejercicio se centra en continuar desarrollando la capacidad de los estudiantes para ampliar su vocabulario. Puede dividir la clase en pequeños grupos, y luego cada grupo debe decidir en primer lugar los cinco estilos que van a buscar. La investigación se realizará más fácilmente buscando los términos en Internet, pero también se puede realizar con un diccionario.

Cuaderno de ejercicios 2/4

Este ejercicio tiene como objetivo practicar el orden de las palabras en las frases, en particular el uso del sustantivo seguido del adjetivo.

Respuesta

1 *Me gusta llevar unos pantalones verdes.*
2 Llevo una falda azul.
3 ¿Llevas unas gafas de sol blancas?
4 Lleváis unas camisetas rojas.
5 No me gusta llevar zapatos morados.
6 Él lleva una camisa de color naranja.
7 ¿Ella lleva un vestido negro?
8 Nosotros llevamos unas zapatillas de deporte rosas.
9 Me gusta llevar unos pantalones cortos.
10 Normalmente llevas una camiseta grande y gris.

2 Lee

Se van a aprender los colores en la próxima página. No obstante, aquí se debe conjeturar sobre lo que significan las palabras desconocidas.

Respuesta

1 **C**, 2 **A**, 3 **D**, 4 **B**

 Cuaderno de ejercicios 2/5

Este ejercicio practica el uso de las concordancias y la conjugación del presente.

Respuesta

1 *Lleva unos pantalones negros.*
2 Llevamos una camiseta azul.

3 Llevan una camisa verde.
4 Lleváis un sombrero morado.
5 Llevas un vestido blanco.
6 Lleva unas gafas de sol rosas.
7 Lleva un jersey gris.
8 Llevan unos zapatos marrones.

3 Escribe

Este ejercicio tampoco tiene una respuesta correcta, pero facilita la creatividad y el uso de la imaginación. Los estudiantes deben intentar incluir tantos detalles como sea posible, utilizando las estructuras y el vocabulario que han aprendido hasta ahora.

Las preguntas introductorias tienen como objetivo ayudar a los estudiantes a reflexionar sobre el propósito del texto que están a punto de escribir, como resultado de usar un estilo y un registro apropiados. Es importante que comprendan que deben escribir un texto informal, pero que necesitan incluir frases completas.

Tras escribir su propia descripción, puede hacer que los estudiantes trabajen en parejas, leyendo la descripción que haya escrito su compañero y dando consejos sobre cómo mejorarla. A continuación pueden reescribir de nuevo sus descripciones incorporando las mejoras sugeridas por su compañero.

Este ejercicio también se puede utilizar como base de una práctica oral en parejas o grupos, en la que los estudiantes describen a alguien conocido y sus compañeros tienen que adivinar a quién describen.

4 Escucha

Este ejercicio practica los colores y también enfatiza el orden de las palabras (sustantivo + adjetivo) en español, introduciendo el concepto de cómo dar opiniones sobre la ropa.

Audio

1 Prefiero llevar unos pantalones azules porque son más cómodos que llevar unos vaqueros azules.
2 Llevo una camiseta blanca porque es menos incómoda que llevar una camisa blanca.
3 No llevo mucho mis zapatillas de deporte rojas, son tan pequeñas como mis zapatos negros.
4 Tengo una falda negra que es mucho más guay que mi vestido rosa.
5 No quiero llevar mi jersey verde, es más grande que mi jersey marrón.

Respuesta

Artículo 1 (con color)	Artículo 2 (con color)	Más / menos / tan... como	Opinión
1 pantalones azules	vaqueros azules	más	cómodos
2 camiseta blanca	camisa blanca	menos	incómoda
3 zapatillas de deporte rojas	zapatos negros	tan... como	pequeñas
4 falda negra	vestido rosa	más	guay
5 jersey verde	jersey marrón	más	grande

5 Escribe

Este ejercicio crea una oportunidad de reflexionar sobre cómo dar opiniones. Los estudiantes tienen que buscar las palabras que ya conocen dentro de las secuencias para luego separar las frases poco a poco. Las frases sirven como modelos a los estudiantes para dar sus propias opiniones.

Respuesta

1 A *Ella no lleva una camisa roja porque la camisa es muy fea.*
B No llevo vestidos porque son caros.
C Yo nunca llevo vaqueros porque no son cómodos.
D Ellas llevan muchas faldas modernas.
E Llevamos gafas de sol porque están de moda.

2 A fea
B caros
C cómodos
D modernas
E de moda

6 Escribe

Este ejercicio continúa desarrollando la capacidad descriptiva de los estudiantes e introduce elementos para describir la posición del objeto a describir.

Pida a los estudiantes que hablen con un compañero sobre los diferentes usos de un póster y de un artículo para una revista y, también, de las características de los dos, para, así, proponer cuál deben elegir. (Puede consultar la tabla al final de este libro).

Es importante enfatizar a la clase que el póster es un texto profesional, mientras que el artículo es un texto de un medio de comunicación de masas que usa frases completas y párrafos más largos con un registro más formal.

Antes de que escriban las frases, puede sugerir a los estudiantes que en parejas o grupos pequeños busquen en un diccionario o en Internet más adjetivos para describir la ropa.

 Cuaderno de ejercicios 2/6

Este ejercicio consolida el vocabulario de ropa, colores, posición y comparaciones, ayudando a los estudiantes a visualizar la posición de los elementos en una frase descriptiva y comparativa.

Ropa	Color	*Posición*	Verbo	Comparación	Ropa	Color	Posición
falda	rojo	de la derecha	ser	más... que	camiseta	rosa	de la derecha
camisa	verde	en el centro		menos... que	zapatillas	morado	en el centro
pantalones	azul	de la izquierda		tan... como	vaqueros	gris	de la izquierda
zapatos	blanco				gafas	naranja	
	negro					marrón	

E. *Describo a mi familia*

1 Lee y escribe

Este ejercicio ayuda a los estudiantes a interpretar las descripciones físicas para aplicarlas a las fotos y elaborar la descripción que falta. Puede sugerir a los estudiantes que pongan en común sus descripciones con la clase para recibir sugerencias sobre cómo se podría mejorar la descripción y qué detalles se podrían añadir.

Respuesta

1 **A** Hola, me llamo **Daniel**. Tengo el pelo negro y rapado, y muy corto. Tengo los ojos marrones. Soy de altura media. Estoy delgado.

B Buenos días, soy **Bea**. Tengo el pelo largo y en esta foto tengo una gran sonrisa. Soy baja y estoy un poco gorda.

C Hola, me llamo **Quique**. Tengo el pelo gris y soy muy alto, un metro ochenta y tres. Estoy bastante delgado.

Respuesta posible

2 Hola, me llamo Javier. Tengo el pelo negro y bastante corto. Tengo los ojos marrones y en esta foto tengo una gran sonrisa. Estoy muy delgado.

 Cuaderno de ejercicios 2/7

En este ejercicio se repasa el presente del verbo *estar*, que ya apareció en la unidad 1. Enfatice a los estudiantes que uno de los principales usos de *estar* es indicar la posición de objetos, lugares o personas. Puede que algunos estudiantes necesiten ayuda para formular sus frases, dada la falta de vocabulario. Anímelos a describir dónde están ciertos objetos, o a indicar dónde está una persona. Explique que deben usar las palabras de la columna de la derecha en la frase de la fila en la que aparecen, y así ampliar sus respuestas.

 ***Actividad complementaria 2.2***

Esta actividad adicional repasa el uso de los verbos *ser* y *estar* en descripciones.

Respuesta

Mi hermana se llama Patricia. **Es** morena y tiene los ojos verdes. **Es** muy guapa. **Es** muy alta, pero **está** un poco delgada. **Estamos** en el mismo colegio, pero Patricia **está** en otra clase. Nos llevamos bien porque los dos **somos** muy simpáticos. Vivimos en una casa que **está** cerca de la frontera estadounidense, a las afueras de Tijuana. **Es** una casa muy grande, pero **está** un poco lejos del colegio.

 ***Actividad complementaria 2.3***

Esta actividad adicional requiere que los estudiantes presten atención a las frases y descubran errores comunes relativos a las descripciones y el uso de los verbos *ser*, *estar* y *tener*.

Respuesta

1 **Me** llamo Francisco y **vivo** en México. Mi ciudad **es** Tijuana y **está** muy cerca de la frontera con los Estados Unidos.

2 Mi padre **tiene** 48 años, pero mi madre **es** más joven que él, ella **tiene** 45.

3 Yo tengo **muchas** mascotas: un perro **marrón**, dos gatas **blancas** y **un** caballo **negro**.

 Cuaderno de ejercicios 2/8

Es importante que los estudiantes usen la forma correcta de *estar*, pero pueden elegir una respuesta apropiada para describir un lugar o un estado de humor, es decir, tienen más libertad para esta parte de la respuesta. No obstante, será importante asegurar que la concordancia sea la correcta. Después de escribir sus respuestas, puede resultar útil animar a los estudiantes a leer las respuestas de los otros miembros del grupo para, luego, repasar o mejorar sus propias respuestas.

Respuesta

Sujeto	Verbo: *estar*	lugar / estado de humor
1 Mi padre y yo	*estamos*	*contentos*
2 Mi hermano	está	
3 Tú	estás	
4 Mis amigos	están	
5 Mi familia	está	
6 Juana	está	
7 El presidente	está	

 Cuaderno de ejercicios 2/9

Este juego fuerza a los estudiantes a practicar la creación de frases cortas con el verbo *estar*. Los estudiantes más capaces pueden añadir más detalles a su frase. Es un juego rápido y relajado, pero es importante destacar la importancia de las concordancias.

2 Lee y escribe

Este ejercicio presenta un texto más largo para desarrollar la capacidad de comprensión de los estudiantes. Es importante recordarles que no hace falta entender cada palabra, sino que deben buscar las palabras claves para poder averiguar si la frase es verdadera o falsa.

Pida a los estudiantes más avanzados que justifiquen también las frases que son verdaderas.

1 *Falso – Manolo se lleva muy bien con su familia.*
2 Verdadero
3 Falso – Su padre no es serio.
4 Falso – Su padre es hablador.
5 Falso – Su madre es menos habladora que su padre.
6 Falso – Le gusta mucho su madre.
7 Falso – Su madre es baja.
8 Falso – Inma tiene catorce años.
9 Verdadero
10 Falso – Manolo escribe una carta.

3 Escribe y comprende

En este ejercicio los estudiantes aplican los conocimientos descriptivos que han estado desarrollando para describir a su propia familia.

Indique a los estudiantes que pueden combinar las palabras e ideas que pongan en la tabla de varias maneras para componer sus frases. Además, sería conveniente animarlos a buscar vocabulario adicional que puedan utilizar para ampliar y mejorar sus frases. Si la clase utiliza un blog regularmente, podría sugerir a los estudiantes que envíen sus composiciones al blog y comenten sobre las descripciones que hayan publicado sus compañeros.

La actividad 3 puede estimular una tarea oral, como un debate, o escrita, la que usted considere apropiada para la clase. Es una oportunidad para repasar el contenido de la unidad hasta ahora, y así los estudiantes pueden emplear los textos usados como modelo y, luego, añadir más información y opiniones personales.

4 Imagina y habla

Para hacer esta tarea los estudiantes tendrán que preparar sus descripciones de forma escrita antes de hablar con sus compañeros. Los estudiantes tienen que elegir a uno de los personajes mexicanos que aparecieron al comienzo de la unidad y asumir su identidad. Así que necesitarán unos minutos de reflexión y preparación durante los cuales pueden repasar la información y las estructuras vistas previamente en la unidad. También pueden inventarse información para completar la descripción del personaje que hayan elegido.

La actividad se puede realizar en grupos de tres. Una persona actúa como monitor mientras que los otros dos hablan, y luego cambian de papel.

El monitor otorga puntos cada vez que se mencionen elementos que aparecen en la lista. Por ejemplo, si una frase incluye *también* (1 punto) y *bastante* (2 puntos), el estudiante obtendrá 3 puntos.

Al dar puntos a sus compañeros, los estudiantes tendrán la oportunidad de reflexionar sobre la calidad de sus respuestas y así mejorar las suyas.

Puede ampliar la actividad añadiendo categorías adicionales a la lista de puntos. También puede establecer una competición para decidir qué estudiante o grupo obtiene el mayor número de puntos.

F. *Los factores importantes en mi vida*

1 Lee

Esta actividad anima a los estudiantes a reflexionar sobre los factores que más les importan en su vida. Deben decidir cuáles de los factores son más importantes para ellos y ordenarlos en forma de un diamante: primero el factor más importante, luego dos más que importen mucho, luego tres más, dos que no son tan importantes y, por último, el factor que les parezca menos importante.

2 Habla

Los estudiantes deben hablar con un compañero para acordar sus prioridades. Deben utilizar las frases básicas para indicar si están de acuerdo o no con su compañero, y para desarrollar un diálogo más detallado. Anime a los estudiantes a deducir el significado de las frases por el contexto.

Incite a los estudiantes a reflexionar sobre las señales que pueden usar para interpretar la conversación, como, por ejemplo, si hay un tono relajado o serio y el registro del vocabulario utilizado. Además, deben prestar atención al uso de *tú* o *usted* y la inclusión de palabras más familiares, por ejemplo, *vale*, para sugerir un ambiente relajado.

3 Escucha

Esta actividad practica oralmente las descripciones de esta unidad, como la edad y los miembros de la familia, así como el vocabulario que se acaba de aprender.

Audio

1 Soy Javier y tengo diecinueve años. Para mí la familia es muy muy importante, pero la fama no es importante. En el futuro quiero vivir en México con mi familia.

2 Soy Luis, tengo diecisiete años y soy el primo de Javier. En mi vida la salud es muy muy importante, pero el dinero no es muy importante. Vivo en los Estados Unidos y me gusta mucho.

3 Me llamo Margarita y tengo veinte años. Soy amiga de Luis. En el futuro quiero ser famosa, pero para mí el trabajo no es muy importante. En el futuro quiero vivir en Latinoamérica.

4 Me llamo Manolo, tengo dieciocho años y soy amigo de Luis. Quiero un trabajo interesante, pero en mi opinión el dinero no es importante. En el futuro quiero vivir en los Estados Unidos porque allí hay mucho trabajo.

5 Me llamo Alejandra, tengo quince años y soy la hermana menor de Manolo. Mis amigos son muy muy importantes en mi vida, pero para mí la educación no es muy importante. En el futuro voy a vivir con mis amigos en Latinoamérica.

6 Me llamo Daniela, tengo diecinueve años y soy amiga de Luis. Creo que la seguridad es muy muy importante, pero el amor no es importante. Quiero vivir en los Estados Unidos en el futuro.

Respuesta

Nombre	Edad	Factor que es muy importante	Factor que no es importante	Futuro en los Estados Unidos o Latinoamérica
Javier	*19*	*familia*	*fama*	*México*
Luis	17	salud	dinero	Estados Unidos
Margarita	20	fama	trabajo	Estados Unidos
Manolo	18	trabajo	dinero	Estados Unidos
Alejandra	15	amigos	educación	Latinoamérica
Daniela	19	seguridad	amor	Estados Unidos

G. *Mi futuro, ¿en México o en los Estados Unidos?*

1 Lee

Esta descripción proporciona información e ideas que pueden servir como modelo para hacer la tarea en la próxima página. El texto desarrolla la idea de deseos para el futuro y del equilibrio entre querer vivir en México o buscar una vida mejor al otro lado de la frontera.

Aconseje a los estudiantes que primero se dediquen a buscar detalles en el texto, en vez de tratar de entender todo el texto, y conforme vayan decidiendo si las frases son verdaderas o falsas, el significado del texto será mucho más fácil de entender. Pida a los estudiantes más avanzados que justifiquen también las frases que son verdaderas.

Anime a los estudiantes a reflexionar sobre las características del blog. (Puede consultar la tabla al final de este libro).

Respuesta

	Verdadero	Falso	No se menciona
1 *A David le encanta la vida en México. (No le gusta vivir en México).*		✔	
2 David tiene 22 años.	✔		
3 Es muy inteligente.	✔		
4 En el futuro quiere vivir en México. (En el futuro quiere vivir en los Estados Unidos).		✔	
5 Se lleva muy bien con su tía.			✔
6 En la opinión de David no hay mucho trabajo en México.	✔		
7 En la opinión de Claudia la vida es muy fácil en México. (En la opinión de Claudia la vida a veces no es muy fácil en México).		✔	
8 Para Claudia la familia no es muy importante. (Para Claudia la familia es esencial).		✔	
9 A Claudia le gusta mucho la vida en México.	✔		
10 Claudia escribe en su diario.	✔		

2 Escribe

Esta actividad obliga a los estudiantes a analizar la descripción de Claudia en más detalle para asegurarse de que han comprendido todo el texto.

Respuesta

Factores a favor de vivir en México	Factores a favor de vivir en los Estados Unidos
La familia. La vida es muy interesante.	Hay más oportunidades. Hay más seguridad. *Hay más trabajo.*

Repaso

Mis orígenes: ¡tú, él y yo!

1 Escribe

Los estudiantes deben escribir utilizando la primera persona del singular para empatizar con la vida cotidiana en México. Sus descripciones deben incluir tanto detalle y variedad como sea posible. Anímelos a que repasen todas las estructuras y el vocabulario que han visto en la unidad, para que puedan incorporarlo a sus descripciones.

Al tener que describir a otra persona, pero desde la primera persona, la tarea permite a los estudiantes ser más creativos y les da pie a reflexionar sobre la cultura mexicana y los problemas que afligen a su población.

El ejercicio provee un ejemplo completo para que los estudiantes lo puedan utilizar como modelo, y para que puedan observar cómo todas las estructuras vistas en la unidad se pueden combinar para producir el texto.

2 Habla

Este es un ejercicio colaborativo que se puede realizar en parejas. Los estudiantes relatan sus descripciones y dan consejos a sus compañeros sobre cómo se podrían mejorar.

Indique a los estudiantes la importancia de dar consejos prácticos y precisos. Por ejemplo, en vez de decir *está bien* o *escribe más*, sería más útil decir *describe más a tu padre* o *añade la edad de tu madre*. También debe recordarles que la tarea no consiste en criticar el trabajo de su compañero, sino en ayudar a mejorarlo.

Si es posible, podría sugerir a los estudiantes que también graben sus descripciones, prestando atención específica a su pronunciación, para luego poder escucharse a sí mismos y reflexionar sobre cómo podrían mejorar su dicción.

 Cuaderno de ejercicios 2/10

La tabla de estructuras anima a los estudiantes a usar una variedad de lenguaje en sus descripciones y a intentar incluir algunos de los elementos más complicados, obteniendo más puntos.

Después de escribir un primer boceto y contar sus puntos, resulta beneficioso animar a los estudiantes a escribir un segundo boceto que añada 20 puntos más.

Punto de reflexión

Los estudiantes deben hablar con sus compañeros y comparar sus nacionalidades y los varios idiomas que se hablan en casa.

Aproveche este momento de reflexión para hacer la actividad de Creatividad, Actividad, Servicio con el grupo.

Será importante que los estudiantes aprecien que su identidad no es algo que esté "fijo". En muchos casos, los estudiantes no saben los orígenes de sus antepasados y por eso no entienden que su identificación con donde están puede cambiar según sus necesidades actuales. Además, esta tarea puede servir para mostrar a la clase la diversidad de orígenes dentro del grupo e indicar la variedad de razones por las que sus antepasados se han desplazado.

Después de terminar el póster en casa, resultará útil hacer un sondeo en clase para que los estudiantes compartan la diversidad de sus experiencias y de los orígenes de sus familias.

3 Así es mi día

Área temática	Experiencias
Tema	Rutina diaria
Aspectos	De lunes a viernes En casa El fin de semana El calendario La hora Las comidas del día Las tareas domésticas
Gramática	*Hay* Presente: verbos *e* > *ie*, *e* > *i*, *o* > *ue* Verbos reflexivos regulares e irregulares Verbos personales *hacer* y *soler* Adverbios de tiempo
Tipos de texto	**Textos personales** Diario Carta informal Correo electrónico **Textos de medios de comunicación de masas** Artículo
Punto de reflexión	¿Cómo varía la rutina diaria según donde vives?
Rincón IB	**Teoría del Conocimiento** • ¿Por qué grupos culturales diferentes o países diferentes dividen y organizan el día de forma distinta? **Creatividad, Actividad y Servicio** • Cómo diseñar/elaborar un horario para un grupo de estudiantes extranjeros que viene a visitar tu instituto, teniendo en cuenta sus necesidades y costumbres y los hábitos del país o lugar de acogida. **Para investigar** • Investigación sobre las diferentes rutinas en la ciudad y en el campo. • ¿Son los horarios de los jóvenes diferentes a los de los mayores? **Oral individual** • Explicar la rutina diaria de una persona a partir de una historieta con viñetas. • Conversación general sobre lo que haces normalmente los fines de semana.

Esta unidad está dedicada a las rutinas diarias, y los estudiantes trabajarán en una serie de aspectos relacionados con ese tema, tales como la hora, el calendario, las comidas del día, los días de la semana y los fines de semana. La gramática que complementa el tema para proporcionar a los estudiantes la capacidad de entender, expresar y relatar rutinas se centra en los verbos reflexivos, los adverbios de tiempo, la hora y el verbo *hacer*. El contenido de esta unidad contribuye a explorar la cuestión sobre los cambios en la rutina según donde se viva.

1 Para empezar

La imagen es un estímulo visual para introducir el tema de la unidad: la rutina diaria. Es importante animar a los estudiantes a que reflexionen sobre sus rutinas y el vocabulario que se esperan encontrar, y que consideren si ya conocen algunas palabras relacionadas con la rutina diaria en español.

2 Escribe

Esta actividad se puede realizar en parejas o en pequeños grupos. Pida a los estudiantes que traten de encontrar el vocabulario que desconocen con un diccionario o en Internet, y que luego, ayudándose de los modelos de frase que aparecen en la imagen, traten de escribir la mayor cantidad de detalles sobre su propia rutina.

Después, pídales que comparen sus acciones cotidianas por la mañana con las de dos compañeros y pregúnteles: "¿Hacéis las mismas cosas? ¿En el mismo orden?".

Respuesta posible

Por la mañana, me despierto, me levanto, me ducho, desayuno y me visto.

Por la tarde, como, vuelvo a casa, meriendo y hago los deberes.

Por la noche, ceno, me lavo los dientes, me acuesto y duermo.

Yo, por la mañana, primero desayuno y después me ducho y me visto.

Pues yo primero me ducho y me visto y después desayuno.

A. *El calendario*

1 Escribe

Antes de realizar este ejercicio, presente y practique oralmente los meses del año que ya se introdujeron en la unidad 1 del libro. En esta unidad se profundiza más en su uso. Puede usar una canción, rap o poesía que enumere los meses del año, que son fáciles de encontrar en Internet. Indique a los estudiantes que, si escriben primero los números del 1 al 12, pueden identificar rápidamente los meses del año. Puede ampliar la actividad sugiriendo a los estudiantes que hagan su propia canción o rap con los meses del año.

Respuesta

11 *noviembre*
6 junio
3 marzo
12 diciembre
2 febrero
10 octubre
1 enero
5 mayo
7 julio
4 abril
8 agosto
9 septiembre

2 Lee y comprende

1 El objetivo de esta actividad es proveer a los estudiantes de una forma sencilla de revisar los meses del año hablando del número de días que tiene cada mes.

2 Las preguntas de esta actividad tienen como objetivo examinar las diferencias que existen entre los distintos países y culturas en cuanto a los periodos vacacionales. Identificar los meses y los periodos de vacaciones, así como las preferencias de la población, puede llevar a los estudiantes a entender las diferencias y los factores que las causan, ya sean económicos, climáticos, sociales o relacionados con las tradiciones.

Cuaderno de ejercicios 3/1

Este ejercicio refuerza la memorización del vocabulario de meses con práctica escrita.

Respuesta

28/29 días	30 días	31 días
febrero	*abril*	enero
	junio	marzo
	septiembre	mayo
	noviembre	julio
		agosto
		octubre
		diciembre

3 Escribe

Este ejercicio introduce los días de la semana y los estudiantes practican su ortografía. Anime a los estudiantes a hacerlo sin la ayuda de un diccionario, indicándoles que todos los días aparecen en las frases del ejercicio. Hágales notar que en español los días de la semana se escriben con minúscula y que dos de ellos llevan tilde: *miércoles* y *sábado*.

Respuesta

1 *Hoy es martes, entonces mañana es miércoles.*
2 Hoy es domingo, entonces mañana es lunes.
3 Hoy es sábado, entonces mañana es domingo.
4 Hoy es jueves, entonces mañana es viernes.
5 Hoy es viernes, entonces mañana es sábado.
6 Hoy es miércoles, entonces mañana es jueves.
7 Hoy es lunes, entonces mañana es martes.

Cuaderno de ejercicios 3/2

Este ejercicio refuerza la ortografía de los días de la semana.

Respuesta

1 JESVEU → *jueves*
2 GIMONDO → domingo
3 RECIMÉSOL → miércoles
4 BASODÁ → sábado
5 SETRAM → martes
6 SULNE → lunes
7 SIERNEV → viernes

4 Lee

El objetivo de este ejercicio es introducir las dos maneras más comunes de preguntar la fecha en español. Indique a los estudiantes que presten atención a las dos formas de preguntar la fecha, que utilizan dos verbos diferentes: *ser* y *estar*.

5 Escribe y comprende

1 En este ejercicio los estudiantes tienen que combinar lo que han aprendido hasta ahora: días de la semana y los meses del año, formando frases completas para expresar la fecha.

Haga notar las abreviaturas que tienen las hojas de los calendarios para indicar los días de la semana. Pregúnteles por qué creen que el miércoles está abreviado con una X en lugar de con su inicial. Además de la obvia coincidencia con la M de *martes*, la razón por la que se utiliza la X es todavía polémica. Estas son algunas de las razones:

1. Esta abreviatura proviene de la X de Alfonso X el Sabio, en cuyo periodo se llevaron a cabo muchas reformas y normalizaciones ortográficas.
2. Se usa porque el miércoles es el día de Mercurio, cuyo latinismo es *Merx*.
3. Se utiliza para hacer referencia a algún evento cristiano, como el Miércoles de Ceniza.
4. Se emplea por ser una representación gráfica de dos serpientes iguales en el caduceo de Mercurio.

Podría invitar a los estudiantes a crear su propia explicación.

Respuesta

1. *Hoy es viernes dos de marzo.*
2. Hoy es miércoles quince de agosto.
3. Hoy es miércoles catorce de febrero.
4. Hoy es viernes veinte de abril.
5. Hoy es lunes uno de enero.
6. Hoy es viernes siete de septiembre.

¿Por qué en algunos calendarios se empieza la semana con el domingo y en otros con el lunes?

Esta actividad puede hacerla como una actividad de investigación, pero también puede hacerla en clase o pedírsela a sus estudiantes como tarea para casa. Es una actividad que les hace pensar en los calendarios y en la división y la organización del tiempo.

2 Estas preguntas tienen como objetivo la reflexión sobre las convenciones o preferencias personales para escribir la fecha. Se puede pensar en los distintos contextos en los que solemos escribir la fecha, por qué y cómo se escribe.

Quizás se pueden aportar ejemplos concretos que lo ilustren (cartas manuscritas, fechas de correos electrónicos, partidas de nacimiento, pasaportes, etc.). Puede invitar a sus estudiantes a que realicen una tarea de recopilación de documentos con fechas.

Cuaderno de ejercicios 3/3

Este ejercicio refuerza las estructuras para expresar la fecha con *ser* y *estar* y repasa la secuenciación de los meses del año.

Respuesta

1. Estamos en mayo, el próximo mes es **junio**.
2. Estamos en diciembre, el próximo mes es **enero**.
3. Estamos en julio, el próximo mes es **agosto**.
4. Estamos en septiembre, el próximo mes es **octubre**.
5. Estamos en febrero, el próximo mes es **marzo**.
6. Estamos en agosto, el próximo mes es **septiembre**.
7. Estamos en enero, el próximo mes es **febrero**.
8. Estamos en octubre, el próximo mes es **noviembre**.
9. Estamos en abril, el próximo mes es **mayo**.
10. Estamos en noviembre, el próximo mes es **diciembre**.
11. Estamos en marzo, el próximo mes es **abril**.
12. Estamos en junio, el próximo mes es **julio**.

Cuaderno de ejercicios 3/4

El objetivo de este ejercicio es reforzar el uso de *ser* y *estar* para expresar la fecha. Indique a los estudiantes que presten atención a los verbos para poder deducir las preguntas que tienen que escribir. Recuérdeles también que en español se utilizan dos signos de interrogación: ¿?

Respuesta

1. *¿Qué día es hoy?* Hoy es jueves.
2. ¿Qué fecha es hoy? Hoy es 18 de julio.
3. ¿A qué fecha estamos hoy? Hoy estamos a 19 de junio.
4. ¿En qué mes estamos? Estamos en noviembre.

B. *Más fechas*

1 Escucha

Es conveniente que los estudiantes oigan todas las fechas inicialmente sin pausas. La segunda vez puede realizar pausas después de cada fecha para darles tiempo a anotar la respuesta.

Respuesta

1 **C**, 2 **F**, 3 **E**, 4 **D**, 5 **G**, 6 **A**, 7 **B**

Audio

1. Hoy es 16 de mayo.
2. Hoy es 28 de octubre.
3. Hoy es 1 de julio. / Hoy es el primero de julio.
4. Hoy es 19 de junio.
5. Hoy es 15 de diciembre.
6. Hoy es 17 de enero.
7. Hoy es 31 de marzo.

2 Habla y escribe

En esta actividad los estudiantes van a elaborar una lista con diez cumpleaños de los compañeros de clase. Para ello tendrán que preguntar a los compañeros cuándo es su cumpleaños, practicando así preguntas y respuestas. Una vez tengan los cumpleaños de diez compañeros, tienen que ordenarlos por orden cronológico, de enero a diciembre y del día 1 al 31. De esta forma, al realizar una actividad cognitiva más compleja, como es la de ordenar de forma cronológica, se favorece la memorización de los días, los meses y las fechas.

3 Investiga y comprende

1 Presente esta actividad sobre fiestas en el mundo hispano realizando el primer paso: preguntándoles por las tradiciones o festivales en su ciudad o país, cuándo, dónde y por qué se celebran. Después pídales que miren la tabla con algunas celebraciones del mundo hispano.

2 Lea con todos los estudiantes los nombres de las tradiciones. Puede proyectar o preparar un mapa de los países de habla hispana para acompañar esta actividad y para establecer conexiones con otras áreas del currículo como la geografía y la historia. La actividad también brinda la oportunidad a los estudiantes de poner en común con la clase su tradición favorita.

Pida a los estudiantes que piensen en estas preguntas. Puede pedirles que preparen esta actividad por escrito y que después la compartan con la clase en una actividad oral.

¿Qué sabes de tu tradición favorita? ¿Cuál es su origen? ¿Por qué se celebra?

Respuesta

Tradiciones	¿Cuándo se celebra....?	¿Dónde se celebra?
1 El Día de los Muertos	*El dos de noviembre*	En todo México
2 Las Fallas	El diecinueve de marzo	*En Valencia, España*
3 Inti Raymi	El veinticuatro de junio	En Cusco, Perú
4 El Desfile de Silleteros	El siete de agosto	En Medellín, Colombia
5 Día Nacional del Tango	El once de diciembre	En Buenos Aires, Argentina
6		

3 En la tercera parte de esta actividad, puede dividir la clase en pequeños grupos de tres estudiantes para explorar la pregunta del papel que juegan las fiestas y las tradiciones en la formación de la identidad cultural. Anímelos a dar ejemplos que ilustren su análisis y sus conclusiones.

Actividad cultural complementaria

Divida la clase en grupos. Asigne a cada grupo una de las tradiciones mencionadas en la actividad o pídales que elijan la tradición que quieran para investigar cuál es el origen de cada tradición y en qué consiste la celebración. Los estudiantes pueden preparar una presentación para la clase.

Cuaderno de ejercicios 3/5

Este ejercicio sirve como repaso de los cumpleaños que ya se introdujeron en la unidad 1. Pida a los estudiantes que repitan los nombres de las seis personas para familiarizarse con el sonido. Una vez que los estudiantes hayan escrito sus respuestas, se puede practicar oralmente en parejas: un estudiante pregunta y el otro contesta.

Respuesta

1 *El cumpleaños de Ignacio es el tres de octubre.*
2 El cumpleaños de Sofía es el seis de agosto.
3 El cumpleaños de Raúl es el uno de enero.
4 El cumpleaños de Juan es el quince de febrero.
5 El cumpleaños de Cecilia es el cuatro de diciembre.
6 El cumpleaños de Esteban es el siete de marzo.

Cuaderno de ejercicios 3/6

El objetivo de este ejercicio es familiarizar a los estudiantes con el vocabulario que se utiliza a menudo para dar fechas. Hágales notar el uso de la tercera persona del singular.

Respuesta

1 No **hay** 15 meses en un año.
2 Cien **años** son un **siglo**.
3 ¿En qué **fecha** celebramos el Año Nuevo?
4 Hoy es jueves, entonces **mañana** es viernes.
5 ¿Qué **día** es **hoy**?
6 En una **semana** hay siete días.

¿Sabías que…?

Lea el texto sobre los calendarios mayas con los estudiantes. Puede preparar algunas imágenes adicionales para mostrar a la clase. Como actividad cultural complementaria, puede animar a los estudiantes a que traten de descifrar el sistema de los números del 1 al 13 que se encuentran en combinación con 20 glifos en el calendario Tzolk'in. Esta actividad es un reto que los estudiantes suelen disfrutar mucho. Los números se ven muy claros en el círculo concéntrico interior de color naranja que aparece en el libro del estudiante.

C. *¿Qué hora es?*

1 Lee y escucha

Este ejercicio introduce la hora por medio de estímulos auditivos y visuales. Pida a los estudiantes que escuchen y miren simultáneamente la hora en cada reloj. La hora aparece escrita debajo de los relojes para que los estudiantes puedan leerla y revisarla.

Indique a los estudiantes que se fijen en el uso de *es* y *son* para expresar la hora, y trate de que deduzcan por sí mismos cuándo se utiliza cada uno.

Audio

A Son las cinco.
B Son las nueve y cinco.
C Son las cinco y cuarto.
D Son las ocho y veinte.
E Son las diez y media.
F Es la una.
G Es la una menos veinte.
H Son las cuatro menos cuarto.
I Es mediodía.
J Es medianoche.

2 Escucha

Pida a los estudiantes que escuchen el audio una primera vez para reconocer los contextos en los que normalmente se escucha a alguien decir la hora: en la estación de trenes (anuncio), en los noticiarios de la radio o la televisión (presentadores), en casa (mis padres), en el instituto (mis profesores), y pídales que añadan otros lugares en los que también se pueden escuchar las horas. Este paso les hace conscientes de los lugares en los que posiblemente se escucharán las horas y las posibles funciones, interlocutores, etc.

Después, en una segunda audición, los estudiantes se fijarán en las horas.

Audio

1 Son las tres y veinte.
2 Es la una menos diez.
3 Son las cuatro menos cuarto.
4 Son las doce menos veinte.
5 Son las siete y cuarto.
6 Son las seis y cinco.
7 Es mediodía.

3 Escucha y escribe

El objetivo de este ejercicio es continuar desarrollando la capacidad auditiva de los estudiantes, a la vez que puntualizar el uso de los verbos *ser* y *estar* y las preposiciones *de* y *por* al expresar la hora.

Puede seguir el siguiente procedimiento para ayudar a los estudiantes a desarrollar técnicas de comprensión auditiva eficaces:

1 Pídales que escuchen la conversación sin leer.
2 Pídales que lean la conversación en el libro y que intenten completar las palabras que faltan.
3 Pídales que escuchen la conversación de nuevo y comprueben sus respuestas.
4 Aclare dudas y preguntas.

Respuesta

1	son	6	por
2	de	7	por
3	es	8	de
4	de	9	por
5	por	10	de

Audio

Conversación 1
Marta: Hola, Felipe, ¿qué hora es?
Felipe: Son las cuatro y media de la tarde.
Marta: ¿Las cuatro y media? Hoy yo tengo clase de español a las cinco.
Felipe: Mi clase de español es a las once y media de la mañana.
Marta: Yo no tengo clases por las mañanas, solo por las tardes.
Felipe: ¡Qué bien!
Marta: ¡Adiós! Hasta mañana por la tarde.

Conversación 2
María: Mi padre trabaja los sábados a las diez de la mañana, pero no el sábado por la tarde.
Pedro: ¿Sí? ¿Y a qué hora come?
María: Come pronto, a la una o una y media de la tarde.
Pedro: Yo también como a la una los sábados.

4 Lee y escribe

Este ejercicio les brinda a los estudiantes la oportunidad de practicar cantidades temporales utilizando la forma impersonal *hay*.

Respuesta

1 *Hay 60 minutos en una hora.*
2 Hay 24 horas en un día.
3 Hay 60 segundos en un minuto.
4 Hay 7 días en una semana.
5 Hay 12 meses en un año.
6 Hay 31 días en enero.

 Cuaderno de ejercicios 3/7

Este ejercicio afianza la práctica de las horas.

Respuesta

1 Son las dos de la tarde.
2 Es la una y diez de la mañana.
3 Son las ocho y cuarto de la tarde.
4 Es mediodía.
5 Son las cuatro menos cuarto de la mañana.
6 Son las diez y media de la noche.
7 Son las siete menos veinte de la mañana.
8 Es medianoche.

D. *Así es mi día*

1 Escucha y lee

Utilizando la foto del libro del alumno, presente a Pablo, un chico español de 14 años, y diga a los estudiantes que van a aprender cómo es un día normal en la vida de Pablo. Explíqueles que el objetivo de este ejercicio es aprender a hablar de la rutina diaria. Ahora que ya saben las horas y las partes del día, pueden concentrarse en las actividades cotidianas.

Realice una primera audición para presentar los verbos asociados con la rutina diaria. Pida que sigan las imágenes y el texto en el libro del estudiante. Compruebe que los estudiantes entienden el significado del vocabulario, y puede leer con ellos las frases si lo considera conveniente. Esto les ayudará a practicar la pronunciación y entonación de las frases, además de su memorización.

Para pensar y contestar a la pregunta que se le plantea al estudiante *(¿A quién está dirigido este álbum?)*, puede pedirles que en parejas piensen cuándo y para quién podría ser el álbum. Por ejemplo, podría ser información que envía un estudiante de intercambio o información para un estudio sobre los hábitos y rutinas de los adolescentes.

Audio

Por la mañana

1 Son las siete y media. Me despierto. Miro la hora y me levanto.
2 Son las ocho menos cuarto. Me lavo la cara.
3 Son las ocho. Desayuno.
4 Son las ocho y cuarto. Voy al colegio en autobús.
5 A las ocho y media empiezan las clases. Los lunes tengo inglés y matemáticas.

Por la tarde

6 A las dos y media vuelvo a casa.
7 A las tres como en casa.
8 A las cuatro veo la tele o uso Internet para hablar con mis amigos.
9 A las seis y media meriendo.
10 Son las siete. Hago los deberes.

Por la noche

11 A las nueve es la hora de cenar. Ceno en casa con mi familia.
12 A las diez menos cuarto leo en la cama.
13 Son las diez y media. Me acuesto. ¡Buenas noches!

2 Escribe

Para preparar la encuesta que los estudiantes van a hacer a sus compañeros en la actividad 3, es útil que escriban las preguntas sobre horarios y hábitos que van a hacer. Puede pedirles que escriban las preguntas en parejas para fomentar el trabajo colaborativo. Las siguientes frases les ayudarán a preparar las preguntas.

Respuesta

1 *¿A qué hora te levantas?*
2 ¿A qué hora desayunas?
3 ¿A qué hora vas al colegio
4 ¿A qué hora empiezan las clases?
5 ¿Qué haces por la mañana?
6 ¿A qué hora comes?
7 ¿A qué hora haces los deberes?
8 ¿Con quién cenas por la noche?
9 ¿Qué haces después de cenar?
10 A qué hora te acuestas?

3 Habla

Presente la actividad como una actividad de investigación en la que los estudiantes van a realizar una encuesta a sus compañeros para descubrir qué hábitos tienen. Recuérdeles que pueden usar las preguntas de la actividad 2.

En la fase de presentación de los resultados, déjeles elegir la forma cómo quieren presentarlos. Puede sugerirles usar porcentajes o gráficos.

 Cuaderno de ejercicios 3/8

Este ejercicio desarrolla los conocimientos de los diferentes tipos de verbos, para que los estudiantes se den cuenta de las diferentes reglas que tendrán que aplicar.

Respuesta

					Irregular con cambio en el radical		
Verbo	**Reflexivo**	**No reflexivo**	**Regular**	**Irregular**	**Irregular e > ie**	**Irregular e > i**	**Irregular o > ue**
1 lavarse	✔		✔				
2 despertarse	✔				✔		
3 levantarse	✔		✔				
4 cepillarse	✔		✔				
5 bañarse	✔		✔				
6 ducharse	✔		✔				
7 secarse	✔		✔				
8 vestirse	✔					✔	
9 ponerse la ropa	✔			✔			
10 afeitarse	✔		✔				
11 desayunar		✔	✔				
12 irse de	✔			✔			
13 llegar		✔	✔				
14 divertirse	✔				✔		
15 salir de		✔		✔			
16 volver				✔			✔
17 relajarse	✔		✔				
18 sentarse	✔				✔		
19 acostarse	✔						✔
20 dormirse	✔						✔

E. *Un día en la vida de Gabriela*

1 Lee y escribe

Con el objetivo de concienciar a los estudiantes sobre el tipo de texto, la audiencia a quién va dirigido el texto y la función, pídales que hagan una primera lectura y determinen si es un artículo o un formulario. Podrán así distinguir las características propias de un artículo físico o digital, su función y dónde se puede encontrar, y las características de un formulario físico o digital. (Puede consultar la tabla al final de este libro).

La utilización de titular y subtitulares, así como de conectores o marcadores del discurso que organizan el texto indican que se trata de un artículo y no de un formulario.

Puede hacer una actividad preparatoria a la lectura basándose en lo que han aprendido hasta ahora. Preséntateles preguntas como las siguientes:

- ¿A qué hora creéis que se levanta Gabriela?
- ¿Con quién desayuna?
- ¿A qué hora empiezan las clases en el colegio de Gabriela?

Pida a los estudiantes que lean el artículo para extraer la información necesaria para elaborar una línea del tiempo de un día normal en la vida de Gabriela.

Después puede indicar a los estudiantes que marquen o copien en su cuaderno los verbos o actividades cotidianas que aparecen en el texto. Puede invitarles a escribirlos en sus cuadernos haciendo una tabla con la forma encontrada en el texto (primera persona), y añadiendo la segunda y tercera personas del singular y el infinitivo. De esta manera ayudará a reforzar las formas de los verbos.

2 Habla y comprende

1 Explique a los estudiantes que es muy posible que la información que tengan en sus líneas del tiempo pueda variar en cantidad o precisión, por ello van a realizar este ejercicio para comprobar sus respuestas con las de un compañero. Pídales que no muestren sus líneas del tiempo a sus compañeros. Recuerde a los estudiantes que tendrán que pasar los verbos en primera persona a tercera persona para describir la rutina de Gabriela.

2 La segunda parte de la actividad, que es de reflexión, puede hacerse en parte en parejas o en grupos de tres, pues compartirán horario y calendario escolar. El efecto que puede tener en sus vidas puede variar, según dónde vivan o qué hagan después, etc. Pueden presentar sus respuestas en una sesión plenaria.

3 Escribe

Los estudiantes completan este ejercicio y, después, la corrección se puede hacer con toda la clase. Es un ejercicio de comprensión y de consolidación. Llame la atención de los estudiantes sobre las irregularidades de ciertos verbos en el texto.

Respuesta

1. Se ducha y se viste, limpia su habitación y prepara el desayuno para sus hermanos.
2. Sale de casa a las siete.
3. Antes de comer hace los deberes.
4. Va a clase de inglés.
5. Se lava los dientes y se cepilla el pelo.

Cuaderno de ejercicios 3/9

Este ejercicio consolida la conjugación del presente de los verbos reflexivos irregulares.

pronombres personales	**despertarse (e > ie)**	**vestirse (e > i)**	**acostarse (o > ue)**
yo	*me despierto*	me visto	me acuesto
tú	te despiertas	te vistes	te acuestas
él/ella/usted	se despierta	*se viste*	se acuesta
nosotros(as)	nos despertamos	nos vestimos	nos acostamos
vosotros(as)	os despertáis	os vestís	os acostáis
ellos(as)/ ustedes	se despiertan	se visten	*se acuestan*

Cuaderno de ejercicios 3/10

Este ejercicio tiene como objetivo afianzar el uso de los pronombres reflexivos.

Respuesta

1. ¿***Te*** levantas muy temprano?
2. Javier no **se** ducha todos los días.
3. ¿A qué hora **os** acostáis durante la semana?
4. Tú y yo **nos** lavamos la cara con agua tibia.
5. Los niños **se** acuestan muy tarde.
6. Yo **me** cepillo los dientes dos veces al día.
7. La gente **se** prepara para salir.

4 Habla

1 En parejas los estudiantes van a comparar primero la rutina de Pablo y Gabriela. Puede establecer una dinámica de competición si lo considera oportuno dando un límite de tiempo.

Respuesta

- Antes de desayunar, Pablo se lava la cara y Gabriela se ducha.
- Las clases de Pablo empiezan a las ocho y media y las de Gabriela empiezan a las siete y media.
- Pablo come en casa a las tres de la tarde y Gabriela también come en casa, pero a las dos y media.
- Gabriela hace los deberes antes de comer y Pablo hace los deberes por la tarde a las siete.
- Después de comer, Pablo ve la televisión o usa Internet para hablar con sus amigos; Gabriela ayuda a su madre, lee o ve la televisión.
- Pablo cena a las nueve y Gabriela cena a las ocho.
- Pablo lee en la cama antes de dormir y Gabriela no lee antes de dormir.
- Pablo se acuesta a las diez y media y Gabriela se acuesta a las nueve.

2 Continuando en parejas, los estudiantes ahora comparan la rutina de Pablo y Gabriela con la suya propia. Indique a los miembros de cada pareja que se vayan turnando para expresar una comparación cada uno. Recomiende a aquellos estudiantes que tengan más dificultad con el ejercicio que escriban primero sus ideas para luego exponerlas verbalmente.

Cuaderno de ejercicios 3/11

Este ejercicio tiene como objetivo trabajar el uso de las expresiones temporales.

Respuesta

Hola, soy Mohamed y vivo en Murcia, en el sureste de España. Este es un día típico de mis vacaciones. No me despierto muy tarde, a las ocho y media o nueve. ***En seguida*** me visto, me lavo y me cepillo los dientes. [1] **Primero**, tomo solo un zumo de naranja y voy a hacer ejercicio. [2] **Después de** hacer ejercicio, me ducho y desayuno fuerte. [3] **Luego** hablo con mis amigos y salimos. [4] **Antes de** comer preparo la comida con mi familia, me gusta mucho cocinar. Por la tarde, hago deporte con mis amigos, natación o tenis normalmente. [5] **Por último**, voy al cine, a un concierto o a dar una vuelta con mis amigos antes de volver a casa para acostarme y dormir.

5 Lee

Este texto prosigue con el desarrollo del tema de las rutinas diarias y las comparaciones de las rutinas de diferentes personas.

Anime a los estudiantes a reflexionar sobre las características del texto. Se puede afirmar que un blog es un tipo de texto de comunicación de masas de registro informal. Sirve para describir experiencias u opiniones personales. Este tipo de texto usa un lenguaje relajado, frases completas y incluye párrafos. Contiene opiniones y experiencias personales y a menudo incluye imágenes. (Puede consultar la tabla al final de este libro).

6 Escribe

1 La primera parte de este ejercicio tiene como objetivo comprobar que los estudiantes han comprendido el texto correctamente, diferenciando entre las dos rutinas que se describen conjuntamente en el texto.

Respuesta

A	Arantxa	C	Arantxa
B	Arantxa	D	Gabriela

2 Anime a los estudiantes a que hagan tantas comparaciones como les sea posible entre su rutina y la de Arantxa o la de Gabriela.

7 Escribe y habla

Esta actividad se presta a una dinámica más activa en la clase. Los estudiantes deben cambiar de pareja y entrevistar a uno de sus compañeros de clase para después escribir una comparación de la rutina de ambos. Puede sugerirles que graben la entrevista si tienen equipamiento disponible, y que el texto que escriban se publique en el blog de la clase. Por último los estudiantes presentan a la clase la rutina de su compañero entrevistado. También se podría hacer un vídeo grabando la presentación. Anime a la clase a que haga preguntas sobre la presentación.

Actividad complementaria 3.1

Esta actividad adicional requiere que los estudiantes utilicen los conocimientos que han adquirido sobre cómo describir rutinas para componer una rutina genérica de un estudiante de su colegio.

F. *Pablo y Gabriela han leído este artículo en una revista digital sobre los horarios de comidas en España y en Latinoamérica*

1 Lee y comprende

Comience poniendo en común con la clase la ilustración de los dos relojes que señalan las comidas en España y Latinoamérica. Antes de empezar a leer, pida a los estudiantes que dibujen un reloj que señale las comidas que ellos suelen tomar durante el día.

Divida la clase en grupos de tres y pida a cada uno de los miembros de cada grupo que lea una de las tres partes del texto (el desayuno, el almuerzo o comida, la cena). Después cada estudiante deberá contar lo que ha leído a los otros dos compañeros.

Pida a los estudiantes de más nivel que justifiquen también las frases que son verdaderas.

Este ejercicio tiene como objetivo asegurarse de que los estudiantes han comprendido el significado de las diferentes partes del texto, y las diferencias entre los horarios de las comidas en España y Latinoamérica.

Es un artículo de una publicación digital, un medio de comunicación de masas, más formal, cuyo objetivo es informar. El texto usa frases completas y párrafos largos. El artículo es claro y preciso y la información está reforzada con las imágenes de los relojes que aparecen junto al texto. Va dirigido a lectores interesados en informarse sobre las comidas y los horarios de comidas en España y en Latinoamérica.

Respuesta

1 Verdadero

2 Falso – El almuerzo no es la comida más fuerte en Latinoamérica.

3 Falso – Los españoles, a veces, se toman un desayuno ligero en casa.

4 Falso – En algunos países de Latinoamérica llaman a la cena la "comida".

5 Falso – La comida del mediodía es la más importante en España.

6 Falso – En ambas culturas los niños suelen tomar una merienda después de la escuela.

7 Verdadero

2 Escribe y comprende

1 La carta de Luis invita a una respuesta. Los estudiantes decidirán si contestan a Luis usando una carta o un correo electrónico. Puede pedirles que reflexionen sobre las características de esta carta personal (informal, sirve para compartir información, incluye párrafos, contiene opiniones y experiencias personales y el tono en esta carta es informal). Puede proyectar la carta para analizar las características juntos. Haga que se fijen en rasgos informales, como el saludo. Sin embargo, puede

que les confunda el uso de *ustedes*, empleado habitualmente en el español de Chile. Si el estudiante decide escribir un correo, debe tener en cuenta que el correo, normalmente, es más corto.

Además, llame la atención de sus estudiantes sobre los usos del verbo *soler* y sus irregularidades. Anímelos a que cuenten a Luis sus horarios de comidas y cualquier peculiaridad en sus casas. Si tiene un grupo en el que hay distintas culturas, puede presentar esta actividad de manera que escriban a otros compañeros de la clase con quienes no comparten lengua ni cultura nativa.

2 En esta parte de la actividad, los estudiantes pueden pensar en las razones por las que los países tienen distintas horas para las comidas y cómo eso puede afectar a sus rutinas.

Actividad complementaria 3.2

Esta actividad ayudará a los estudiantes a consolidar el uso del vocabulario y las estructuras relativas a los horarios habituales para las comidas.

Actividad complementaria 3.3

Esta actividad será de particular utilidad para aquellos estudiantes que tengan dificultad en entender el segundo texto de la página 40.

Respuesta

1 Verdadero – Luis escribe que va a vivir conmigo pronto.

2 Verdadero – Luis escribe que suele desayunar en casa con toda la familia.

3 Falso – Luis escribe que su hermana no va al colegio.

4 Falso – Luis escribe que los estudiantes suelen volver a casa para el almuerzo, pero a veces suelen comer en el colegio.

Creatividad, Actividad y Servicio

Ahora que los estudiantes han aprendido a hablar sobre la rutina diaria y los horarios, puede sugerirles llevar a cabo la siguiente actividad de CAS.

Los estudiantes pueden trabajar en parejas o en grupos pequeños de tres personas y decidir la forma en la que van a presentar su trabajo.

Haga una sesión de preparación en la que los estudiantes exploren distintas formas de realizar la tarea, por ejemplo, considerando los países de origen de los estudiantes de intercambio y sus rutinas, qué actividades y horarios serán los más adecuados para que su estancia sea agradable, etc.

Una presentación en póster podría ser bastante profesional y atractiva. Una presentación en forma de artículo en línea puede ser muy informativa y clara. Deje que decidan ellos teniendo en cuenta la audiencia (el público).

G. *Jóvenes en Acción en México pide voluntarios para ayudar a personas mayores que viven solas. ¿Estás preparado?*

1 Lee y escribe

Exponga en clase el logotipo y el nombre de la asociación con sus estudiantes y pregúnteles qué les sugiere. Palabras como *ayuda* y *voluntarios* son importantes en esta parte de la unidad. Puede preguntarles si ellos ayudan en casa, si son voluntarios para hacer algo en casa, en clase o en la sociedad.

Después puede pasar a observar las imágenes y acciones en el cuestionario para presentar el vocabulario que necesitan en esta parte. Lea en alto pregunta por pregunta para que escriban sus respuestas.

Para ayudarles a memorizar el vocabulario, podría hacer dos o tres equipos y hacer un juego de mímica en el que un miembro de un equipo representa una de las acciones y los otros equipos tienen que adivinar la acción. Este juego también se podría hacer con tarjetas y en parejas.

¿Sabías que...?

Aquí se explica que en español hay dos símbolos interrogativos (¿?). Puede indicar a los estudiantes que también hay dos símbolos exclamativos (¡!). Es una buena oportunidad para comentar con la clase cómo se pueden escribir estos signos en el ordenador, en el móvil o en la tableta.

2 Habla y comprende

1 Este ejercicio da a los estudiantes la oportunidad de practicar oralmente en parejas el vocabulario que acaban de aprender.

2 El tema del voluntariado lleva a reflexionar sobre las tareas que los estudiantes realizan y podrían realizar u ofrecer como ayuda a alguien. Se puede hacer una lluvia de ideas con las actividades que la clase puede ofrecer, reflexionando sobre el tiempo que tienen para compartir con alguien.

Actividad complementaria 3.4

Esta actividad proporciona práctica adicional escrita para consolidar el vocabulario de las tareas domésticas y también brinda la oportunidad de combinarlo con las estructuras descriptivas de las rutinas diarias.

3 Lee y escribe

Con la lectura del anuncio de Jóvenes en Acción, los estudiantes van a identificar cómo el anuncio anima a los lectores a hacerse voluntarios. Pida a los estudiantes que se fijen en las palabras y en las expresiones que usa. Así, la pregunta *¿Estás preparado?* apela e invita directamente al lector a que se pregunte si está preparado para ser voluntario. El hecho de haber leído antes "ayudar a personas mayores" puede contribuir a ayudar al lector a decidirse. La imagen de las manos también transmite un mensaje de que "todos juntos podemos ayudar".

Después, pida a los estudiantes que piensen si ellos podrían ayudar y con qué tareas podrían hacerlo. Pensar en el tiempo libre a su disposición también ayuda a ver que sí es posible ayudar.

Ejemplo:
Yo puedo hacer la comida y la cena los sábados y los domingos.

 Cuaderno de ejercicios 3/12

Con este ejercicio los estudiantes practicarán la rutina diaria en tercera persona mediante la comparación. Además, el ejercicio hace reflexionar sobre cómo todos tenemos rutinas distintas y similares.

Respuesta

1
1. Mario y Sofía ***tienen*** clases en el instituto **todos los días** de 8:00 a 16:00.
2. Los lunes, martes y jueves, Sofía **come** en el instituto, y los martes y jueves **por la mañana** Mario **saca** a Cuqui.
3. Sofía **hace** deporte los viernes y sábados **de 17:00 a 18:00** y Mario **hace** un intercambio de inglés.
4. Mario **sale** con sus amigos los sábados y domingos **por la tarde** y Sofía **ayuda** a la señora Sanz a hacer la compra y a **limpiar**.
5. Los domingos por la tarde, Mario **hace los deberes** y Sofía **pasa la aspiradora** y **ordena** su habitación.

Respuesta posible

2 Los fines de semana Sofía se levanta muy tarde, a las diez o diez y media. Primero desayuna y después se ducha. Los sábados por la mañana, sus padres van a la compra con sus hermanos y Sofía hace los deberes. A mediodía come con su familia en casa y lava los platos después de comer. Los sábados por la tarde, Sofía es voluntaria de Jóvenes en Acción y ayuda la señora Sanz. Primero hace la compra con la señora Sanz, porque ella es muy mayor, después, limpia su casa y habla mucho con ella porque la señora Sanz vive sola. Sofía vuelve a casa a las ocho de la tarde y, normalmente, se acuesta pronto. Los domingos Sofía se levanta también tarde y estudia por la mañana. Luego prepara la comida. Los domingos por la tarde no hace nada, a veces plancha o ayuda a limpiar y a arreglar el jardín.

Respuesta posible

3 Los fines de semana yo suelo levantarme muy temprano porque juego al fútbol los sábados de 8:00 a 10:00 de la mañana y suelo hacer natación los domingos de 8:30 a 9:30. Después de hacer deporte, tomo un gran desayuno en mi casa o en casa de mis amigos. Los sábados suelo comer en casa con mi familia y los domingos solemos salir a comer a un restaurante. Los sábados por la tarde suelo salir con mis amigos. Solemos ir al cine, a la bolera o a tomar algo. Nunca hago los deberes los sábados, no tengo tiempo. Los domingos por la tarde suelo hacer otras cosas: los deberes, limpiar y ordenar mi habitación y, a veces, suelo ver una película en la tele con mis amigos.

Repaso

Todos ayudamos…

1 Escucha y lee

Pida a los estudiantes que escuchen y lean lo que los cuatro jóvenes dicen sobre su ayuda en casa. Llame la atención sobre el uso de los días de la semana, las acciones y el uso de *soler* y *hacer*. Los textos son breves, pero resumen y consolidan gran parte de lo estudiado en la unidad.

Como actividad complementaria, puede pedir a los estudiantes que escriban un párrafo similar, que han de entregarle a usted. Lea en voz alta y, sin decir a quién pertenece, la clase tiene que adivinar quién es.

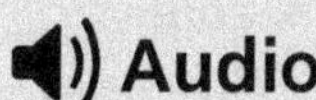

Laura
Todos ayudamos en casa. Yo ayudo por la mañana y por la noche. Arreglo mi dormitorio antes de salir para el colegio. Lavo los platos después de la cena tres veces por semana. Mi padre barre el suelo y mi hermano saca la basura. Los domingos ayudo en el jardín.

Francisco
Todos los domingos preparo el desayuno para mi familia y los sábados lavo la ropa en la lavadora, suelo pasar la aspiradora y quitar el polvo.

Alicia
Por la mañana suelo limpiar el baño y antes de salir para el colegio yo saco al perro y mi hermana hace el almuerzo que llevamos al colegio. Mis padres suelen hacer la compra los viernes o los sábados.

Eduardo
Mi madre y yo preparamos la cena los lunes, miércoles y viernes. Todos hacemos la cama por la mañana. Mi hermana y mi madre hacen la compra. Mi padre y yo hacemos el almuerzo los domingos.

2 Lee

Este es otro ejercicio de comprensión que ayuda a consolidar los conocimientos de la unidad. Los estudiantes han de decidir quién es el voluntario más apropiado, lo que les ayudará a comprender el texto de manera más profunda.

Respuesta

1 **C** Alicia, porque saca al perro.
2 **B** Francisco, porque lava la ropa en la lavadora.
3 **A** Laura, porque ayuda en el jardín.
4 **D** Eduardo, porque prepara la cena en casa.

Cuaderno de ejercicios 3/13

El objetivo de este ejercicio es repasar el uso del verbo *soler* para preparar a los estudiantes para el ejercicio productivo final de esta unidad.

Respuesta

1 *Ustedes suelen levantarse a las 10:30 los domingos.*
2 Mis hermanos suelen sacar la basura y lavar la ropa por la noche.
3 Yo no suelo comer mucho por la mañana.
4 ¿Tú sueles visitar a tus abuelos?
5 En mi familia todos solemos ayudar en casa.
6 Vosotros soléis ir de compras los sábados.
7 Clara suele pasar la aspiradora por la tarde.

Cuaderno de ejercicios 3/14

Este ejercicio consolida el significado de los textos para comprobar que los estudiantes han comprendido las diferentes partes de los mismos.

Respuesta

	F	V
1 Laura arregla su dormitorio por la mañana. *(Arreglo mi dormitorio antes de salir para el colegio).*		✔
2 Laura lava los platos antes de salir para el colegio. *(Lavo los platos después de a cena).*	✔	
3 El hermano de Laura saca la basura. *(Mi hermano saca la basura).*		✔
4 Francisco hace el desayuno para su familia los domingos. *(Todos los domingos preparo el desayuno).*		✔
5 Francisco no pasa la aspiradora los sábados. *(Los sábados… suelo pasar la aspiradora…).*	✔	
6 Francisco lava la ropa los lunes y los jueves. *(Los sábados lavo la ropa en la lavadora…).*	✔	
7 Alicia limpia el baño por la noche. *(No se menciona lo que Alicia hace por la noche).*	✔	
8 La hermana de Alicia prepara el almuerzo para llevar al colegio. *(Mi hermana hace el almuerzo que llevamos al colegio).*		✔
9 Los padres de Alicia hacen las compras. *(Mis padres suelen hacer la compra…).*		✔
10 Eduardo y su madre preparan la cena dos veces a la semana. *(Mi madre y yo preparamos la cena los lunes, miércoles y viernes).*	✔	
11 Eduardo ayuda a su padre a hacer el almuerzo los domingos. *(Mi padre y yo hacemos el almuerzo los domingos).*		✔
12 En la familia de Eduardo todos ayudan. *(Todos hacemos la cama por la mañana).*		✔

3 Escribe

El objetivo de este ejercicio es darles a los estudiantes la oportunidad de poner en práctica todo lo que han aprendido en esta unidad. Recuérdeles que repasen el uso del verbo *soler*, los verbos reflexivos y el vocabulario de las tareas domésticas. También pida a los estudiantes que reflexionen sobre el registro de su tarea escrita. Es importe que identifiquen el destinatario de la carta o del correo electrónico que van a escribir para saber qué registro será más apropriado.

Podría organizar un concurso en clase, seleccionando a cinco estudiantes que sean los representantes de *Jóvenes en Acción*. El resto de la clase les envía sus correos electrónicos y los cinco estudiantes tienen que elegir a cuatro personas a las que ofrecerían el puesto de voluntario. El grupo de cinco presenta en clase los cuatro correos ganadores dando razones por las que han ganado.

Punto de reflexión

Podría terminar la unidad con una mesa redonda, o actividad plenaria, en la que los estudiantes analicen la pregunta de reflexión inicial: *¿Cómo varia la rutina diaria según donde vives?*

Las intervenciones podrían incluir respuestas como estas: si vives en una ciudad, tu instituto puede estar lejos de tu casa y por eso tienes que levantarte más temprano; en un pueblo o en una ciudad pequeña es posible ir andando a casi todos los sitios; en algunas comunidades se colabora más en las tareas de la casa y en acciones de voluntariado, etc.

4 ¡Que aproveche!

Área temática	Identidades
Tema	Comidas y bebidas
Aspectos	Cantidad Comestibles Compras Instrucciones para cocinar Restaurantes Salud y dieta
Gramática	Negativos Adverbios de frecuencia Adverbios de cantidad Pronombres y adjetivos demostrativos
Tipos de texto	**Textos personales** Lista Blog Correo electrónico **Textos profesionales** Receta **Textos de medios de comunicación de masas** Póster
Punto de reflexión	¿Qué importancia tienen las comidas en tu familia?
Rincón IB	**Teoría del Conocimiento** • Comida modificada genéticamente. ¿Deberíamos saber qué hay en nuestra comida? **Creatividad, Actividad y Servicio** • Organiza con tu clase una recogida de comida en tu escuela para entregarla al banco de alimentos oficial de tu comunidad. Puedes filmar un documental sobre el evento. **Para investigar** • Investigación sobre el papel que juega la comida rápida en los hábitos alimenticios de los jóvenes. • Dieta y salud. Trastornos alimenticios en los jóvenes y la influencia de los medios de comunicación. **Oral individual** • Describir una foto de una familia/grupo de amigos compartiendo una comida durante 1-2 minutos y contestar a preguntas sobre la imagen. • Conversación general sobre los hábitos alimenticios y las preferencias de comidas y bebidas.

Esta unidad trata del área temática Identidades y cubre el vocabulario de tipos de comida, alimentos y grupos de alimentos, cantidades y envases, menús en restaurantes, la vida sana y las compras. Los estudiantes van a aprender a hablar sobre sus gustos y opiniones con relación a la alimentación en el contexto de un concurso de cocina para jóvenes.

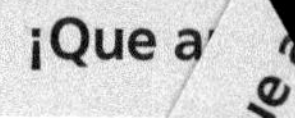

1 Para empezar

En el idioma del colegio, debata con los estudiantes de qué trata el póster. Se espera que algunos de los estudiantes puedan deducir que el tema del póster es un concurso de cocina para jóvenes. Usted puede entonces invitar a los estudiantes a compartir sus conocimientos sobre la comida española y la latinoamericana, y qué platos conocen y comen habitualmente que son originarios de países de habla hispana.

2 Investiga

Los estudiantes buscan en el diccionario los nueve ingredientes visibles del póster. Una vez hecho esto, usted puede fomentar una conversación básica sobre estos alimentos preguntando a sus alumnos si ellos comen estos alimentos, con qué frecuencia y sus opiniones básicas, dependiendo de la habilidad y conocimientos previos de los estudiantes.

A. *Los concursantes hablan sobre sus preferencias gastronómicas*

1 Lee

El objetivo del ejercicio es comprobar si los estudiantes pueden emparejar el vocabulario con el uso de cognados y otros conocimientos previos sobre nacionalidades cubiertos en este libro.

2 Escucha

Este ejercicio sirve como m
de la comprensión, o pue
estudiantes emparejen el vo
relación de la fonética con la orto
y tipos de comida. En cualquier caso, e
comprensión auditiva va a ayudar a los estu
identificar la correcta pronunciación del vocabu

Audio

1 La comida mediterránea
2 La comida rápida
3 La comida india
4 La comida china
5 La carne
6 El pescado
7 El marisco
8 Los productos lácteos
9 La fruta
10 Los frutos secos
11 La verdura
12 Los dulces

Cuaderno de ejercicios 4/1

El objetivo del ejercicio es hacer un pequeño resumen del vocabulario que ha aparecido hasta el momento, añadiendo vocabulario adicional que los estudiantes podrán luego utilizar para las destrezas productivas.

Lácteos	Carne	Pescado	Fruta	Verdura	Bebidas
leche	*salchichas*	atún	naranja	berenjena	café
queso	bistec	salmón	tomates	lechuga	vino tinto
mantequilla	costillas de cordero	trucha	melocotón	espinacas	zumo de manzana
yogur	hamburguesas	bacalao	melón	coliflor	agua

e

tivo del ejercicio es que los estudiantes deduzcan piniones positivas y negativas de los jóvenes, no solo avés del reconocimiento del vocabulario aprendido n esta página, del también a través de conectores, como por ejemplo *también*, *además* o *aunque*, y por el contexto y el vocabulario aprendido previamente.

Si usted lo juzga apropiado, puede ser un buen momento para hacer que los estudiantes traten de deducir el uso de *le gusta/no le gusta* en la tabla, cuando en los textos siempre aparece el pronombre *me*.

Respuesta

	Le gusta	No le gusta
Miguel	*la comida rápida*	la comida dulce
Luisa	la fruta las verduras	la carne el yogur la leche los tomates
Lucas	el *curry* la carne el pescado	los dulces el marisco
Leticia	la carne el pescado la comida china	la leche el queso

Actividad complementaria 4.1

Esta actividad adicional profundiza en la comprensión de los textos de la página 44, requiriendo a los estudiantes que justifiquen sus respuestas.

Respuesta

1 Verdadero – Miguel dice que come en hamburgueserías con mucha frecuencia.
2 Falso – Luisa dice que es alérgica a los tomates.
3 Falso – Lucas dice que no le gusta el marisco.
4 Falso – Leticia dice que le gustan mucho la carne y el pescado.

4 Lee

Es posible que las frases resaltadas sean cognados en el idioma de algunos estudiantes, en cuyo caso podrán hacer el ejercicio sin dificultad. En caso contrario, deberán deducir su significado a través de la explicación de lo que los jóvenes comen y no comen, puesto que es vocabulario que muy probablemente sea relevante y necesario para un número elevado de sus estudiantes.

Respuesta posible

Soy vegana: no come ningún producto de procedencia animal.

Soy alérgica: condición médica en la que se sufre una reacción nociva que puede ser letal al entrar en contacto o ingerir ciertos productos.

Soy vegetariano: no come carne ni pescado.

Soy intolerante: cuando ciertos alimentos no sientan bien o causan efectos secundarios nocivos.

5 Lee

El objetivo del ejercicio es clarificar el significado de los adjetivos relacionados con la comida poniéndolos en contexto. Será necesario recordar a los estudiantes las reglas de la concordancia de adjetivos, pues necesitarán utilizar su forma femenina y/o plural, y no solo la forma masculina singular. Si lo desea, puede ampliar la actividad con tipos de comida o alimentos adicionales para crear más oportunidad para que los estudiantes practiquen la concordancia de los adjetivos.

Respuesta

1 Me gusta mucho el chocolate negro. Es delicioso, pero es un poco ***amargo***.
2 Me encantan las galletas, pues están muy ricas y son ***dulces***, aunque también son **poco saludables**.
3 Odio las verduras, pues, aunque son **sanas**, son muy sosas.
4 Prefiero la comida rápida, pero es grasienta y no es **sana**.
5 En el cine como palomitas de maíz **saladas** porque son deliciosas.
6 La cocina mexicana es sabrosa, pero no me gusta, pues es bastante **picante**.

6 Lee

Los estudiantes deberían poder identificar los adjetivos, incluso si no saben su significado, utilizando sus conocimientos gramaticales. Recuérdeles que los adjetivos suelen ir detrás del sustantivo y que pueden seguir también a los verbos *ser* y *estar*, pero en cualquier caso concuerdan con el sustantivo al que describen.

Dependiendo del idioma del colegio, puede que alguno de los adjetivos sea un cognado, pero de todas formas puede animar a sus estudiantes a deducir el significado del resto a través del contexto de la frase, o con otros ejemplos, en lugar de permitirles el uso del diccionario.

Respuesta

negro, delicioso, ricas, sosas, rápida, grasienta, deliciosas, mexicana, sabrosa

7 Escucha

El objetivo del ejercicio es que los estudiantes practiquen su comprensión auditiva del vocabulario aprendido sobre tipos de comida y descripción.

Respuesta

Comida india. Le encanta porque es picante.

Comida china. No le gusta porque piensa que es un poco sosa.

Prefiere la comida salada que la dulce.

El pescado es delicioso.

El marisco es sabroso.

La carne es un poco sosa.

Los lácteos están muy ricos.

El café no le gusta porque es amargo y poco saludable.

Le gusta la verdura porque es muy sana.

La fruta es sabrosa.

Audio

Me llamo Silvia, me encanta la comida india porque me gusta lo picante. No me gusta la comida china porque me parece un poco sosa, y prefiero la comida salada que la comida dulce, así que prefiero patatas fritas que pasteles. Pienso que el pescado es delicioso y me gusta muchísimo el marisco porque es sabroso, aunque en mi opinión la carne es un poco sosa. Me encantan los productos lácteos, pues están muy ricos, pero no me gusta nada el café, pues es amargo y poco saludable. ¡Ah! También me gusta la verdura, ya que es muy sana, y como mucha fruta porque es sabrosa.

8 Escribe y habla

El objetivo del ejercicio es que los estudiantes escriban una frase con un elemento de cada columna y pregunten a su compañero para practicar la estructura de los verbos *gustar, encantar, preferir* y *odiar* con el tipo de comida y sus respectivos adjetivos.

9 Escribe

Los estudiantes escriben sobre sus preferencias alimenticias. Recuérdeles la importancia de la concordancia y la necesidad de utilizar conectores para enriquecer su párrafo. Pregunte a los alumnos si van a escribir una entrada o una lista. La respuesta correcta en este caso es una entrada, ya que están escribiendo a una amiga. Si todavía no ha salido el tema espontáneamente, sería un buen momento para recordar a sus estudiantes que pueden utilizar nacionalidades conocidas para hablar de otras comidas aquí no mencionadas, como por ejemplo *la comida inglesa* o *la comida marroquí*.

Si lo desea, puede convertir la tarea en un ejercicio oral y de compresión auditiva en el que los estudiantes comparten lo que han escrito con el resto de la clase, y los demás estudiantes deben escribir los tipos de comida mencionados, opiniones y razones.

Cuaderno de ejercicios 4/2

En este ejercicio los estudiantes practican las opiniones simples que han aprendido y las justifican con adjetivos para lo cual van a tener que prestar atención a su concordancia.

Respuesta posible

1 *Me encanta la comida china porque es deliciosa.*
2 No me gustan nada las hamburguesas con patatas fritas porque no son sanas.
3 Prefiero el café porque es sabroso.
4 No me gustan las verduras porque son sosas.
5 Me gustan los productos lácteos porque son muy ricos.
6 Odio el marisco porque me da asco.

B. *Opinión de los jóvenes cocineros sobre la dieta equilibrada*

1 Lee y escribe

1 El objetivo del ejercicio es que los estudiantes practiquen su comprensión de los adverbios de frecuencia y a su vez practiquen el uso de los adverbios de cantidad junto al vocabulario de comida introducido es estas páginas. Las respuestas se pueden discutir en el idioma común del colegio o en español según lo crea oportuno dado el perfil y la habilidad de sus estudiantes. Quizás sea necesario que les recuerde el vocabulario referente a las comidas que ya vieron en la unidad 3. También puede ampliar la tarea pidiendo a los alumnos que escriban unas frases parecidas sobre su propia dieta, que entonces pueden compartir con sus compañeros en voz alta, mientras estos toman notas de lo que oyen, así pues, practicando todas las habilidades (leer, escribir, hablar y escuchar) en un solo ejercicio.

Respuesta posible

1 No. No lleva una dieta sana porque no bebe (suficiente) agua.
2 No. Los huevos fritos se recomiendan con frecuencia, pero no a diario.
3 No. Se recomienda comer pan integral y fruta a diario. Los frutos secos se deben comer con frecuencia, pero no a diario.
4 No. Las galletas y los cruasanes deberían comerse excepcionalmente, no a diario.
5 No. No come suficiente verdura y come demasiados frutos secos.
6 No. Se recomienda comer pan integral.

2 La segunda parte de la actividad se puede utilizar para estimular el vínculo de la cultura del alumno con sus hábitos alimenticios. Puede también hacer comparaciones entre la comida de diferentes culturas, poniendo como ejemplo su experiencia personal y la de los estudiantes de su clase.

Cuaderno de ejercicios 4/3

En esta actividad se pide a los alumnos que vuelvan a leer la pirámide de alimentos con atención. Con las palabras dadas, los estudiantes han de escribir oraciones completas para practicar los adverbios y el vocabulario de la lección sobre la comida.

2 Lee

Los estudiantes deberán utilizar el vocabulario de las diferentes secciones de la pirámide de alimentación equilibrada para identificar los posibles significados de las palabras resaltadas, emparejando las palabras con las fotos y así ampliando su vocabulario sobre la comida. Pregunte a los alumnos qué tipo de texto es. Aproveche para explicarles la estructura de un blog.

Respuesta

1 pollo
2 ensalada
3 queso
4 aceite de oliva
5 mantequilla
6 leche semidesnatada
7 atún
8 yogures

3 Lee

El objetivo del ejercicio es que los estudiantes presten atención al uso de los adverbios de frecuencia, así como los adjetivos para describir los alimentos y tipos de comida que ya han visto en esta unidad. Será necesario que reconozcan sinónimos y antónimos de los adverbios para poder llevar a cabo el ejercicio correctamente. Pida a los estudiantes más avanzados que justifiquen también las frases que son verdaderas.

Respuesta

1 *Verdadero*
2 Falso – Al cocinero no le gusta cocinar con mantequilla.
3 Falso – Cocina pollo con frecuencia.
4 Falso – A veces cocina carne roja.
5 Falso – El cocinero dice que utiliza pescado fresco.
6 Falso – Le gusta cocinar con productos lácteos.
7 Verdadero
8 Verdadero

4 Escucha

Los estudiantes deben identificar las comidas mencionadas así como los adverbios de frecuencia y cantidad. Este ejercicio les proporciona modelos viables para más adelante poder hablar sobre sus propias costumbres y dieta.

Respuesta

1 *fruta y verduras a diario, mucha agua, dulces una vez a la semana*
2 carne con ensalada siempre, pescado o huevos de vez en cuando
3 Nunca carne, pescado, huevos y queso; pasteles y bollería siempre
4 pollo dos veces a la semana, a veces pasta, leche desnatada siempre, chocolate o galletas excepcionalmente

Audio

1 Creo que como una dieta sana. Como fruta a diario y me gustan las verduras. Generalmente bebo mucha agua y como verduras a diario. A veces como dulces, pero raramente más de una vez a la semana.
2 Me gusta mucho la carne y siempre almuerzo carne con ensalada al mediodía, aunque de vez en cuando como pescado o huevos en lugar de carne.
3 Soy vegano, así que nunca como carne, ni pescado, ni huevos, ni queso. Me encantan los pasteles y la bollería, así que siempre desayuno cruasanes o galletas.
4 Me gusta mucho el pollo y normalmente como pollo dos veces a la semana. A veces como pasta y siempre tomo leche desnatada, aunque excepcionalmente como chocolate o galletas.

5 Habla

Este ejercicio crea una oportunidad para que los estudiantes hablen sobre la dieta sana sin hablar todavía sobre sí mismos, así pues evitando una repetición del ejercicio siguiente. Los estudiantes comparan las respuestas obtenidas con la pirámide y deciden si cada joven come una dieta sana, para lo que deberán utilizar los adverbios de frecuencia y de cantidad en la justificación de sus respuestas.

Respuesta posible

1 Come una dieta equilibrada porque come los alimentos en las proporciones recomendadas.
2 No come suficiente pescado ni suficientes huevos y además come demasiada carne.
3 Come demasiada bollería y dulces, y a su dieta le faltan proteínas.
4 Lleva una dieta equilibrada, come en las proporciones recomendadas.

6 Escribe

Aquí los estudiantes deberán practicar lo aprendido hasta el momento escribiendo sobre su propia dieta. Diga a sus estudiantes que piensen en el formato de texto más adecuado para esta actividad. Los alumnos podrían seguir el modelo a continuación:

El blog de la comida saludable

2 de febrero

Hola, amigos. Hoy os voy a hablar sobre mis hábitos alimenticios.

Normalmente me gusta desayunar fuerte: tostadas, queso, jamón y zumo de naranja. Para el almuerzo como pescado o carne, siempre con ensalada y una o dos piezas de fruta.

Me gustan mucho los alimentos saludables: tomates, lechuga, lentejas, todo tipo de pescado y algo de carne. No me gustan nada la comida basura ni las salsas industriales porque son malas para la salud.

Creo que llevo una dieta equilibrada. Me gusta comer de todo, excepto los alimentos industriales y la comida rápida.

¿Y vosotros?

Nacho

C. *Los concursantes hacen sus compras para los platos que van a cocinar*

1 Lee y comprende

1 Este ejercicio expone a los estudiantes al vocabulario de productos alimenticios. Su objetivo es que utilicen la información contenida en el etiquetaje de los productos para poder emparejarlos con las frases, de este modo familiarizarse con los envases más comunes y con el vocabulario de cantidad. Cuando el producto no lleva etiqueta, se asume que los estudiantes podrán completarlo por eliminación o utilizando conocimientos previos adquiridos en esta unidad.

Respuesta

A una bolsa de patatas fritas
B un paquete de arroz
C una botella de vino tinto
D un brik de zumo de naranja
E unas lonchas de jamón serrano
F una caja de cereales
G una docena de huevos
H una lata de aceitunas
I una barra de pan
J un tarro de mayonesa
K 500 gramos de carne picada
L medio kilo de tomates
M un bote de Cola Cao
N un litro de leche

2 La segunda parte de la actividad se puede aprovechar para introducir a los alumnos el concepto del medioambiente y los envases de la compra diaria. Los estudiantes pueden también preparar un póster sobre los productos envasados en plástico para que reflexionen sobre sus efectos nocivos.

2 Escribe

Los estudiantes deben reciclar el vocabulario relacionado con cantidades y envases para escribir su propia lista de la compra. Se sugiere que, una vez que hayan escrito las listas, los estudiantes las compartan oralmente con el resto de la clase, que deberá escuchar e identificar los elementos.

3 Habla

El ejercicio permite a los estudiantes practicar el vocabulario sobre artículos de alimentación aprendidos hasta el momento. Al mismo tiempo, a usted le permite observar y corregir la pronunciación. Podría darles a los estudiantes dos o tres minutos para memorizar el vocabulario y hacer que hagan la actividad con sus libros cerrados, así pues, completamente de memoria.

Cuaderno de ejercicios 4/4

El objetivo del ejercicio no es otro sino continuar construyendo una buena base de vocabulario en relación a las comidas y las bebidas, en este caso practicando las cantidades y los envases.

Respuesta

1 Lista B, 2 Lista A, 3 Lista C, 4 lista D

una piña
tres plátanos
cinco zanahorias
un repollo
una coliflor
dos manzanas
una sandía
un kilo de puerros / cinco puerros
dos mandarinas
un kilo de tomates
un pimiento

Cuaderno de ejercicios 4/5

Los alumnos van a tener la oportunidad de practicar los pronombres y adjetivos demostrativos del diálogo. Explíqueles que se fijen en el género y en el número de los sustantivos para hacer el ejercicio correctamente.

Respuesta

1 Aquellas, 2 Esas, 3 estos, 4 estos, 5 esas, 6 estas, 7 este

4 Investiga

El objetivo de la tarea es exponer a los estudiantes a recursos originales en el idioma español, donde los estudiantes deberán leer para identificar vocabulario clave o ya visto en el libro. Es recomendable que debata con los estudiantes en el idioma común del colegio qué tipo de vocabulario es probable que vean y la estructura en la que generalmente se escriben las recetas, por ejemplo: el hecho de que los verbos probablemente estén en la forma imperativa. También puede preguntar a sus estudiantes cómo creen que aparecerán los ingredientes en el texto de la receta, intentando conducirlos a los artículos determinados o indeterminados.

Respuesta posible

600 gramos de arroz
400 gramos de carne de pollo
250 gramos de gambas
200 gramos de mejillones
1 sepia pequeña
1 pimiento rojo
1/2 cebolla
1 cucharada de pimentón dulce
1/3 cucharada de azafrán
1 diente de ajo
sal
aceite de oliva

5 Lee y escribe

El objetivo del ejercicio es que los estudiantes descubran por sí mismos el patrón común que siguen una gran cantidad de tiendas, cuyos nombres se originan directamente del producto que venden.

Respuesta

1 *La frutería vende **fruta**.*
2 La pastelería vende **pasteles**.
3 La verdulería vende **verduras**.
4 La pescadería vende **pescado**.
5 La carnicería vende **carne**.
6 La panadería vende **pan**.

6 Escucha

Los estudiantes escuchan el audio y corrigen los errores. En cada frase la cantidad o el producto son erróneos. El ejercicio expone a los estudiantes a su primera experiencia de una conversación en una tienda de comestibles en preparación para los ejercicios siguientes, donde los estudiantes deberán identificar vocabulario en más detalle y preparar sus propias conversaciones. Introduzca el concepto de conversación formal e informal, especialmente en el uso de *tú* y *usted*. Si lo desea puede pedir a los estudiantes que también identifiquen el precio de la compra.

Además, Cuando haya diferencias significativas con el país donde residan los estudiantes, puede debatir con sus estudiantes el elemento cultural de las cantidades y los envases, ya que, por ejemplo, en algunos idiomas no existe una traducción literal de *las docenas*.

Respuesta

1 ***Un** kilo de tomates*
2 **Media** docena de huevos
3 Dos litros de **leche**
4 Una caja de **cereales**
5 **Tres** latas de atún
6 Un bote **grande** de Cola Cao

Audio

—Bienvenido a Las Palomas. ¿Qué le pongo?
—Un kilo de tomates, por favor.
—¿Le gustan estos?
—No, prefiero aquellos.
—Muy bien, un kilo de tomates, ¿algo más?
—¿Tiene huevos?
—Sí, tenemos esos, son orgánicos.
—Media docena, por favor, y dos litros de leche.
—¿Algo más?
—Una caja de cereales y tres latas de atún. ¡Ah! Y un bote grande de Cola Cao.
—Por supuesto, aquí tiene. ¿Es todo?
—Sí, es todo. ¿Cuánto es?
—Son 14 euros 25.
—Aquí tiene, gracias.
—Adiós.

7 Habla

El objetivo del ejercicio es que los estudiantes practiquen una conversación guiada respecto a compras en una tienda de comestibles. La conversación incluye pronombres demostrativos a los que usted podrá aludir para explicar su significado teniendo en cuenta que es posible que en los idiomas que conozcan los estudiantes no haya tres (*este, ese, aquel*), sino tan solo dos. Puede que crea oportuno recordar a los estudiantes que deberán considerar el uso del singular y del plural pertinentemente.

Respuesta

—Hola, buenos días. ¿Qué le pongo?
—[1] ***Un brik de leche*** y [2] **una caja de cereales**.
—Aquí tiene: [1] **un brik de leche** y [2] **una caja de cereales**. ¿Algo más?
—¿Tienen [3] **naranjas**?
—Sí, tenemos estas, esas y aquellas ¿Cuáles prefiere?
—Prefiero estas.
—¿Cuántas quiere?
—Dos, por favor.
—¿Algo más?
—[4] **Dos barras de pan** y [5] **medio kilo de manzanas**.
—¿Eso es todo?
—¿Tiene [6] **latas de atún**?
—No, lo siento. Hoy no tenemos.

—Sí, eso es todo. ¿Cuánto es?

—Son ocho con treinta.

—Aquí tiene, gracias.

—Gracias, adiós.

8 Escribe y habla

Los estudiantes crean sus propias conversaciones con unos parámetros mínimos exigidos para que escriban conversaciones más bien largas que incluyan gran parte del vocabulario explotado en esta unidad. Cuando los estudiantes compartan sus conversaciones con el resto de la clase o en pequeños grupos, deberán anotar los productos que se compran en cada conversación. Se sugiere que haga que los alumnos escriban en una tabla. Pregúnteles también sobre el tono que van a utilizar en la conversación.

Comprador	Lácteos	Fruta	Verdura	Tarro	Bolsa	Lonchas	Brik	Lata
Nombre del estudiante								

Gramática en contexto

Esta parte permite al estudiante ver la diferencia entre el uso de *tú* y el de *usted* en español.

Actividad adicional

Escriba tres verbos a los alumnos. Pueden ser *comer, beber, tomar*.

Diga a los alumnos que tienen que preguntar a dos personas diferentes sobre sus hábitos alimenticios. Una persona es un amigo (informal/uso de *tú*), la segunda persona es un profesor de universidad (formal/uso de *usted*).

D. *Los concursantes hablan sobre los platos típicos de sus países*

1 Lee

El objetivo del ejercicio es que los estudiantes identifiquen la foto a la que se refieren las recetas sin leer palabra por palabra todo el texto, para encontrar el vocabulario clave que les pueda ayudar a llegar a una conclusión acertada. Antes de hacer que los estudiantes lean las recetas, podría hacer que hagan una lista de los ingredientes que pueden identificar en las fotos y discutan qué tipo de plato creen que es, de manera que estén más preparados para emparejar las fotos con las recetas.

Es importante que los alumnos identifiquen que son recetas y que tienen características fijas con un verbo en infinitivo, un tipo de enumeración como si fuera una lista y un título.

Respuesta

Receta 1: gazpacho

Receta 2: ceviche

Receta 3: gallo pinto

2 Lee y escribe

Los estudiantes eligen una receta y explotan el vocabulario con más detalle con el objetivo de ampliar su base de vocabulario en el tema de la comida. Como dos de los platos son de origen latinoamericano, será más fácil para los estudiantes encontrar el vocabulario en Internet, puesto que algunos de los términos puede que no aparezcan en sus diccionarios.

Respuesta

Gazpacho
Tomates, pepino, pimiento, ajo, cebolla, pan, agua, sal, aceite y vinagre.

Ceviche
Pescado, sal, pimienta, culantro, ají, zumo de limón, cebolla, lechuga, choclo y camote o plátano verde.

Gallo pinto
Margarina, ajo, chile, cebolla, caldo de frijol, frijoles, comino, arroz, culantro, huevos y/o plátano.

3 Investiga

Este ejercicio tiene un objetivo primordialmente cultural. Los estudiantes identifican el origen del plato y su consumo habitual. Puede también pedir a sus estudiantes que consideren lo que el plato elegido dice sobre su región de origen y cómo se compara con la gastronomía de su país u otros países. Dependiendo de la habilidad y del progreso de sus estudiantes, puede pedirles que compartan la información que hayan obtenido en el idioma común del colegio. Alternativamente, los estudiantes pueden escribir unas líneas en español, en cuyo caso deberán reutilizar el vocabulario que hayan encontrado en Internet durante su investigación y es muy probable que solo puedan escribir frases relativamente simples.

Si lo desea, puede añadir otros platos latinoamericanos o españoles a la lista de platos a investigar.

¿Sabías que...?

En la caja se aclara la diferencia de vocabulario entre los nombres de algunos alimentos en España y en América Latina. Los alumnos pueden buscar más vocabulario que se dice de forma distinta en España y en el continente americano.

4 Escucha

Los estudiantes escuchan el audio, que puede ser parte de un programa de radio o de televisión, y deberán concentrarse mayoritariamente en las terminaciones de los verbos para poder identificar si la frase se refiere a la concursante o a la madre. También van a escuchar en contexto algunas de las nuevas opiniones un tanto más complejas introducidas en esta página. Si lo considera necesario, puede repasar la conjugación del verbo *hacer*, que ya se vio en la unidad anterior.

Respuesta

1 *ella*
2 su madre
3 ella
4 su madre
5 ella

Audio

En verano hago gazpacho con mucha frecuencia porque me agrada y es sano. Cuando cocina mi madre, ella siempre hace mucha comida frita y picante, pero por suerte hago yo la mayoría de las comidas. Mi madre es vegetariana y le escandaliza comer carne o productos de procedencia animal, por eso no hago nunca paella, porque lleva pescado. Para desayunar hago el plato típico de mi tierra: gallo pinto. ¡Está buenísimo!

5 Lee

El objetivo de este ejercicio es exponer a los estudiantes a comidas posiblemente no existentes o menos habituales en su país, añadiendo un toque más cultural al mismo tiempo que la extravagancia de los platos va a hacer posible el uso de algunas de las nuevas opiniones introducidas en esta página.

Los estudiantes tienen que leer lo que dicen los tres jóvenes y tomar notas del plato o platos a los que se refieren y las opiniones al respecto.

El ejercicio prepara a los estudiantes y sirve de modelo para que puedan luego expresar sus propias opiniones en el siguiente ejercicio.

Respuesta

1 **A** Hormigas culonas
2 **C** Una tapa de caracoles
3 **B D** Cobaya asada y caldo de iguana

6 Lee

En el ejercicio anterior los estudiantes debieron centrarse en el vocabulario clave para identificar el plato, mientras que ahora los estudiantes deben centrarse en las opiniones positivas y negativas que mencionan los jóvenes.

Respuesta

1 No piensa que los insectos sean comida.
2 Le gustan los caracoles un poco picantes (que cocina su madre).
3 Le gusta la comida latinoamericana porque le gustan los platos poco usuales.

7 Habla

Los estudiantes tienen la oportunidad de practicar en este ejercicio las opiniones presentadas en la sección de vocabulario y que ya se han explotado en el ejercicio anterior.

Respuesta posible

No me gustaría probar las hormigas culonas porque me dan asco. Estoy de acuerdo con el chico, porque, a mi modo de ver, también creo que los insectos no son comida.

Me gustaría probar los caracoles porque opino que es importante probar cosas nuevas. Me disgusta que la gente no pruebe los platos típicos, a mí me atrae probar platos nuevos.

8 Escribe

Este ejercicio da a los estudiantes la oportunidad de poner en un contexto familiar el vocabulario y las estructuras vistas hasta el momento para escribir sobre un plato que ellos conozcan. Pida a los alumnos que, en grupos de dos, comenten la diferencia de estructura entre un correo electrónico formal y un correo electrónico informal. Los estudiantes deberían incluir el *tú* y el *usted*, los verbos utilizados y la formalidad en las oraciones.

Respuesta posible

De: Manuel
A: Sara
Asunto: Receta de tu plato favorito

Querida Sara:
Mi plato favorito es la esqueixada, porque es un plato muy sano y me gusta mucho el pescado.

Ingredientes

bacalao salado	una lata de atún
un pimiento rojo	sal
un pimiento verde	aceite de oliva
una cebolla	vinagre
dos tomates	pimienta negra
aceitunas negras	

Receta
Desalar el bacalao en agua durante 24 horas. Cambiar el agua al menos 3 veces durante las 24 horas. Secar y desmigar el bacalao. Cortar la cebolla, los pimientos y el tomate, añadir las aceitunas y servir en una fuente. Añadir el bacalao y el atún y mezclarlos. Aliñar con la sal, la pimienta, el aceite de oliva y el vinagre.

Servir muy frío.

Espero que te guste.

Saludos,

Manuel

Esta actividad adicional profundiza en la comprensión de los textos.

Respuesta

1 los insectos
2 los caracoles
3 los bichos raros, mamíferos, reptiles e insectos

E. *Los concursantes hacen una comida de despedida en un restaurante local*

1 Lee

El ejercicio es una actividad de preparación y una oportunidad para revisar vocabulario. Puede pedir a los estudiantes que busquen palabras en Internet o en el diccionario, así como guiarlos hacia palabras desconocidas, pero con raíz ya vista.

2 Lee y escribe

Los estudiantes deberán elegir los platos más adecuados para los comensales de acuerdo con sus preferencias. Las frases 1-6 contienen vocabulario visto previamente en esta unidad, lo que supone una buena oportunidad para consolidarlo. Para llevar a cabo el ejercicio, los estudiantes deberán tener suficiente comprensión del vocabulario contenido en el menú.

Respuesta

	Primer plato	Segundo plato	Postre
1	*Ensalada mixta / Sopa de verduras*	Lasaña vegetariana	Fruta
2	Sopa de pescado	Paella de pollo y marisco	Flan de huevo / Helado
3	Sopa de pescado	Cordero asado	Fruta
4	Sopa de verduras / Ensalada mixta	Lasaña vegetariana	Fruta
5	Sopa de verduras / pescado / Ensalada mixta	Lasaña vegetariana / Paella de pollo y marisco	Fruta
6	Sopa de verduras Ensalada mixta	Paella de pollo y marisco	Helado

Cuaderno de ejercicios 4/6

En esta actividad los alumnos van a tener la oportunidad de colocar los platos y especialidades culinarias en el lugar correcto de un texto de opinión sobre la comida preferida. Al final del ejercicio, los estudiantes pueden escribir un texto similar para practicar la expresión escrita.

Respuesta

1 Las chuletillas, 2 ensalada, 3 el entrecot, 4 carne picada, 5 la comida vegetariana, 6 pescado, 7 La verdura, 8 gazpacho, 9 caracoles, 10 la cobaya asada, 11 las hormigas culonas

Cuaderno de ejercicios 4/7

Aquí los estudiantes practican vocabulario relacionado con platos en el menú de un restaurante. Es recomendable que anime a sus estudiantes a incluir detalles de los platos, como por ejemplo: *al horno*, *con guarnición*, *con patatas fritas*, etc., en lugar de respuestas breves. También se recomienda que anime a los estudiantes a ser creativos y utilizar el lenguaje visto para crear nuevos platos, en lugar de ceñirse a la repetición de los platos que ya han visto en esta unidad.

3 Lee

El objetivo del ejercicio es introducir el vocabulario referente a bebidas, pues hasta el momento los estudiantes tan solo han visto una cantidad limitada de este vocabulario y van a necesitarlo para poder trabajar con conversaciones en el contexto de ir a un restaurante.

Respuesta

1 **Bebidas calientes:**
té
café
chocolate caliente

2 **Bebidas alcohólicas:**
cerveza
vino tinto
vino blanco
sangría

3 **Refrescos:**
cola
zumo de fruta
agua mineral

 ***Actividad complementaria 4.3***

Esta actividad adicional proporciona más práctica para los estudiantes categorizando el vocabulario relativo a comidas.

Respuesta

Primeros platos:
Caldo de marisco
Espárragos con mayonesa
Lentejas con chorizo
Macarrones con tomate
Menestra de verduras
Sopa de pollo

Segundos platos:
Atún en salsa
Chuleta con patatas
Cordero asado
Tortilla de patatas con ensalada

Postres:
Arroz con leche
Dulce de membrillo y queso
Flan con nata
Helado de vainilla
Tarta de la casa

4 Escucha

El ejercicio brinda la oportunidad a los estudiantes de poner en práctica su habilidad de relacionar la ortografía de los platos del menú y las bebidas del ejercicio anterior con su fonología. Los estudiantes deben identificar qué platos y bebidas eligen los comensales. Con este audio se empiezan a familiarizar con vocabulario relevante y necesario para pedir en un restaurante.

Audio

1 Para mí, para beber una copa de vino blanco y para comer la fideuá de mariscos y las costillitas de cordero. No quiero postre, gracias.

2 Para mí, la ensalada y el pez espada. De postre sorbete de mandarina y para beber un zumo de manzana, por favor.

3 Yo no quiero primer plato, solo quiero los picantones al horno y un yogur. Para beber un café con leche, gracias.

Respuesta

	1	2	3
Primero	Fideuá de mariscos	Ensalada	–
Segundo	Costillitas de cordero	Pez espada	Picantones al horno
Postre	–	Sorbete de mandarina	Yogur
Bebida	Vino blanco	Zumo de manzana	Café con leche

5 Lee y escribe

Este ejercicio es parecido al ejercicio anterior, pero recicla vocabulario previamente visto en esta unidad en lugar de tan solo utilizar el vocabulario del menú. Además, el ejercicio no solo se centra en las habilidades receptivas de los estudiantes, sino que en este caso se les requiere que produzcan unas frases similares empezando a utilizar el vocabulario necesario en el contexto de restaurantes.

Respuesta

1 **D**, 2 **A**, 3 **B**, 4 **C**

De primero quiero ensalada y después el pescado con verduras. Me apetece un vino blanco y de postre quiero arroz con leche.

6 Lee

El objetivo del ejercicio es que los estudiantes se familiaricen con una conversación común en un restaurante. Ahora el vocabulario que tienen que identificar es menos evidente, pues el contexto es más amplio. Si no lo ha hecho todavía, puede utilizar esta oportunidad para explotar vocabulario adicional como aquel relacionado con preferencias de cocción de la carne: *al punto, poco hecha* o *bien hecha,* y también en referencia a bebidas: *con hielo* o *sin hielo*. La conversación luego servirá como modelo para que los estudiantes creen sus propias conversaciones.

Respuesta

	Primer plato	Segundo plato	Postre	Bebida
Señora (A)	*Lasaña*	Entrecot	Arroz con leche	Zumo de manzana
Caballero (B)	Ensalada	Chuletillas de cordero	Sorbete de mandarina	Cerveza

7 Habla

En parejas o grupos pequeños, los estudiantes preparan sus propias conversaciones utilizando el patrón incluido en el ejercicio anterior. Debería animarlos a que utilicen otro vocabulario y otros platos además de los incluidos en el menú. Como se ha recomendado en actividades previas, si hace que sus estudiantes lean o actúen sus conversaciones ante el resto de la clase, la oportunidad puede ser utilizada como ejercicio de comprensión auditiva para el resto.

8 Escribe

Este ejercicio de producción escrita consolida el vocabulario y las estructuras que los estudiantes han practicado en esta página. Además, la práctica de escribir diálogos les ayudará también a desarrollar su autoconfianza a la hora de practicar oralmente.

Repaso

Dieta equilibrada y hábitos alimenticios

1 Habla

El objetivo de este ejercicio es que los estudiantes se familiaricen con el formato del examen oral. Los parámetros de este ejercicio son menos restringidos, dando a los estudiantes más libertad para usar y manipular el lenguaje aprendido en esta unidad.

Después de la breve presentación, usted deberá iniciar la conversación con el estudiante de quien se espera no solo respuestas más o menos preparadas, sino también un elemento de espontaneidad que demuestre su comprensión de las preguntas efectuadas. Si lo desea, puede hacer que los estudiantes practiquen en parejas o pequeños grupos antes de llevar a cabo el ejercicio más formalmente.

Punto de reflexión

En esta actividad de reflexión se permite a los alumnos que piensen en cómo influyen sus hábitos alimenticios en su propia personalidad. La pregunta también incluye los horarios de comida y los platos tradicionales de su cultura.

Para ampliar la actividad, los alumnos pueden también elaborar una encuesta sobre los horarios de comida y los platos tradicionales para después presentar los resultados en clase.

Creatividad, Actividad y Servicio

Una tarea de actividad y servicio puede ser organizar una recogida de comida en la escuela del alumno para entregarla a un banco de alimentos. Los estudiantes pueden aprovechar para filmar el proceso y crear un documental en español que presentarán a su clase.

5 ¿Dónde vives?

Área temática	Organización social Ingenio humano
Tema	El barrio Transporte público
Aspectos	Ciudad Pueblo Lugares Direcciones Edificios Tipos de vivienda Transporte público
Gramática	Preposiciones de lugar Adjetivos descriptivos de lugar Verbos irregulares + preposición de lugar: *estar* + *en*, *ir* + *a* + lugar, *ir* + *en* + medio de transporte
Tipos de texto	**Textos personales** Correo electrónico **Textos profesionales** Mapa **Textos de medios de comunicación de masas** Folleto turístico
Punto de reflexión	¿Qué hay que tener en cuenta al elegir el lugar para tu intercambio?
Rincón IB	**Teoría del Conocimiento** • ¿Cómo influye el lugar en el que vives sobre los hábitos y costumbres de las personas y sobre lo que puedes hacer en cotextos rurales y urbanos? **Creatividad, Actividad y Servicio** • Considera los lugares donde viven los estudiantes de intercambio para diseñar un póster (físico o digital) para presentar a los padres y a los profesores de tu instituto. **Para investigar** • Investigación sobre los movimientos migratorios del campo a la ciudad y viceversa. • ¿Transporte público o transporte privado? **Oral individual** • Describir fotos representando diferentes entornos urbanos y rurales en el mundo hispano. (Describir las imágenes durante 1-2 minutos y contestar a preguntas sobre ellas). • Conversación general sobre el lugar donde vives y donde te gustaría vivir, y por qué.

Esta unidad cubre las áreas temáticas de Organización social e Ingenio humano, y los aspectos relativos a diferentes entornos, viviendas, edificios y medios de transporte. Los aspectos gramaticales de la unidad se centran en preposiciones, adjetivos y verbos que están directamente relacionados con estas área temática y que constituyen una serie de estructuras que, junto con las ya vistas en unidades anteriores, permitirán a los estudiantes abordar los temas tratados. El contenido de esta unidad contribuye a examinar cómo los lugares en los que vivimos influyen en nuestra identidad y en nuestras relaciones personales.

Los estudiantes pueden iniciar el tema escribiendo en un papel sus pensamientos iniciales sobre la pregunta *¿Qué hay que tener en cuenta al elegir el lugar para tu intercambio?* Al final de la unidad se puede volver a esta primera idea y ver si pueden completarla con información más detallada.

1 Para empezar

Anime a los estudiantes a conversar en español todo lo posible. Puede que se mencionen palabras como *campo*, *ciudad* y tal vez *contraste*. No se trata de describir la foto, sino de evocar las asociaciones con los dos entornos.

Preguntas para iniciar la exploración del tema y el vocabulario sobre el tema:

- ¿Dónde están estos dos lugares?
- ¿Qué crees que hacen los jóvenes en estos dos lugares?
- ¿Cómo crees que son sus institutos?
- ¿Dónde pueden ir para divertirse o en su tiempo libre?

2 Escribe

Pida a los estudiantes que, con la ayuda de un diccionario o de Internet, encuentren palabras relacionadas con los dos entornos reflejados en las fotos introductorias para completar los sociogramas.

Respuesta posible

Foto 1: el campo
Palabras: *el árbol*, *la montaña*, la naturaleza, la hierba, la casa.

Foto 2: la ciudad
Palabras: el edificio, el apartamento, la contaminación, el tráfico, la calle.

A. *Preparando un intercambio con estudiantes de un país hispanohablante*

1 Escucha

Los estudiantes escuchan a seis jóvenes contestando a la pregunta *¿Dónde vives?* El ejercicio tiene como objetivo introducir estructuras y vocabulario básico relativo al lugar de residencia, con una variedad de entornos. Debata en clase cada foto y su descripción auditiva, animando a los estudiantes a que adivinen el significado de las palabras que oyen con ayuda de las fotografías.

Audio

A Soy Rafael. Soy español, pero vivo en el campo, en Cuba, a las afueras de La Habana.

B Me llamo Arantxa y vivo en Bilbao, una ciudad importante en el norte de España.

C Vivo en Barichara, un pueblo de Colombia, y mi nombre es Fernando.

D Soy Laura y vivo en las montañas, en Colombia, con mi esposo y mis hijos.

E Me llamo Marleny y vivo en la isla Santa Cruz, una de las islas Galápagos, en Ecuador.

F Soy Carlos. Vivo en la costa, en México, al lado de la playa, en Puerto Escondido.

2 Escucha

Los estudiantes vuelven a escuchar a los seis jóvenes contestando a la pregunta *¿Dónde vives?*. La frase utilizada para el ejemplo de este ejercicio es una frase negativa. Es una buena idea darles a los estudiantes una breve explicación sobre la negación en español. Se les puede decir que la negación va antes del verbo. Con ello comienzan a familiarizarse con enunciados y preguntas negativas.

Audio

A Soy Rafael. Soy español, pero vivo en el campo, en Cuba, a las afueras de La Habana.

B Me llamo Arantxa y vivo en Bilbao, una ciudad importante en el norte de España.

C Vivo en Barichara, un pueblo de Colombia, y mi nombre es Fernando.

D Soy Laura y vivo en las montañas, en Colombia, con mi esposo y mis hijos.

E Me llamo Marleny y vivo en la isla Santa Cruz, una de las islas Galápagos, en Ecuador.

F Soy Carlos. Vivo en la costa, en México, al lado de la playa, en Puerto Escondido.

Actividad complementaria: Parte A
Haga que los estudiantes escuchen de nuevo la grabación.

Establezca con los estudiantes una conversación básica a través de preguntas simples como estas:

- ¿Cuántos hombres y cuántas mujeres hablan? *Tres chicos y tres chicas.*
- ¿Recuerdas algunos de sus nombres? *Rafael, Arantxa, Fernando, Laura, Marleny, Carlos.*
- ¿Recuerdas qué países se mencionan? *Cuba, España, Colombia, Ecuador, México.*
- ¿De qué hablan? *Hablan del tipo de lugar donde viven: campo, ciudad, pueblo, montaña, isla, playa, costa.*

Actividad complementaria: Parte B
Si es necesario, deje que los estudiantes escuchen la grabación por tercera vez.

No se espera que los estudiantes den los nombres de todos los lugares mencionados en la grabación, sino los diferentes tipos de lugares donde viven: ciudad, pueblo, campo, montañas, playa, costa, isla.

¿En qué tipo de lugar / dónde vive Arantxa? *Arantxa vive en la ciudad (Bilbao, España).*

¿Quién vive en un pueblo? *Fernando vive en un pueblo, en Colombia.*

¿En qué tipo de lugar vive Rafael en Cuba? *Rafael vive en el campo.*

¿Dónde vive Laura? Laura vive en las montañas *(en Colombia, con su familia).*

¿Carlos vive en México, recuerdas dónde? *Carlos vive al lado de la playa / en la costa / en Puerto Escondido.*

Respuesta

1 *Falso*
2 Falso
3 Falso
4 Verdadero
5 Verdadero
6 Verdadero

3 Escribe

Pida a los alumnos que primero escriban sus tres lugares favoritos, y que luego escriban una frase con cada lugar. Puede pedirles que acompañen la frase con una foto y, si el grupo tiene un blog, pueden presentar sus lugares favoritos de esta forma. Una colección de fotos personales y de frases podría además utilizarse para crear un juego de asociación para toda la clase.

4 Lee

El objetivo de este ejercicio es ampliar la capacidad de los estudiantes de entender descripciones de lugares. Anímelos a que traten de deducir el significado de las palabras que desconozcan mediante el contexto de los lugares, ya que son los mismos vistos anteriormente. Luego puede pedir a los estudiantes que en parejas busquen el significado de las palabras en un diccionario para asegurarse de que las dedujeron acertadamente. Se puede hacer las siguientes preguntas a los estudiantes como actividad introductoria:

- ¿Qué sabes de los cinco países donde viven estos jóvenes?
- ¿Cómo es la población joven de estos países?

Llame la atención sobre el tipo de texto preguntando dónde se pueden encontrar esos textos y sobre el destinatario de los mensajes. Haga que los estudiantes piensen en las características de los mensajes en los foros en línea. Los foros virtuales sirven para intercambiar información, debatir o colaborar en línea. Los destinatarios son personas que comparten los mismos intereses o experiencias o que realizan el mismo trabajo que el autor. En el caso de los mensajes de este ejercicio, los autores están describiendo los lugares donde viven con el fin de intercambiar información con sus posibles intercambios.

5 Lee y escribe

Pídales a los estudiantes que copien la tabla en sus cuadernos con suficiente espacio para completar la información que falta basándose en los textos del foro. Puede ampliar la actividad indicando a los estudiantes que completen una tabla similar con información de sus tres lugares favoritos.

Respuesta

	¿Campo o ciudad?	¿Dónde está?	¿Cómo es?
Arantxa	*ciudad*	en Bilbao	grande industrial cultural marchosa lluviosa verde
Rafael	campo	cerca del mar	tranquilo bonito aislado
Fernando	campo	en Colombia	*tranquilo* *agrícola* *pintoresco*
Marleny	campo	en una isla de Ecuador	preciosa con mucha naturaleza
Laura	campo	en las montañas, en Colombia, cerca de un lago	idílico tranquilo bello
Carlos	ciudad	*en la costa del Pacífico, en México*	playas estupendas mar muy azul

Vocabulario

Llame la atención de sus alumnos hacia cómo pueden organizar su cuaderno de vocabulario para un aprendizaje más eficaz. La forma en la que se presenta aquí es una buena estrategia para la producción de vocabulario. Además, haga que se fijen en las formas verbales y en el género en los adjetivos descriptivos.

6 Habla

Este ejercicio tiene como objetivo que los estudiantes practiquen el vocabulario y las estructuras que han visto hasta ahora. Primero en parejas, indique a los estudiantes que se turnen seleccionando uno de los lugares descritos en el foro y su compañero les hará preguntas sobre el lugar, que ellos deberán contestar con la información del foro. Después pueden preguntarse dónde viven ellos realmente e iniciar, así, la preparación para el ejercicio siguiente.

7 Escribe y habla

Esta actividad está diseñada para personalizar la enseñanza y que los estudiantes describan el lugar donde viven, primero por escrito y, luego, presentándolo a toda la clase. Indíqueles que comiencen a escribirlo en forma de esquema, para luego completarlo con frases. Incida en que el texto está dirigido a jóvenes que van a leer sus descripciones para elegir intercambio. Pregúnteles qué tipo de texto pueden escribir y cuáles serán sus características. (Puede consultar la tabla al final de este libro). Para la presentación al resto de la clase pídales que memoricen y practiquen su texto. Cada estudiante tendrá un minuto para su presentación. Se trata de fomentar la fluidez, así que la práctica y el control del tiempo es importante. Puede incluso organizar una votación para que la clase decida cuáles fueron las 5 mejores descripciones.

 ***Actividad complementaria 5.1***

Esta actividad proporciona práctica adicional escrita para consolidar el vocabulario del entorno y lugar de residencia, y ayuda a los estudiantes a asimilar los textos de la página 57 al tener que explicar por qué les gustaría visitar esos lugares.

B. *¿Cómo es tu vivienda?*

1 Lee

Pida a los estudiantes que se fijen primero en las imágenes y en el tipo de vivienda que representan. Si saben el nombre, pueden decirlo. Después, han de leer las frases y relacionarlas con las imágenes. Pueden hacer el ejercicio individualmente, en parejas o en grupo, dependiendo de la ayuda que necesiten.

Respuesta

1 **B**, 2 **E**, 3 **D**, 4 **C**, 5 **A**

2 Escribe y comprende

1 Esta actividad tiene dos propósitos: dar a los estudiantes el vocabulario sobre los diferentes tipos de vivienda en los países hispanohablantes y motivarlos para que encuentren dicho vocabulario por sí mismos. Para ello, se dan las imágenes como herramienta de punto de partida, que los estudiantes pueden complementar utilizando el diccionario o Internet.

2 Para contestar a estas preguntas, los estudiantes pueden fijarse primero en el entorno (rural, urbano, montaña, etc.). Después, pueden notar la diferencia en tamaño y distribución y cómo la familia compartirá en mayor o en menor medida ciertos espacios como la sala de estar, el cuarto de baño o los dormitorios en la vivienda. Sin duda, esto tendrá implicaciones en la comunicación, tolerancia y adaptación a hábitos y ritmos diferentes en la familia. Si las viviendas son únicamente usadas como segundas viviendas, también tendrá implicaciones, pues los ritmos de vida en periodos vacacionales son, como se ha visto en la unidad 3, diferentes. En cuanto a la elección personal, se podría ahondar en qué características de las viviendas son más acordes con las personalidades y hábitos de los estudiantes.

Gramática en contexto

Concordancia

Pida a sus alumnos que miren los ejemplos que aparecen en la tabla de concordancia y que traten de describir la regla gramatical. Para consolidar este tema, puede pedirles que cambien el género y el número del vocabulario ya visto en la unidad, como *una caravana moderna*, *un chalé acogedor* y *un piso moderno*.

3 Habla

En parejas, los estudiantes utilizan las viviendas del ejercicio 1. Pídales que tomen la identidad de una de las cuatro personas, el compañero tiene que adivinar cuál de las personas está haciendo preguntas sobre su vivienda, su vida o su familia.

Por ejemplo:

A: ¿Vives con tu familia? B: Sí.
A: ¿Vives en el campo? B: No.
A: ¿Vives en una casa grande? B: Sí.
A: ¿Eres de la familia Gutiérrez? B: Sí.

 Cuaderno de ejercicios 5/1

Con este ejercicio, los estudiantes practican preguntas y respuestas sobre los lugares donde viven de forma personalizada y reflexionan sobre lo que comparten y difieren en cuanto al lugar (campo o ciudad) y tipo de vivienda. Esto será útil para cuando reflexionen sobre cómo los lugares en los que vivimos, o hemos vivido, influyen en nuestros hábitos y percepciones.

Respuesta posible

1 Vivo en una ciudad pequeña.
2 Vivo en una casa unifamiliar con un jardín también pequeño.
3 Hay casas unifamiliares y también dúplex. También hay un barrio con bloques de pisos.
4 Depende de las zonas, creo que las casas son más frecuentes.

4 Escribe

Este ejercicio ayuda a los estudiantes a continuar desarrollando su vocabulario para describir viviendas y refuerza el concepto de la concordancia. Indíqueles que los adjetivos pueden colocarse correctamente en más de una frase. Los estudiantes deben pensar en el significado de la frase completa para decidir qué adjetivo pueden utilizar.

Respuesta posible

1 La casa de Julián es ***sencilla***.
2 Muchos apartamentos en el centro de la ciudad son **oscuros**.
3 El chalé de los Ramírez es **agradable** y **bonito**.
4 Nosotros tenemos una caravana **acogedora**.
5 Las casas en los barrios marginados son muy **pequeñas**.
6 Las viviendas en el barrio Polanco en la Ciudad de México son **lujosas**.

C. *¿Qué hay en tu barrio?*

1 Escribe, escucha y comprende

1 El objetivo de esta actividad es ayudar a los estudiantes a aprender el nombre de lugares y servicios públicos. El juego de bingo los anima a escuchar con atención. Tienen que elegir seis de los lugares que aparecen en las fotografías y luego escuchar para comprobar cuántos lugares escogieron de manera acertada. El juego se repite de nuevo y la clase puede contabilizar quién obtuvo el mayor número de aciertos.

2 Con las imágenes del ejercicio, pregunte a los estudiantes su opinión sobre los lugares esenciales para los jóvenes en su barrio y qué lugares frecuentan.

Audio

Juego número 1: ¿Qué hay en tu barrio?

Hay un cibercafé, una biblioteca, una piscina, un museo, un mercado y un colegio.

Juego número 2: ¿Qué hay en tu barrio?

A ver, hay una discoteca, un polideportivo, un parque, una farmacia, una tienda de ropa y un cibercafé.

Cuaderno de ejercicios 5/2

Este ejercicio ayuda a consolidar el vocabulario de lugares públicos.

Respuesta

1		*S*	*U*	*P*	*E*	*R*	*M*	*E*	*R*	*C*	*A*	*D*	*O*		
2									P	I	S	C	I	N	A
3						P	A	R	Q	U	E				
4						C	A	T	E	D	R	A	L		
5	B	I	B	L	I	O	T	E	C	A					
6						T	I	E	N	D	A				

Lucía vive en una ciudad.

Cuaderno de ejercicios 5/3

Este tipo de ejercicio ayuda a la formación de frases con el apoyo de esta estructura. Los alumnos se pueden concentrar en el significado y en la gramática. Las frases que los alumnos escriban serán todas muy diferentes según lo que elijan. Recuérdeles que presten atención a la concordancia.

D. *¿Cómo es tu barrio?*

El Albaicín y La Boca son dos de los más emblemáticos barrios del mundo hispanohablante. Si puede presentarles imágenes y fotos que acompañen a los textos, los alumnos descubrirán, sin duda, numerosas peculiaridades de las ciudades donde están estos barrios. Puede encontrar vídeos en Internet para presentar ejemplos de la música y la actividad de las dos localidades.

Los dos textos están escritos para presentar vocabulario nuevo en contexto, pida a sus alumnos que tomen nota de las palabras nuevas y que lo hagan de forma organizada.

1 Lee

Las preguntas de comprensión de este ejercicio hacen que los estudiantes se fijen en información específica que caracteriza a los dos barrios. Además, al reflexionar sobre la intención del autor, en este caso informar y describir los barrios, se darán cuenta de rasgos textuales como la presentación de los lugares de interés utilizando localización con el verbo *estar*, sustantivos que denominan los lugares de interés, el uso de los verbos *tener* y *hay* y, finalmente, los adjetivos que describen los lugares.

Si este tipo de texto se encontrara, por ejemplo, en un blog o en un foro, el tono y el estilo serían más personales (el autor presentaría su experiencia u opinión, por ejemplo).

Invite a los estudiantes a pensar en cómo viven los jóvenes en estos dos barrios teniendo en cuenta las dos descripciones. Ambos son barrios coloridos, con mucha tradición e historia, y quizás con muchos turistas. En La Boca se menciona el estadio de fútbol del Boca

Juniors, información que atraerá a parte de los jóvenes. Las pequeñas tiendas, restaurantes y música que se mencionan presentan un tipo de vida bastante local y personal. En ausencia de supermercados, cines o polideportivos, las relaciones personales pueden ser quizás más cercanas. ¿Se aburrirían ellos en un barrio así?

Respuesta

1 El Albaicín (más auténtico aún mientras se escuchan los acordes de una guitarra española).
2 La Boca (sus casas son rojas, verdes, blancas, azules…).
3 El Albaicín (las estrechas calles de piedra).
4 El Albaicín (declarado Patrimonio de la Humanidad por la Unesco en 1994).
5 La Boca y el Albaicín (tango y guitarras).
6 El Albaicín (coloridos balcones llenos de flores y franjas de buganvillas que cubren las paredes).
7 La Boca (el estadio del Boca Juniors, un club de fútbol muy importante, está en La Boca).

2 Habla y escribe

Los estudiantes practican el formato de la entrevista de una manera controlada al preguntar sobre sus barrios. Esto les dará práctica con la formulación de preguntas y la descripción de barrios.

Puede preguntarles qué forma elegirían para presentar los resultados de la encuesta y de las comparaciones entre barrios.

3 Lee y escribe

El barrio La Boca, y todo Buenos Aires, está lleno de color. Este contexto brinda una buena oportunidad para practicar los colores describiendo las casas de la imagen.

Respuesta posible

1 Hay una casa verde con ventanas rojas.
2 Hay una casa amarilla con una ventana azul y otra verde.
3 Las casas son rojas, verdes, blancas y azules.
4 La casa naranja está entre la casa de los balcones amarillos y la casa amarilla de las ventanas azules.

4 Escribe

Al describir su barrio para un concurso, los estudiantes tienen que elegir el registro que van a utilizar y el tipo de escrito que van a presentar. Al ser un texto para un concurso, lo mejor sería un texto semiformal y el tipo de texto descriptivo-expositivo como, por ejemplo, un artículo para la revista escolar o un folleto informativo. El papel de las ilustraciones será importante para acompañar al texto y hacerlo más atractivo y claro. Al tratarse de lugares y países distintos, las características de los barrios y sus lugares pueden diferir bastante, por ejemplo, la apariencia de una oficina de correos, de un quiosco de periódicos, etc.

Actividad complementaria 5.2

Aprovechando la actividad descriptiva de los colores, los estudiantes pueden realizar esta tarea adicional individualmente o en grupos, para continuar utilizando el vocabulario de los colores, pero aplicado a personas. Esta actividad también invita a los estudiantes a celebrar la diversidad humana y a reflexionar sobre la armonía de esa diversidad.

Actividad complementaria 5.3

Esta actividad adicional profundiza en la comprensión del texto El barrio La Boca.

Respuesta

1 El barrio La Boca
2 La Boca / este barrio
3 el tango

Cuaderno de ejercicios 5/4

Con este ejercicio, los estudiantes practican la concordancia (masculino – femenino, singular – plural). Puede, a la vez, hacerles notar el género y el número de los artículos determinados y no determinados que acompañan a los sustantivos, el verbo en singular o plural y, finalmente, la forma de adjetivos terminados en e, como *grande*, que no cambian en femenino y masculino.

Respuesta

1 En el barrio de Luis hay un polideportivo ***pequeño***.
2 El instituto es un edificio **amarillo**.
3 Las puertas de las clases son **verdes**.
4 Los taxis en Madrid son **blancos**.
5 Las flores de las casas son **rojas**.
6 Hay también un parque bastante **grande**.

Cuaderno de ejercicios 5/5

Invite a los estudiantes a leer el correo de Mia con el fin de escribir un correo electrónico respondiendo a las dos preguntas de Mia sobre sus barrios y lo que hay en sus barrios. Recuérdeles que han de seguir las convenciones de un correo electrónico sin olvidar el saludo y la despedida. Puede plantear este ejercicio como un juego en el que, sin revelar sus nombres, describen sus barrios. Los estudiantes tendrán que adivinar de qué barrio se trata y qué estudiante es.

Respuesta posible

Hola, Mia:

Gracias por tu correo. Tu barrio parece fantástico. Me gusta mucho.

Yo vivo en un barrio bastante antiguo, en el centro de una ciudad muy grande y ruidosa. En mi barrio hay de todo: muchas tiendas pequeñas, cafés, restaurantes y mucho, muchísimo tráfico. Pero mi barrio no tiene muchos espacios verdes, solo árboles en la calle. Mi instituto está bastante cerca y voy andando. No me gusta mucho porque no hay un polideportivo cerca. El polideportivo está lejos de mi casa.

Hasta pronto,

Juliette

E. *Perdona, ¿sabes dónde está?*

1 Escucha

Los estudiantes van a escuchar una conversación entre Mateo y Lucía, en la que ella describe su barrio. Hágales pensar en el contexto de la conversación y en qué elementos les han ayudado a comprender la conversación. En este caso, el diálogo basado en pregunta-respuesta entre dos personas sobre lugares en el barrio de una de ellas. Es una entrevista por las preguntas que se hacen y la forma de contestarlas, que es muy personalizada. Antes de escuchar el diálogo por segunda vez, pídales que observen los planos, fijándose en las similitudes y diferencias. Cuando den la respuesta, pida que describan el mapa elegido.

Audio

Mateo: Entonces, ¿tu barrio está lejos del centro?

Lucía: No, claro que no. Los Balsos está en las afueras, pero no lejos del centro. En autobús a 30 minutos, y en metro a 10. Yo voy en bicicleta o a pie.

Mateo: Vale, y ¿es tranquilo?

Lucía: Sí, es tranquilo, muy bonito y también muy verde.

Mateo: ¿Verde?

Lucía: Sí, tiene dos parques grandes y muchos árboles por las calles. Hay también una piscina con espacio verde. Las casas también tienen jardines.

Respuesta

A La gran avenida central es la Avenida de Los Laureles. El barrio tiene dos parques y casas con jardín. Es un barrio muy verde. Hay una piscina.

Actividad complementaria
Si cree que los estudiantes necesitan más práctica, puede pedirles que escriban dos diálogos parecidos que se ajusten a los mapas B y C.

2 Escucha

Ahora los estudiantes van a escuchar la segunda parte de la conversación entre Mateo y Lucía para obtener más información sobre el barrio de Lucía.

Después de escuchar la audición, pídales que lean las seis frases para verificar su contenido y contestar *verdadero* o *falso*.

Audio

Mateo: ¿Hay algún centro comercial cerca?

Lucía: No, pero hay muchas tiendas. En mi calle, la calle La Arboleda, hay tres tiendas de ropa muy cerca.

Mateo: ¿Y bares o cafeterías?

Lucía: Yo, normalmente, voy a la cafetería que está enfrente de mi instituto.

Mateo: Entonces, para ir al cine, ¿vas al centro?

Lucía: No, hay un cine muy antiguo en mi barrio, está al lado de la farmacia, en la calle de Cervantes.

Mateo: ¿Y comes en el instituto?

Lucía: Sí, en el instituto o en el parque que hay detrás del instituto, el parque Las Lomas.

Mateo: Bueno, pues eso es todo. Gracias y hasta pronto.

Respuesta

1 *Falso*
2 Falso
3 Verdadero
4 Verdadero
5 Verdadero
6 Verdadero

3 Habla

Plano del barrio Los Balsos, Medellín, Colombia
Aproveche para presentar el barrio Los Balsos que está en Medellín, en Colombia. Pida que se fijen en el plano de Los Balsos, en los nombres de sus calles y en la leyenda. Ponga algún ejemplo contextualizado con las calles, por ejemplo, *la calle de los Cedros está en el barrio de Los Balsos*. También puede acompañar esta presentación con imágenes de Los Balsos. El hecho de que sea un barrio real contribuye a dar un valor más real y auténtico a la actividad.

Note que el plano contiene bastante información y los estudiantes han de procesarla, por lo tanto, asegúrese de que les da suficiente tiempo. Una forma de ayudarles a procesar esta información puede ser pedirles que copien, o hagan su versión del plano, en sus cuadernos a una escala mayor y de forma más colorida.

Pida a los alumnos que trabajen en parejas para hacer este juego de memoria. La colaboración y la competitividad ayudarán a aprender el vocabulario nuevo. Puede establecer un sistema de puntuación y concurso para toda la clase.

4 Escribe

Esta actividad de escritura personaliza el contenido y, al acabar de realizar de memoria el plano de Los Balsos, debería ser más fácil.

 Cuaderno de ejercicios 5/6

El objetivo de este ejercicio es practicar las preposiciones de lugar y el vocabulario de lugares públicos en una ciudad.

Respuesta

¡Bienvenido a Santichén!

Para dormir

El *camping* está ***en el / dentro del*** parque.

Hay un hotel [1] **enfrente del** zoo.

El albergue juvenil está [2] **detrás de la** piscina.

Para comer

El restaurante está [3] **entre el** museo y el cine.

También hay un cibercafé [4] **detrás del** supermercado.

Para salir

La discoteca está [5] **detrás del / al lado del** teatro.

F. *¿Cómo vas al colegio?*

1 Lee

Los estudiantes tienen que relacionar las imágenes con los nombres de los lugares donde se realizan las actividades. Anímelos a deducir el vocabulario a partir de los conocimientos que tengan de otros idiomas. Lea con ellos los nombres de los lugares y después pregúnteles si hay alguna palabra o imagen que no conozcan.

Respuesta

1 la farmacia
2 el supermercado
3 la biblioteca
4 la tienda de ropa
5 la oficina de correos
6 el cine
7 el instituto

2 Escribe

Repase el verbo *ir* y permita a los estudiantes utilizar la forma que prefieran. Explíqueles el uso de *para* + infinitivo para expresar finalidad.

Respuesta

1 **E**, 2 **G**, 3 **A**, 4 **C**, 5 **D**, 6 **H**, 7 **F**, 8 **B**

Respuesta posible

1 *Voy al polideportivo para nadar y practicar deportes.*
2 Voy al cine para ver una película.
3 Voy al colegio para estudiar.
4 Voy al supermercado para comprar la comida de la semana.
5 Voy a la biblioteca para consultar libros y mapas.
6 Voy a la oficina de correos para comprar sellos y enviar paquetes.
7 Voy a la tienda de ropa para comprar camisetas y pantalones.
8 Voy a la farmacia para comprar medicamentos.

3 Lee y escribe

Antes de leer el texto, puede pedir a los estudiantes que lean las cinco preguntas y que den la respuesta que ellos piensan que va a dar Juan. De esta forma practican la predicción antes de leer el texto. Pregúnteles sobre el propósito del texto y la audiencia o el *publico* (a quién está dirigido), animándolos a explicar las características del texto que les llevan a su respuesta. Así, Juan en su correo a Marisol quiere darle información sobre los medios de transporte que normalmente utiliza en su día a día, indicándolo explícitamente. La audiencia o público es Marisol, a la que va dirigido el correo, y, por el uso de *tú* al final y el tipo de acciones que le describe, podrían ser jóvenes de edades similares, que, aunque no se conocen, comparten vidas comunes por la edad. La puesta en común de las respuestas pondrá de manifiesto la variedad de respuestas posibles. Después, al leer, confirmarán sus predicciones.

Respuesta

1 *El medio de transporte que Juan usa más es la bicicleta.*
2 Porque no hay metro.
3 Juan va en autobús al supermercado para hacer la compra con su madre.
4 Juan va al colegio a pie.
5 Juan va al polideportivo para nadar y hacer deporte.
6 Sí, Juan va en tren a visitar a sus abuelos.

4 Escribe

Al responder a las preguntas para el foro, los estudiantes están practicando el vocabulario y las estructuras. La pregunta sobre el registro que van a utilizar les hace pensar sobre la audiencia y el grado de formalidad que van a usar en sus respuestas. En este caso un registro neutro/informal, ya que son preguntas para un estudio que un compañero está llevando a cabo.

5 Lee

Contextualice y prepare a sus alumnos para esta actividad preguntando cuál es su experiencia con el metro: ¿Usáis el metro? ¿Hay metro en el lugar donde vivís? ¿Habéis montado alguna vez en metro? ¿Qué metro? ¿Cuántas líneas hay? ¿De qué colores son las líneas?

Después, pídales que miren el plano del metro de Medellín y se fijen en las líneas, los números, los colores, los nombres, etc. Anímelos también a reflexionar sobre las características de este correo electrónico. (Puede consultar la tabla al final de este libro).

6 Escribe

Usando el plano del metro de Medellín, los estudiantes van a escribir dos recorridos. Es un plano bastante sencillo y los destinos tienen el mismo nombre que las estaciones. Llame la atención sobre el uso de los conectores para ordenar ideas. Anímelos a pensar y explicar por qué es la mejor ruta. Esto les hará utilizar estructuras como *es más rápida, no hay que cambiar de línea, es más directa*, etc.

Como actividad complementaria o, si usted cree que sus alumnos pueden trabajar con un plano algo más complejo, puede darles el del metro de Madrid o de Barcelona. Si viven en una ciudad con metro, pueden utilizar el plano del metro de su ciudad para darle información de cómo ir a algunos destinos a su intercambio.

Respuesta

1. Primero, de la estación de San Antonio vamos hasta la estación de Acevedo. Son siete paradas. Luego hacemos transbordo a la línea K y vamos hasta la estación de Santo Domingo. Son otras tres paradas.
2. Primero, de la estación de Prado vamos hasta la estación de San Antonio. Son dos paradas. Luego hacemos transbordo a la línea B y vamos hasta la estación de San Javier. Son seis paradas. Luego hacemos transbordo a la línea J y vamos hasta la estación de La Aurora. Son otras tres paradas.

7 Investiga

El objetivo de este ejercicio es que los estudiantes busquen información relativa a la ciudad de Medellín y su transporte público. Para buscar la información, se servirán del vocabulario y de los conocimientos adquiridos durante la unidad. Indique a los estudiantes que elaboren listas con la información que encuentren. Luego pueden poner en común con toda la clase la información que hayan recopilado.

 ***Actividad complementaria 5.4***

Esta actividad adicional amplía la práctica del vocabulario y de las estructuras relativas al transporte público e instrucciones sobre cómo desplazarse de un lugar a otro en una ciudad.

G. *¡Bienvenido a Los Balsos!*

1 Lee y escucha

Los alumnos pueden seguir las rutas en el mapa con el dedo mientras escuchan la primera vez. Después pueden escuchar y leer el texto a la vez.

Audio

1. Para ir desde mi colegio al parque giro a la izquierda en la calle la Arboleda, paso la calle Robles y luego giro a la derecha en la calle Maderos. Cruzo la avenida Laureles y ahí está el parque.
2. Para ir a la biblioteca desde el parque, cruzo la calle Cervantes, tomo la calle Escritores, sigo todo recto, cruzo la calle Borges y atravieso la plaza Central. Giro a la izquierda en la avenida Laureles, paso la peluquería y llego a la biblioteca.

2 Escribe

Si, antes de seguir las dos rutas, practica las direcciones con mímica (como si estuviera en un avión e indicara a los pasajeros dónde están las salidas de emergencia, los baños, etc.), les será más fácil entender las instrucciones y les ayudará a memorizar las direcciones.

Respuesta

1. atravieso dos cruces
2. cruzo / paso la calle
3. giro a la izquierda
4. cojo la primera a la derecha
5. sigo todo recto
6. cojo la primera a la derecha
7. tomo la segunda a la izquierda

3 Habla

Si considera necesario hacer algo de práctica de los verbos que han de utilizar en primera persona, puede hacerlo con todo el grupo antes de que hagan este ejercicio en parejas. Por otra parte, puede dejar que hagan la actividad y atender a aquellos que necesiten esta ayuda. Se trata de dejar que los alumnos se sientan más independientes.

 Cuaderno de ejercicios 5/7

El objetivo es practicar y consolidar las direcciones en la ciudad. Puede haber más de una ruta. Los estudiantes pueden hacer este ejercicio en parejas o comparar sus rutas al final.

Respuesta posible

¡Hola!

Normalmente voy en tren y para ir a casa desde la estación voy a pie.

1. *Tomo el paseo Marítimo a la izquierda y después sigo todo recto.*
2. *Continúo por el paseo Marítimo, todo recto, paso el* mercado *a la izquierda.*
3. *Giro a la izquierda en la calle* de la Playa.
4. Sigo por la calle de la Playa, atravieso la plaza de la Iglesia.
5. Paso la oficina de correos a la derecha.
6. Giro a la derecha en la calle Mayor y sigo todo recto.
7. Cruzo la avenida de Alberti.
8. *Mi casa está ahí*, enfrente de la oficina de turismo.

 Cuaderno de ejercicios 5/8

Los diálogos pueden leerse y representarse en voz alta una vez resuelto el ejercicio con el fin de trabajar la pronunciación y la entonación.

Respuesta

1 *vamos al*
2 Estás en
3 voy al
4 vamos a la
5 estamos en
6 voy al

 Cuaderno de ejercicios 5/9

Este es un ejercicio de repaso gramatical donde los estudiantes clasifican verbos de un texto que han aparecido repetidas veces en la unidad. Anímelos a completar la tabla con otros verbos que pertenezcan a estas categorías.

<table>
<tr><th>Regulares</th><th colspan="4">Irregulares</th></tr>
<tr><td rowspan="2">vivir
escribir
gustar</td><td rowspan="2">ir
hay
ser</td><td>e > i</td><td>e > ie</td><td>o > ue</td></tr>
<tr><td>seguir</td><td>preferir</td><td>poder</td></tr>
</table>

H. *Medellín, la ciudad de la eterna primavera*

1 Escucha

Presente la actividad preguntando si alguna vez han usado una audioguía en algún lugar turístico: ¿Dónde? ¿Por qué? ¿Fue útil?

Después, y antes de escuchar la grabación por primera vez, pídales que miren el plano del centro histórico de Medellín y que se fijen en la leyenda, los lugares de interés marcados, el nombre de las calles y las fotos de los destinos que han de seleccionar. Esta preparación es muy importante para facilitar la comprensión del audio. Invítelos a seguir la ruta con el dedo sobre el plano de nuevo.

Respuesta

A El edificio Coltejer
B La Pantalla de Agua
C *El Torso Femenino (La Gorda)*, de Fernando Botero

Audio

A El centro comercial Villanueva está a la derecha. Giramos a la derecha por la avenida Oriental y pasamos la Catedral Basílica Metropolitana, el parque Bolívar y el teatro Lido. Seguimos por la carrera 48 hasta ver un edificio muy alto a la derecha. Giramos la primera a la derecha, está en la carrera 52.

B Desde la carrera 52, cruzamos la carrera 48, la avenida Oriental, por la carrera 51, la avenida de la Playa. Seguimos todo recto hasta el teatro Pablo Tobón Uribe. Enfrente del teatro está el parque Bicentenario. Está en el parque.

C Ahora estamos en el parque Bolívar, uno de los pulmones de Medellín, con numerosas especies autóctonas. Detrás, la Catedral Basílica Metropolitana. Vamos a pie todo recto por la calle peatonal y comercial carrera Junín hasta la Basílica Nuestra Señora de la Candelaria, enfrente está el parque Berrío. Está en el parque.

¿Sabías que…?

Juniniar
Una vez que hayan hecho el ejercicio anterior y cuando hayan visto la carrera Junín, puede comentar a los estudiantes cómo, de esa calle peatonal y comercial, se ha creado el verbo *juniniar*. Quizás ellos tengan ejemplos de calles comerciales y peatonales en sus ciudades o pueblos. ¿Podrían inventar un verbo?

2 Habla

En parejas, los estudiantes van a crear minidiálogos como si estuvieran en el centro histórico de Medellín. Pídales que practiquen y presenten al resto de la clase su diálogo.

3 Escribe y habla

Esta actividad pueden realizarla en parejas o en pequeños grupos de tres alumnos que vivan en el mismo barrio para conseguir compartir ideas y tener un plano más completo y detallado. Anímelos a que complementen la información con fotos, o que elaboren en grupo un póster o una presentación digital que luego expondrán en clase. La clase puede votar para elegir las tres mejores presentaciones. Las preguntas de reflexión y evaluación del plano elegido en el paso 4 sirven para fomentar la evaluación de un trabajo propio y ajeno.

Repaso

¿Cuál es tu destino?

1 Lee

Prepare a sus alumnos para esta actividad de comprensión lectora preguntando qué tipo de texto es. Han de utilizar las características del formato, como la foto y las columnas que presentan brevemente la información sobre el lugar, para deducir que es una *ficha*.

Después puede pedirles que se fijen en las fotografías, y que digan qué tipo de lugares son (*tranquilo*, *en la costa*, *verde*, *ruidoso*) y cuál de los dos les gusta más. Puede guiar la lectura leyendo con ellos la columna de la izquierda (*nombre*, *país*) para activar su conocimiento en estas áreas.

2 Habla

Es un ejercicio de comprensión y expresión oral. Permítales tomar nota de las respuestas para facilitar la práctica oral con un compañero.

Respuesta

Guatapé

1 Guatapé está en Colombia, a 79 kilómetros de Medellín.
2 Es un pueblo tradicional en el campo.
3 La bicicleta, el caballo o a pie.
4 Se puede visitar El Peñol y hacer muchas actividades deportivas como la escalada, ir de pesca, nadar en ríos, kayak y montar a caballo.
5 Barbacoas y asados.

Santiago de Chile

1 Está en Chile, en el valle de Santiago y al pie de la cordillera de los Andes.
2 Es una ciudad grande y moderna, es la capital de Chile.
3 Coche, autobús, tren, tranvía, motocicleta, taxi.
4 Se puede ir a museos, parques, reservas naturales, zoo y barrios bohemios.
5 Asados de carne a la parrilla con verduras.

3 Escucha

El objetivo es que practiquen la expresión de opinión volviendo a usar adjetivos que se presentaron al principio de la unidad y que se han usado en distintas funciones a lo largo de la unidad 5. Después de realizar el ejercicio, puede llamar la atención en la entonación y énfasis que aparece en las opiniones.

Audio

1 Me gusta porque es un lugar muy tranquilo y que tiene muchas actividades en la naturaleza.
2 Claro, es muy interesante porque tiene muchos museos y también naturaleza. Prefiero las ciudades.
3 Para mí, sin duda, es un paraíso: con mar, montañas y ríos. Tiene de todo, y es tranquilo y acogedor.
4 Seguro que aquí, sí, aquí. A mí me gusta ir en bici a todos los sitios. No me gustan las ciudades con muchos coches y mucha gente.
5 Aquí, desde aquí puedo viajar a muchos lugares. A mí me gusta viajar mucho.
6 Sí, es tranquilo y pintoresco, pero muy aburrido. Yo necesito gente, coches, variedad de actividades. Quiero ir a un sitio como este, con muchas cosas y personas.

Respuesta

1 **G**, 2 **S**, 3 **G**, 4 **G**, 5 **S**, 6 **S**

4 Investiga y escribe

Como trabajo personal, los alumnos preparan una ficha de un lugar de habla hispana de su elección como destino para su intercambio. Puede aprovechar esta actividad para desarrollar una colección de fichas con lugares de habla hispana. Se puede hacer en formato digital o en papel.

Cuaderno de ejercicios 5/10

Es un ejercicio de respuesta libre. Haga una presentación plenaria de las respuestas y, si lo desea, podría dividir a la clase en grupos para que realicen un gráfico con las respuestas obtenidas de todos los alumnos.

Punto de reflexión

Las listas que cada pareja elabore con sus prioridades al elegir un lugar de intercambio les hará reflexionar sobre la importancia relativa de las características de los lugares para las personas. Además, utilizarán vocabulario y estructuras de la unidad.

Creatividad, Actividad y Servicio

Como actividad de repaso y de Creatividad, Actividad y Servicio, los estudiantes van a diseñar un póster (físico o digital) para presentar a los padres y a los profesores de su instituto el barrio de sus intercambios. Pueden elegir libremente, aunque, si lo considera necesario, puede pedirles que se concentren en un país, por ejemplo, el país y el lugar adonde su instituto suela viajar o hacer intercambios, u otros.

Los alumnos pueden seguir los siguientes pasos:

1 Decide a qué país y ciudad o pueblo vais a ir.
2 Busca información sobre los barrios del lugar elegido y selecciona uno.
3 Infórmate sobre cómo es y qué hay en el barrio elegido.
4 Diseña un póster físico o digital informativo y atractivo para presentar el barrio.

Cuando los estudiantes hayan realizado sus pósteres, pueden ponerlos en exposición física o digital, para compartir con el resto de la clase o del instituto.

6 Zonas climáticas

Área temática	Compartimos el planeta
Tema	Clima Geografía física
Aspectos	Clima Condiciones meteorológicas Estaciones Impacto del clima en la vida cotidiana
Gramática	Verbo impersonal *hacer* Pretérito indefinido Adverbios de tiempo
Tipos de textos	**Textos personales** Blog Correo electrónico **Textos profesionales** Informe meteorológico Mapa **Textos de medios de comunicación de masas** Artículo
Punto de reflexión	¿Qué quieres cuando vas de vacaciones?
Rincón IB	**Teoría del Conocimiento** • ¿Por qué la gente habla tanto del tiempo? ¿Es igual en todas las partes del mundo y así en cada clima? ¿Por qué? **Creatividad, Actividad y Servicio** • Aprecia y celebra que el mundo es muy diverso al crear una descripción de un lugar que has visitado últimamente. **Para investigar** • Destinos turísticos en el mundo hispano. ¿Qué buscan los turistas? • Hablar del tiempo: una forma de "romper el hielo" en interacciones sociales. **Oral individual** • Describir fotos representando diferentes situaciones de turismo en el mundo hispano. (Describir las imágenes durante 1-2 minutos y contestar a preguntas sobre ellas). • Conversación general sobre las vacaciones. Ejemplos: las pasadas vacaciones, o las mejores vacaciones de tu vida. **Producción escrita** • Imagina que visitaste un país hispanohablante en tus últimas vacaciones. Escribe un **artículo** para la revista del colegio describiendo los lugares que visitaste y las cosas que hiciste. (Escribe como mínimo 100 palabras). • Tu amigo/a hispanohablante va a visitarte. Escribe un **correo electrónico** diciéndole el tiempo que hace normalmente en tu ciudad en esta estación del año y aconsejándole la ropa que debe traer. (Escribe como mínimo 100 palabras).

Esta unidad tiene como objetivo examinar la geografía física. Incluye los rasgos de la naturaleza y las diferencias entre el tiempo y el clima. Las actividades de la unidad están diseñadas para ayudar a los estudiantes a reflexionar sobre el efecto del clima en la vida cotidiana, especialmente teniendo en cuenta el riesgo del cambio climático que amenaza a muchas partes de América Central. El contenido de esta unidad estimula a los estudiantes a apreciar la variedad de aventuras ofrecidas en el mundo y las oportunidades que hay para ellos (especialmente si se habla otro idioma). Como parte de esto, la unidad les ayudará a entender los efectos del clima sobre la naturaleza y el impacto resultante para los humanos.

Creatividad, Actividad y Servicio

Los estudiantes aprenderán el vocabulario y las estructuras necesarias para esta tarea durante la unidad para hacerla en la última página. La tarea profundizará el aspecto "internacional" de la unidad al mostrar la diversidad de destinos. Vale la pena hablar con la clase, en español o en el idioma nativo, sobre los destinos descritos más interesantes y si les gustaría visitar algunos en el futuro, especialmente después de sus estudios.

1 Para empezar

Estas cuatro preguntas constituyen una introducción básica a la unidad. Para entenderlas, los estudiantes tendrán que utilizar tácticas esenciales, tal y como el uso de cognados y sus conocimientos previos.

Esta unidad también presenta la belleza natural de los países latinoamericanos. Estas fotos han sido escogidas para hacer que los estudiantes mediten sobre la calidad del medioambiente.

2 Escribe

Al escribir una lista básica de lo que ven en las fotos, los estudiantes van a empezar a prepararse para las tareas del resto de la unidad, también para la primera parte del oral individual (exposición basada en un estímulo visual), y a la vez van a ampliar sus conocimientos.

Es importante animar a los estudiantes a que sean creativos a la hora de desarrollar sus listas.

A estas alturas del curso es posible que algunos estudiantes todavía tengan dificultades en utilizar el diccionario de manera eficaz. Conviene hablar con ellos sobre las abreviaturas que aparecen en el diccionario y los elementos gramaticales que deberán buscar.

Los estímulos visuales también brindan la oportunidad de hacer preguntas a los estudiantes para repasar el vocabulario y las estructuras de las primeras cinco unidades.

Foto A
¿Te gusta la foto? ¿Por qué?

¿Qué colores ves? (*Veo…*).

Foto B
¿Te gusta la foto? ¿Por qué?

¿Qué colores ves?

¿Cómo te hace sentir la foto? (Puede ser que los estudiantes no entiendan la pregunta, pero se pueden dar ejemplos que sirvan de modelo para sus respuestas, como *me siento contento* o *me siento relajado*).

Foto C
¿Te gusta la foto? ¿Por qué?

¿Qué colores ves?

Las siguientes preguntas no tienen respuestas correctas, sino que los estudiantes deben utilizar su creatividad y contestar con *creo que…*

Describe a la persona: ¿Cómo se llama? ¿Cuántos años tiene? ¿Dónde vive? ¿Tiene familia?

¿Con quién está?

¿Dónde está?

¿Qué hora es?

Foto D
¿Te gusta la foto? ¿Por qué?

¿Qué colores ves?

¿Qué hora es?

¿Te gusta la comida que se ve en la foto?

A. *La naturaleza latinoamericana*

1 Habla e investiga

Este es el vocabulario clave para esta parte de la unidad. No obstante, antes de buscarlo en el diccionario, los estudiantes deben trabajar en parejas para "decodificar" la lista y tratar de adivinar el significado de las palabras. Después de adivinarlo y de explicar sus propuestas, pueden confirmar sus ideas utilizando un diccionario o un diccionario en línea.

Actividad complementaria 6.1

Esta actividad adicional consolida la comprensión de los textos de la página 68.

Respuesta

1 **H**, 2 **G**, 3 **A**, 4 **F**

2 Lee y escribe

Este ejercicio requiere que los estudiantes presten detallada atención a los textos que han de leer.

Antes de leer los textos, los estudiantes deben leer estas cinco frases y garantizar que las entienden. Las frases utilizan las palabras que acaban de aprender de la lista *Vocabulario*.

Anime a los estudiantes a sugerir algunos tipos de textos. En unos casos será beneficioso hablar en el idioma nativo de la clase para decidir también cuáles son los objetivos del texto. En este caso, es un texto de un medio de comunicación de masas, con el objetivo de promover los dos lugares y explicar, de manera informativa, los climas predominantes. Podría ser encontrado en una revista de turismo para atraer a la gente a visitar esos lugares.

Cuando lean los textos, deberán buscar las palabras claves. Al identificar la parte apropiada de cada texto, les será posible averiguar si la frase es verdadera o falsa. Pida a los estudiantes más avanzados que justifiquen también las frases que son verdaderas.

Respuesta

1 Falso – El desierto de Atacama se encuentra en el norte de Chile.
2 Falso – Bariloche se encuentra en las orillas del lago Nahuel Huapi.
3 Verdadero
4 Falso – Hay muchas dunas en el desierto de Atacama.
5 Falso – Hay muchos lagos en el desierto de Atacama.

3 Escribe

Esta tarea tiene como objetivo ampliar la capacidad de los estudiantes para escribir de manera descriptiva, algo que harán más tarde en la unidad.

 Cuaderno de ejercicios 6/1

En esta actividad se practica el uso de *es*, *está* y *hay*. Aunque la mayoría de los estudiantes entenderá el uso de *hay*, será importante enfatizar las diferencias entre los usos de *es* (descripción física y factual) y *está* (descripción temporal y ubicación).

Respuesta

1 *es*	4 es, está	7 es
2 Es	5 Está	8 Hay
3 Hay	6 Es	

4 Escribe

Los estudiantes tienen que leer las explicaciones y los ejemplos en el recuadro *Gramática en contexto*. Les explicará cómo pueden utilizar las formas verbales *hay*, *está* y *es* para escribir descripciones de lugares físicos.

Aunque la mayoría de las descripciones que produzcan los estudiantes serán similares, anímelos a incorporar detalles adicionales, especialmente adjetivos, para mejorar la calidad de su trabajo.

B. *El tiempo y su efecto*

1 Escribe y habla

La dificultad de esta tarea se encontrará en la probable falta de adjetivos y frases para expresar opiniones. Se puede facilitar el desarrollo de opiniones formando listas en grupo para recordar opiniones utilizadas durante las primeras cinco unidades o buscando términos apropiados en el diccionario o recursos en línea.

El ejercicio da los ejemplos de *es horrible*, *me da miedo* y *es aburrido*, pero se debe animar a los estudiantes a dar opiniones como *es divertido*, *es relajado*, *es cómodo*, *es incómodo*, etc.

Este tipo de actividad también ofrece la oportunidad de fortalecer la capacidad de los estudiantes para debatir. Conviene alentar a los estudiantes a utilizar frases como *estoy de acuerdo / no estoy de acuerdo*, para luego justificar sus opiniones. Expresiones como *claro* y *¿en serio?* añaden otro nivel de autenticidad.

2 Escucha

Los estudiantes deben escuchar los pronósticos para decidir a qué mapa se refieren. Uno de los mapas no aparece en las grabaciones para que los estudiantes puedan escribir sus propios pronósticos. Deben intentar incluir los detalles mencionados y conectar sus frases lo más posible. Antes de escuchar los pronósticos, se puede animar a los estudiantes más capaces a que anoten frases adicionales que se puedan utilizar para mejorar su tarea.

Audio

1 Hoy nieva en Río Gallegos. No se debe salir de la casa si no es esencial. En Bahía Blanca también hace mucho frío, cinco grados, y llueve. En el oeste, en Mendoza, hace sol.
2 En Buenos Aires hace sol y está despejado. En Salta hace calor, veintitrés grados, más o menos. En Córdoba también hace sol, pero hoy también está un poco nublado.
3 Esta mañana está lloviendo en San Carlos de Bariloche, con unos vientos muy fuertes. En Buenos Aires está nublado y hace nueve grados. En Salta hace bastante calor, veintitrés grados, y está despejado.

Respuesta

1 1 Mapa **B** 2 Mapa **A** 3 Mapa **D**

Respuesta posible

2 Mapa **C**: Hoy hace frío, tan solo cinco grados, y está nublado en Rosario; mientras que en Córdoba hace sol y calor, con veinte grados.

3 Anime a los estudiantes a usar el diccionario para crear una lista de cinco a siete trabajos y usar un mínimo de tres opiniones básicas para explicar la importancia del tiempo para el trabajo. Los estudiantes con mejor nivel de español deberán además justificar las opiniones, como en los ejemplos de la segunda fila.

Trabajo	Opinión 1	Opinión 2	Opinión 3
Jardinero	No le gusta nada cuando hace frío.	Le encanta cuando hace buen tiempo.	No le importa cuando está nublado.
Jardinero	No le gusta nada cuando hace frío porque se estropean las flores y algunos tipos de plantas.	Le encanta cuando hace buen tiempo porque las plantas crecen.	No le importa cuando llueve porque así no necesita regar las plantas, pero cuando llueve demasiado puede ser nocivo.

Cuaderno de ejercicios 6/2

Los estudiantes podrán completar este ejercicio con la lista
de vocabulario y utilizando un proceso de eliminación.

Respuesta

Horizontales
3 hace calor
4 llueve
5 hace buen tiempo
7 hay tormenta
9 nieva
12 está nublado
13 es Bolivia
14 hace frío

Verticales
1 hace mal tiempo
2 hace cinco grados
6 está despejado
8 hay niebla
10 el tiempo
11 hace sol

Cuaderno de ejercicios 6/3

Este ejercicio tiene varias funciones. Primero sugiera a los estudiantes que identifiquen en el texto los nombres de ciudades españolas y que las localicen en el mapa de España. Después los estudiantes pueden leer el texto de nuevo, identificando la información meteorológica conforme a lo que han aprendido en los ejercicios previos, y pueden dibujar en el mapa símbolos similares a los que aparecen en la página 70 del libro del alumno que correspondan a ese pronóstico que acaban de leer.

3 Escribe

Esta actividad ayudará a los estudiantes a practicar el vocabulario del tiempo y también descripciones de las estaciones. Es importante alentar a los estudiantes a incorporar conectores y expresiones, por ejemplo *siempre* o *a veces*, que harán que sus descripciones sean más naturales.

Recuerde a los estudiantes que deberán usar un estilo informal porque el destinatario es un amigo. Pueden elegir entre un correo electrónico o una carta. Pregúnteles cómo cambiaría el estilo del texto si escribieran un artículo. (Puede consultar la tabla al final de este libro).

C. *El tiempo extremo y el cambio climático*

1 Lee

Aliente a la clase a hablar de las características del texto para que aprecien como son los informes. Deben notar que es un texto profesional que usa un lenguaje formal y técnico y que adopta un estilo factual, sin opiniones, para crear una descripción muy específica.

Es importante que los estudiantes se sientan capaces de afrontar esta actividad. Para conseguirlo será importante ayudarles a planear cómo hacerlo. Estos son los pasos que se pueden recomendar a los estudiantes para puedan completar la actividad con éxito:

1 Lee las cuatro frases del ejercicio.
2 Decide cuáles son las palabras clave. Piensa en posibles sinónimos de esas palabras por si acaso aparecieran de manera diferente en el texto.
3 Lee el texto, sin buscar las frases, pero para formar una idea general de lo que se trata.
4 Lee el texto, buscando las palabras clave que identificaste en el paso 2.
5 Si no puedes encontrar una sección que parezca la apropiada, puedes tratar de eliminar secciones decidiendo si se refieren a algo que es obviamente diferente.

Respuesta

1 **G**, 2 **D**, 3 **H**, 4 **E**, 5 **C**

2 Lee

Esta tarea es similar a una que se utiliza a menudo en los exámenes del IB, por lo que conviene que los estudiantes se acostumbren a practicarla. Estos son los pasos que se pueden recomendar a los estudiantes para que puedan completar la actividad con éxito:

1 Primero lee detenidamente todas las partes de las frases para entenderlas.
2 Predice qué tipo de contenido seguirá a las primeras partes de las frases. Por ejemplo: *Se publicó en Uruguay*. *Publicó* parece ser la palabra clave. Hay que buscar en la segunda parte de la frase algo que pueda publicarse: una entrevista, un reportaje, una alerta.
3 Utiliza tus conocimientos gramaticales para decidir si la frase parece lógica o no. Por ejemplo: *Se publicó en Uruguay* necesita un sustantivo, no un verbo.
4 Lee los textos. Busca los detalles apropiados para confirmar tus selecciones.
5 Repasa todo el proceso para confirmar que las respuestas son correctas.

Será importante dejar a los estudiantes hacer la tarea por su propia cuenta antes de analizarla. Pero, después de completarla, siempre es importante debatir en clase sobre los pasos que los estudiantes siguieron para completarla y, en particular, las estrategias que utilizaron. Después el profesor puede ofrecer más ideas y estrategias que los estudiantes no hayan mencionado. Puede ser útil también indicar a los estudiantes que esta discusión va a tener lugar después de que completen el ejercicio, para ayudarles a que presten atención en particular a su proceso de deducción mientras completan el ejercicio.

Respuesta

1	**C** (párrafo **A**)	3	**D** (párrafo **E**)
2	**E** (párrafo **H**)	4	**A** (párrafo **G**)

3 Habla y comprende

1 Siempre hay que animar a los estudiantes a utilizar vocabulario y estructuras que acaban de aprender de manera productiva. Este ejercicio les invita a emplear el lenguaje de los textos que acaban de trabajar para crear un reportaje.
2 El énfasis aquí se debe centrar en elegir partes del texto que sean útiles para lo que decidan expresar, y que tengan sentido (especialmente en términos gramaticales) en el contexto en el que quieren utilizarlas.
3 Este ejercicio tiene como objetivo ayudar a los estudiantes a reflexionar sobre los avances con la tecnología. Muchas industrias, como las que se dedican a la agricultura, planean sus actividades basadas en los pronósticos. Por ejemplo, los granjeros deciden qué plantar y cuándo con la información del pronóstico. Si ese pronóstico no es exacto, amenazará el éxito de sus cultivos.

   Con la mayoría de los grupos de alumnos, será beneficioso hablar de esta pregunta en el idioma nativo para profundizar el diálogo.

D. *Las zonas climáticas*

1 Escribe

Puede que muchos estudiantes ya hayan visto un mapa climático durante sus estudios de geografía. No obstante, lo más importante es que presten atención a la leyenda que explica los colores y, así, el mapa.

Para completar la tabla sobre los diferentes climas de varios países, los estudiantes deben utilizar el mapa climático del libro del alumno además de buscar información sobre el tiempo en dichas zonas durante todo el año. Están practicando su comprensión del tiempo atmosférico, pero además van a aprender que el clima se refiere a patrones que se extienden durante largos periodos.

Respuesta

País	Clima	Número de estaciones	Tiempo en primavera	Tiempo en verano	Tiempo en otoño	Tiempo en invierno
España	templado	4	-bastante frío -llueve	-bastante calor -llueve	-bastante frío -llueve	-frío -llueve
	mediterráneo		-bastante buen tiempo -llueve	-calor -muy seco	-bastante buen tiempo -seco	-bastante buen tiempo -llueve
Argentina	templado	4, 1	-bastante frío -llueve	-bastante calor -llueve	-bastante frío -llueve	-frío -llueve
	árido		-seco -mucho calor			
Chile	templado	4, 1	-bastante frío -llueve	-bastante calor -llueve	-bastante frío -llueve	-frío -llueve
	mediterráneo		-bastante buen tiempo -llueve	-calor -muy seco	-bastante buen tiempo -seco	-bastante buen tiempo -llueve
	árido		-seco -mucho calor			
Costa Rica	tropical	1	-calor -llueve			
Estados Unidos	templado	4, 1	-bastante frío -llueve	-bastante calor -llueve	-bastante frío -llueve	-frío -llueve
	mediterráneo		-bastante buen tiempo -llueve	-calor -muy seco	-bastante buen tiempo -seco	-bastante buen tiempo -llueve
	árido		-seco -mucho calor			
	montañoso		-frío	-bastante calor durante el día	-bastante buen tiempo -hace frío por la noche	-muy frío -nieva mucho
	polar		-muy frío -muy seco			

2 Habla

Este ejercicio invita a los estudiantes a pensar en el clima de distintas partes del mundo, destinos que hayan visitado o que desearían visitar. Así, una vez que hayan llevado a cabo la conversación en parejas para indicar las condiciones meteorológicas que prefieren durante sus vacaciones, sería útil animarlos a anotar sobre el mapa lugares del mundo que ya han visitado. De esta manera podrán reflexionar sobre si hay algún patrón en sus visitas, o en las elecciones de los destinos. Pueden elegir dos destinos más para luego hablar con su compañero otra vez.

También es una buena oportunidad para que puedan reflexionar sobre cómo el clima afecta a los diferentes países y culturas. Por ejemplo: *¿Si siempre hace calor, la gente siempre lleva chaqueta? ¿Pasa mucho tiempo dentro de casa?*

3 Lee y habla

No hay respuestas precisas para este ejercicio. De hecho, cuando los estudiantes hayan propuesto sus recomendaciones, se pueden discutir en grupos más amplios, antes de votar toda la clase sobre cuál es el destino perfecto para cada persona.

Al debatir los destinos, los estudiantes tendrán que utilizar las opiniones y los comparativos que han aprendido durante las unidades previas.

4 Lee

Esta actividad está encaminada a ubicar geográficamente los tres destinos que se analizarán durante el resto de la unidad. Los estudiantes tienen que decidir a qué destino corresponde cada descripción.

Respuesta

1 Mal País en Costa Rica – destino A
2 Bariloche en Argentina – destino C
3 Buenos Aires en Argentina – destino B

5 Escribe

Los estudiantes tendrán que pensar tanto en las características de los tres destinos como en el clima para completar esta tarea. Por ejemplo, independientemente del clima, si no hay montañas, no se puede hacer alpinismo.

Antes de escribir sus frases, los estudiantes tendrán que entender la lista de actividades. La mayoría son cognados en las lenguas romances.

Deben utilizar *se puede* para conectar las actividades con los destinos. Es esencial que los estudiantes añadan detalles a sus frases usando *porque*, pero los alumnos con mejor nivel pueden empezar a incluir *también*, *además* y *aunque* para incluir más información.

Después de escribir las frases, se puede hacer un ejercicio de clasificación con las actividades. Los estudiantes tienen que trabajar con un compañero para escribir las actividades por orden de preferencia que más les gustaría hacer y por qué. Después de formular estas listas, pueden hablar en grupos más amplios, o debatir con toda la clase, para elegir las actividades más atractivas. Además, puede ser útil que los estudiantes especifiquen si ya han hecho algunas de esas actividades.

6 Escribe

La intención es que los estudiantes utilicen el vocabulario y las estructuras que están aprendiendo y los apliquen a experiencias propias para facilitar su asimilación. Deben adoptar un estilo apropiado, teniendo en cuenta la necesidad de explicar su mensaje a los otros estudiantes, así que conviene usar un medio de comunicación de masas como un blog. Debe ser informal, pero necesita incluir mucho detalle y variedad de opiniones.

7 Investiga y escribe

Antes de empezar, es muy importante que los estudiantes planeen exactamente lo que van a escribir, para asegurarse de que la cantidad y la calidad de la producción escrita son las adecuadas. Antes de comenzar a escribir, se les puede sugerir que preparen unas viñetas, dos o tres elementos para desarrollar en cada subtema. Anime a los estudiantes a reflexionar sobre las diferencias entre el estilo formal e informal.

E. *Mi reciente visita a Argentina*

1 Lee

Primero intente obtener la respuesta de que este tipo de textos se podría encontrar en un blog o en una página web. Son textos informales para compartir los detalles de unas visitas a los destinos con el objetivo de animar al lector a visitarlos en el futuro.

Es importante reconocer que algunos estudiantes tendrán más dificultad en entender el concepto del pretérito indefinido que su formación. En varios idiomas no hay un tiempo similar, así que hará falta enfatizar que el pretérito indefinido solo se refiere a acontecimientos en el pasado que ya han terminado.

Este ejercicio requerirá que los estudiantes busquen las raíces comunes entre el infinitivo y el pretérito indefinido. Ayude a los estudiantes a darse cuenta de que todos los infinitivos en este ejercicio terminan con *-ar*.

Después tendrán que clasificar los verbos en la tabla. Los estudiantes deben utilizar la cabecera de cada columna para ayudarles (*-qué*, *-cé*, *-uve*). Puede ser que algunos estudiantes incluyan verbos que terminan en *-ó* (tercera persona singular), en este caso será importante preguntarles si *-ó* forma parte lógica del patrón, ya que los otros tres terminan con *-e* o *-é*.

Para el último paso de esta actividad, los estudiantes pueden hablar entre ellos en el idioma común del colegio. Es muy importante darles tiempo para que deduzcan la formación del verbo, así fortalecerán su comprensión, ya que tomarán parte activa en el proceso de aprendizaje. Cuando hayan propuesto sus ideas, se les puede explicar exactamente cómo se forma y lo que significa, enfatizando que este tiempo verbal es uno de los más comunes que utilizarán durante sus estudios.

Respuesta

Infinitivo	Verbos regulares *-ar* (10 + ejemplo)	Verbos que cambian a *-qué* (2)	Verbo que cambia a *-cé* (1)	Verbo irregular *-uve* (1)
tomar	*tomé*			
visitar	visité			
enamorar	enamoré			
comprar	compré			
organizar			organicé	
viajar	viajé			
nadar	nadé			
montar a caballo	monté a caballo			
andar				anduve
probar	probé			
buscar		busqué		
encontrar	encontré			
sacar		saqué		
hablar	hablé			
descansar	descansé			

Cuaderno de ejercicios 6/4

1 Este ejercicio ayudará a los estudiantes a familiarizarse con la conjugación completa del pretérito indefinido regular.

Respuesta

pronombres personales	caminar	comprar	llevar	alojarse
yo	*caminé*	*compré*	*llevé*	*me alojé*
tú	caminaste	compraste	llevaste	te alojaste
él/ella/usted	caminó	compró	llevó	se alojó
nosotros(as)	caminamos	compramos	llevamos	nos alojamos
vosotros(as)	caminasteis	comprasteis	llevasteis	os alojasteis
ellos(as)/ustedes	caminaron	compraron	llevaron	se alojaron

2 Al escribir exactamente siete palabras por frase, los estudiantes tendrán que considerar con cuidado lo que quieren escribir. Es una tarea que les hace pensar más.

Actividad complementaria 6.2

Esta actividad adicional proporciona a los estudiantes más práctica en el uso de las formas del pretérito indefinido.

2 Lee

1 Puede ser que algunos estudiantes no tengan claro todavía el concepto gramatical de adverbio de tiempo. Así, antes de empezar el ejercicio, anímelos a repasar la unidad 3 (donde aparece el concepto por primera vez). Enfatice a los estudiantes que estas palabras indican exactamente cuándo sucedió una acción.

Para hacer esta actividad los estudiantes tendrán que utilizar el contexto para empezar a deducir los adverbios de tiempo. Deben trabajar con un compañero para analizar el texto, hablando sobre el significado de las palabras que ya saben, para luego buscar las palabras que no reconocen.

Será conveniente dirigir la atención de los estudiantes a las partes apropiadas del texto y hacer preguntas relevantes para hacer que los estudiantes justifiquen sus decisiones durante la primera parte de la tarea.

Adverbios de tiempo en el texto

antes	después
durante	luego
ahora	anoche
ayer	hoy
mientras	pronto

2 Para la segunda parte de esta actividad, los estudiantes tendrán que reflexionar sobre el significado del texto y el papel de cada uno de los adverbios de tiempo. Los estudiantes deben hablar con un compañero para decidir qué palabra será la más apropiada para cada espacio y por qué.

Respuesta

Hace dos años visité Barcelona, en el noreste de España, y me alojé en un hotel allí **durante** tres semanas. El primer día me levanté muy temprano y **después** tomé el desayuno. **Luego**, a las nueve y media, fuimos a la estación de autobuses. **Antes** de ir, mi madre compró unos billetes para toda la familia, para llevarnos al parque acuático, ¡qué chulo! Me encantó.

3 Escribe

Los estudiantes deben reflexionar sobre las actividades previas, que han introducido el concepto del pretérito indefinido. Ya han aprendido que el pretérito indefinido siempre termina en *-é* o en *-e*. Quizás sea necesario recordarles esta información, pero luego pueden buscar los verbos en la primera persona. Cuando hayan escrito la lista, podrán buscar verbos similares para completar la tabla y adivinar sus infinitivos. Los estudiantes más capaces pueden intentar deducir cómo formar la tercera persona, usando el ejemplo *llegó*.

A menudo algunos estudiantes incluyen cada palabra en el texto que termina con *-é* / *-e* / *-ó* / *-o* para el ejercicio 3. Como resultado, es esencial hablar de la importancia de buscar los verbos, incluso recordar a los estudiantes lo que es un infinitivo.

La inclusión de *me encantó* y de *me gustó* ofrece una oportunidad para reflexionar con la clase sobre su significado: 'algo encanta o gusta a una persona'-. Así se usa un verbo conjugado en tercera persona del singular o del plural, precedido del pronombre reflexivo correspodiente a la persona a quien le gusta o le encanta algo, para referirnos a lo que le gusta o le encanta a esa persona.

Respuesta

yo	él / ella	infinitivo
llegué	*llegó*	*llegar*
viajé	viajó	viajar
estuve	estuvo	estar
pasé	pasó	pasar
tomar	tomé	tomó
monté		montar
visité		visitar
	descansó	descansar
me encantó		encantar
me gustó		gustar
		cenar

Cuaderno de ejercicios 6/5

Este ejercicio practica la identificación de los tiempos verbales, para que los estudiantes se acostumbren a diferenciar entre el presente y el pretérito indefinido. Es importante aclarar a los estudiantes el hecho de que las formas de la primera persona del plural en el presente y en el pretérito indefinido son iguales. Como consecuencia, es necesario leer la frase y luego observar su contexto para saber cuándo se presenta un tiempo u otro.

Respuesta

	P o Pl
1 *Hoy visité un volcán.*	*Pl*
2 Estamos al lado de un lago.	P
3 Ayer pasamos el día en la playa.	Pl
4 Hace mucho frío aquí en las cataratas.	P
5 Normalmente nadamos mucho en el río durante las vacaciones.	P
6 Explora las dunas con su tío.	P
7 Viajé en coche con mis padres al mar.	Pl
8 Mi madre compró muchos recuerdos en las tiendas.	Pl
9 ¿Jugasteis a las cartas por la noche?	Pl

4 Escribe

1 Esta parte del proceso proporciona una oportunidad útil al profesor para evaluar cuánto entienden los estudiantes sobre la formación del pretérito indefinido. La mayoría de los estudiantes acabará esta tarea sin problemas, pero su conocimiento será más profundo gracias al proceso de hablar sobre la formación de este tiempo. Sin embargo, para los que sí tienen dificultades, aclarar cómo se forma el pretérito indefinido y eliminar dudas será imprescindible.

Es importante asegurarse de que todos los estudiantes tienen la lista correcta de verbos conjugados e infinitivos antes de empezar este ejercicio. Los estudiantes deben trabajar con un compañero para desarrollar su teoría. Mientras deducen cómo formar el pretérito indefinido, los estudiantes deben buscar el verbo que no sigue exactamente el mismo patrón: *llegar*. Recuerde a los estudiantes que la *-u-* no se pronuncia, modifica el sonido de la *g*.

2 Los estudiantes deben conjugar los verbos de la lista para averiguar si sus teorías son correctas. Deben comparar sus teorías con las del resto de la clase antes de que usted aclare la formación precisa de la tercera persona del pretérito indefinido.

Respuesta

infinitivo	yo	él / ella
bailar	bailé	bailó
comprar	compré	compró
encontrar	encontré	encontró
hablar	hablé	habló

 Cuaderno de ejercicios 6/6

Este ejercicio tiene como objetivo practicar la formación del pretérito indefinido de los verbos *-ar*.

Respuesta

1 Mi madre **lloró** cuando **llegamos** al hotel.
2 **Saqué** muchas fotos durante la visita a la isla, me **encantó**.
3 Las vacaciones **mejoraron** mucho cuando **empezó** a hacer más calor.
4 Mis hermanos **participaron** en muchas actividades pero, yo **descansé** y **escuché** música al lado de la piscina.
5 **Cancelamos** el viaje al volcán porque hizo mucho frío. Mi padre **llamó** a la agencia muy temprano por la mañana.
6 Se lo **expliqué** a mis padres y luego **organizaron** los pasos necesarios.

 ***Actividad complementaria 6.3***

Esta actividad adicional ayudará a los estudiantes a continuar practicando el uso del pretérito indefinido para reforzar su formación y su aplicación temporal.

 ***Actividad complementaria 6.4***

Esta actividad ayudará a los estudiantes a afianzar sus conocimientos y les dará otra oportunidad para expresarse de manera creativa.

En la mayoría de casos los estudiantes utilizarán mucho vocabulario y muchas frases similares a las de Lucía en su correo electrónico a Isabel. No obstante, se debe animar a los estudiantes a incorporar variedad de verbos en su descripción. Hasta ahora o han leído o han conjugado diez verbos en el pretérito indefinido, en la primera y tercera personas, lo cual es suficiente para esta actividad. No obstante, pueden tratar de buscar e incluir más verbos, pero es importante recordarles que solo conocen la conjugación en pretérito indefinido de los verbos terminados en *-ar*.

F. *El blog de Juanma*

1 Lee y escribe

1 Este ejercicio hará que los estudiantes empiecen a decodificar el texto que vamos a utilizar durante toda esta página.

No es esencial que todos recopilen una lista exactamente igual, o que encuentren cada verbo mencionado abajo, puesto que es posible interpretar lo que es una actividad de maneras diferentes.

Actividades:

compré (una revista)
tomamos (un café)
descansé
escuché (mi música favorita)
visitamos (a unos amigos)
compramos (unos billetes de autobús)
pasé
nadé (en el océano)
practiqué el surf
pasamos (todo el día en el hotel)
viajamos (a Monteverde)
(mis padres) pasaron (la primera noche)
se bañaron (en unas piscinas calientes)
escucharon (a los animales salvajes)
(mis padres) intentaron (sacar unas fotos)
descansamos (mucho)

2 Los estudiantes deben utilizar la frase sugerida para explicar si a Juanma le gustaron sus vacaciones o no. Puede ser útil darles la palabra *aunque*, ya que menciona algo negativo (las quejas de su madre).

Opiniones:

no me gustaron mucho sus quejas continuas
me encantan los monos
¡Me encantó Costa Rica, es un país increíble!

3 Juanma usa un estilo muy personal, con muchas opiniones para describir sus propias experiencias durante su visita a Costa Rica. (Puede consultar la tabla al final de este libro).

2 Lee e investiga

Este ejercicio trata de desarrollar la capacidad de los estudiantes de trabajar con vocabulario desconocido, que es muy importante para desarrollar la independencia del aprendizaje. El proceso de buscar raíces comunes entre palabras de distinto origen y de entender la importancia de los cognados es fundamental.

En esta actividad también puede señalar a los estudiantes que la palabra *y* cambia a e si la siguiente palabra comienza por *i-* o *hi-* (excepto *hie-*).

Ejemplos: *Lee **e i**nvestiga, padre **e hi**jo, nieve **y hie**lo.*

Gramática en contexto

El pretérito indefinido
Los estudiantes ya han visto el pretérito indefinido para los verbos terminados en *-ar*. No obstante, este recuadro explica todas las formas también para los verbos terminados en *-er* e *-ir*. Conviene señalarles que no hay diferencia entre las conjugaciones de los verbos terminados en *-er* e *-ir*. Destaque también las semejanzas con los verbos terminados en *-ar*, y la diferencia entre la *-a-* utilizada en los verbos terminados en *-ar* y la *-i-* en los verbos terminados en *-er* e *-ir*.

3 Escribe e investiga

Este ejercicio tiene como objetivo que los estudiantes identifiquen las formas plurales de los verbos en pretérito indefinido que aparecen en el texto. La identificación de las formas verbales les ayudará a comprender las frases del texto.

Respuesta

tomamos – tomar

visitamos – visitar

compramos – comprar

pasamos – pasar

viajamos – viajar

pasaron – pasar

se bañaron – bañarse

escucharon – escuchar

intentaron – intentar

descansamos – descansar

 Cuadernos de ejercicios 6/7

Este ejercicio practica la conjugación en el pretérito indefinido de los verbos en terminados *-er* e *-ir*.

Respuesta

pronombres personales	**viv<u>ir</u>**	**beb<u>er</u>**	**com<u>er</u>**	**escrib<u>ir</u>**
yo	*viví*	*bebí*	*comí*	*escribí*
tú	viviste	bebiste	comiste	escribiste
él/ella/usted	vivió	bebió	comió	escribió
nosotros(as)	vivimos	bebimos	comimos	escribimos
vosotros(as)	vivisteis	bebisteis	comisteis	escribisteis
ellos(as)/ustedes	vivieron	bebieron	comieron	escribieron

 Cuaderno de ejercicios 6/8

Este ejercicio continúa con la práctica de la conjugación en el pretérito indefinido, añadiendo el elemento de traducción al idioma nativo de los estudiantes para consolidar su entendimiento.

Respuesta

Infinitivo	Pretérito indefinido
1 describir (usted)	describió
2 decidir (tú)	decidiste
3 romper (ellos)	rompieron
4 sorprender (yo)	sorprendí
5 cometer (ella)	cometió
6 recibir (nosotros)	recibimos
7 insistir (ellos)	insistieron
8 esconder (vosotros)	escondisteis
9 vender (él)	vendió
10 cumplir (yo)	cumplí

Cuaderno de ejercicios 6/9

Después de escribir un primer borrador de este texto, anime a los estudiantes a resaltar el texto de un compañero con un marcador amarillo para indicar dónde han incluido detalles o información adicional para contestar a las preguntas indicadas (*¿Dónde? / ¿Cómo? / ¿Qué? / ¿Con quién? / ¿Opiniones?*). Además, después de resaltar los textos, los estudiantes deben contar cuántas veces han incluido los elementos en la tabla y dar los puntos apropiados, por ejemplo, cinco adjetivos ganan cinco puntos (5 x 1).

Luego déjeles hacer cambios para mejorar sus textos, intentando incluir detalles para un mínimo de cuatro de las preguntas. Para el segundo borrador, los estudiantes deben intentar ganar el doble de los puntos que han obtenido con el primer borrador.

Para añadir más complejidad, anime a los estudiantes más capaces a incluir una variedad de formas, no solo *yo*, sino también *nosotros* e incluso *él/ella* para describir las acciones de otras personas.

Elemento gramatical	Puntos	Total
Adjetivo (*divertido, emocionante, frustrante*)	1	
Adverbio (*normalmente, tranquilamente*)	2	
Conector (*y, sin embargo, pero*)	3	
Infinitivo	3	
El pretérito indefinido	5	
El pretérito indefinido irregular (*ir, ser,* etc.)	10	

4 Lee

En este ejercicio los estudiantes aprenderán que también se puede adaptar el infinitivo para formar un sustantivo, una estrategia muy útil para ampliar su vocabulario.

Respuesta

visitar – la visita
comprar – la compra
practicar – la práctica
viajar – el viaje

5 Escribe

Es importante que los estudiantes aprendan cómo hacer un buen resumen, para poder identificar la información más importante de un texto y separar los detalles superfluos.

En esta actividad los estudiantes deben trabajar primero en parejas para justificar sus decisiones y para poder ayudarse a seleccionar la información más importante. Después, trabajando individualmente, habrá que recordarles que presten atención a la gramática, cambiando y conectando frases.

Antes de empezar la tercera parte de la actividad, deje que los estudiantes hablen durante un minuto, en español o en su idioma nativo, para sugerir las características esenciales de un resumen antes de compartirlas con la clase entera. (Puede consultar la tabla al final de este libro).

6 Lee y habla

Es importante aconsejar a los estudiantes que sean específicos con las recomendaciones para sus compañeros. Por ejemplo, el comentario *está muy bien* no servirá de mucha ayuda, mientras que *verifica las concordancias entre los sustantivos y los adjetivos* es un consejo concreto y útil.

Una vez que hayan aconsejado a su compañero, deberán utilizar los consejos recibidos para mejorar sus propios resúmenes.

7 Escucha

Los estudiantes deben escuchar con atención mientras Juanma habla de sus viajes con su amiga Esther. Este tipo de ejercicio aparece en el examen de comprensión auditiva, y es muy común que los estudiantes se confundan con *no se menciona*. Es importante que aprecien que, si no han oído algo sobre el detalle, probablemente es porque no se ha mencionado.

Antes de escuchar el dialogo, los estudiantes deben prepararse leyendo las cinco frases y pensando en el vocabulario que pueda surgir, incluyendo sinónimos y antónimos.

Audio

Esther: Juanma, ¿cómo estás? ¿Qué tal tus viajes?

Juanma: Bueno, visité unos lugares increíbles durante mis viajes. Primero, San José. No me gustó mucho. Me quedé con unos amigos, pero su barrio era muy ruidoso. Hablé mucho con mis amigos y nos lo pasamos muy bien, pero no tengo muchas ganas de volver a San José.

Esther: ¿Adónde viajaste después? ¿Qué tal el viaje?

Juanma: Me gusta mucho hacer surf. Así que viajé en autobús a Mal País, en la costa pacífica, al oeste del país. Dormí un poco y además descansé mucho durante el viaje, pero es un viaje largo. Hay que ir en autobús, luego en barco, y luego en autobús otra vez durante casi siete horas. Compré un libro antes del viaje, ¡menos mal! Pero bajé del autobús ya completamente agotado.

Esther: ¿Y qué destino te gustó más?

Juanma: Para mí, Monteverde. No hay mucho que hacer, aparte de explorar la Reserva Forestal, pero la reserva es preciosa y volví cada día. Pasé muchas horas en la reserva y saqué miles de fotos. Es un destino único e increíble.

Respuesta

1

	Verdadero	Falso	No se menciona
1 *Juanma desea volver a San José.*		✔	
2 A Juanma le gusta hacer alpinismo.			✔
3 El viaje a Mal País fue de cuatro horas en total.		✔	
4 Compró un libro para el viaje.	✔		
5 Le gustó mucho Monteverde.	✔		
6 Sacó más o menos cien fotos.		✔	
7 Esther habla de manera muy formal.		✔	
8 Dos amigos hablan de unas vacaciones recientes.	✔		

2 1 Juanma no tiene muchas ganas de volver a San José.

3 El viaje a Mal País fue de casi siete horas.

6 Sacó miles de fotos.

7 Esther habla de manera informal (usando la segunda persona –tú– para preguntar y expresiones como *¿qué tal…?*).

8 Habla

Los estudiantes deben turnarse interpretando a Juanma. Anímelos a que inventen detalles adicionales del viaje para hablar con su compañero.

La mayoría de los estudiantes necesitarán unos minutos para preparar la actividad antes de empezar a hablar. Los estudiantes con un mayor nivel de español pueden aprovechar este tiempo para añadir detalles a la descripción básica que hace Juanma.

Tras hablar con un compañero, los estudiantes deben cambiar de pareja y también de papel para que todos se acostumbren a preguntar y también a contestar.

Repaso

Una visita fenomenal

1 Escribe

Los estudiantes deben intentar utilizar *me gustaría* + infinitivo para expresar sus propias opiniones y justificarlas. Después de escribir sus descripciones es importante crear oportunidades para que los estudiantes puedan aconsejarse los unos a los otros para luego mejorar su trabajo.

Los estudiantes con un mejor nivel de español pueden intentar incluir más detalles, por ejemplo actividades que se puedan hacer allí, el clima e, incluso, detalles de una visita imaginaria en el pasado.

Cuaderno de ejercicios 6/10

Los estudiantes necesitarán reflexionar sobre las opciones posibles para rellenar los espacios. Por ejemplo, *sobre todo* provocará el uso de *me encantaría* en vez de *me gustaría* y *Quiero* necesitará empezar una frase, dado el uso de la *q* mayúscula.

Respuesta

Hay muchos lugares que [1] **me gustaría** visitar en el futuro. Sin embargo, el país adonde más me gustaría [2] **ir** es México. [3] **Quiero** celebrar El Día de los Muertos en la Ciudad de México. Generalmente [4] **no me gusta** ir a muchas fiestas o festivales porque [5] **soy** bastante nervioso y tímido, pero sobre todo [6] **me encantaría** ver todos los colores, aunque no me gustaría [7] **bailar** porque prefiero [8] **hablar** con la gente y [9] **comer** la comida deliciosa.

2 Escribe

Esta actividad está basada en ejercicios que forman parte de los exámenes escritos y tiene como objetivo comenzar a demostrar a los estudiantes cómo hacer este tipo de prueba.

Antes de que empiecen a escribir sus propios textos, puede ser útil analizar el ejemplo en grupo, o en parejas, para reflexionar sobre cómo lo podrían mejorar. Lo importante es que los estudiantes estructuren y desarrollen sus frases y que incluyan gran variedad de verbos. Deben sugerir unos formatos posibles y apreciar el objetivo del ejercicio. Necesitará ser un texto informal con lenguaje emotivo para ilustrar sus opiniones y para inspirar al lector. Convendrá usar un medio de comunicación de masas como un blog, un artículo o un folleto.

Después de escribir su primer borrador, los estudiantes deben intercambiarlo con un compañero, para dar consejos sobre cómo mejorar su texto y también para generar ideas que puedan añadir a sus textos.

Punto de reflexión

Los estudiantes pueden trabajar en parejas o en grupos de tres para crear un mapa conceptual ilustrando lo que quieren cuando van de vacaciones (para incluir actividades posibles) y los beneficios y desventajas de cada opción. Puede resultar interesante e informativo añadir (con otro color) al mismo mapa conceptual los deseos de sus padres e incluso, usando un tercer color, sus ideas para cuando tengan diecinueve años, es decir, cuando ya no estén en el instituto.

7 De viaje

Área temática	Compartimos el planeta Ingenio humano Experiencias
Tema	Medioambiente Transporte Vacaciones y turismo
Aspectos	Cuestiones medioambientales Direcciones Medios de transporte Viajes Actividades Alojamiento
Gramática	Futuro inmediato: *ir a* Conjunciones Imperativo Pretérito indefinido (verbos irregulares) Expresiones temporales
Tipos de texto	**Textos personales** Correo electrónico Diario Tarjeta postal **Textos profesionales** Folleto **Textos de medios de comunicación de masas** Itinerario Anuncio Artículo
Punto de reflexión	¿Qué tipo de viajero eres tú?
Rincón IB	**Teoría del Conocimiento** • ¿Cómo puede influir la protección medioambiental de un lugar en los viajes y en las vacaciones? **Creatividad, Actividad y Servicio** • Elabora una ruta en bici y a pie durante las vacaciones en un país de habla hispana. **Para investigar** • La cultura de "las vacaciones". **Oral individual** • Describir fotos representando diferentes destinos turísticos en el mundo hispano. (Describir las imágenes durante 1-2 minutos y contestar a preguntas sobre ellas). • Conversación general sobre los planes que tienes para las próximas vacaciones, el próximo año, etc. y lo que hiciste el fin de semana pasado.

Esta unidad tiene como objetivo explorar los temas de medioambiente, transporte y vacaciones. Repasa los rasgos de la naturaleza que ya se vieron en la unidad 6 y amplía los conceptos de medios de transporte y orientación de la unidad 5. Desarrolla la capacidad de los estudiantes para describir y organizar itinerarios, planificar viajes y describir las experiencias acumuladas durante los mismos. Las actividades de la unidad están diseñadas para ayudar a los estudiantes a reflexionar sobre la riqueza cultural del mundo hispanohablante y sobre los beneficios personales que se obtienen al visitar otras comunidades y lugares diferentes al propio, además de reflexionar sobre el turismo responsable debido al impacto medioambiental que nuestras acciones pueden tener en el medioambiente y en las costumbres, y en el patrimonio cultural de los pueblos.

1 Para empezar

Este ejercicio tiene como objetivo mostrar a los estudiantes desde el primer momento de qué trata la unidad, y que ellos deduzcan los temas que aparecerán. Esto se hace a manera de diálogo, para fomentar la participación y la concentración de los estudiantes.

Se espera que haya múltiples y variadas respuestas para las preguntas. Asegúrese de que los estudiantes utilizan correctamente la concordancia de los adjetivos. También observe el buen uso del vocabulario aprendido en unidades anteriores sobre la ropa, la edad, los gustos, etc. Con la imagen que abre la unidad, inicie una conversación en el grupo con las preguntas *¿Te identificas con la persona de la foto? ¿Qué tipo de viajero eres tú?* Los estudiantes empezarán a plantearse aspectos que se van a tratar en la unidad como, por ejemplo, formas de viajar, lugares, etc.

2 Habla

Esta actividad da a los estudiantes la oportunidad de utilizar de forma activa en una conversación real los conceptos y el vocabulario aprendidos en unidades anteriores. Igualmente, la actividad prepara a los estudiantes para los aspectos de gramática que se verán en esta unidad.

A. *Jorge y su amiga Elena hablan sobre sus planes para las vacaciones*

1 Investiga y habla

Este ejercicio, estructurado en varios pasos, tiene como objetivos lingüísticos la práctica y la distinción de uso entre *ser* y *estar* y la concordancia de los artículos. En un primer lugar los estudiantes conversan con sus compañeros convirtiendo los nombres de los lugares en frases completas. Recuerde a los estudiantes que presten atención al género y al número del nombre, para poder elegir correctamente la forma del verbo *ser* y del artículo. Después los estudiantes tienen que buscar (en Internet o en una enciclopedia) los lugares para poder expresar dónde están esas maravillas naturales.

Respuesta

1 1 *La foto 1 es la isla del Coco.*
  2 La foto 2 son las islas Galápagos.
  3 La foto 3 es la selva amazónica.
  4 La foto 4 son las Torres del Paine.
  5 La foto 5 es el desierto de Atacama.
  6 La foto 6 son las cataratas del Iguazú.
  7 La foto 7 es el salar de Uyuni.
  8 La foto 8 es el salto del Ángel.

2 1 *La isla del Coco está en Costa Rica.*
  2 Las islas Galápagos están en Ecuador.
  3 La selva amazónica está en Brasil, Perú, Colombia, Bolivia y Ecuador.
  4 Las Torres del Paine están en Chile.
  5 El desierto de Atacama está en Chile.
  6 Las cataratas del Iguazú están en Argentina y Brasil.
  7 El salar de Uyuni está en Bolivia.
  8 El salto del Ángel está en Venezuela.

2 Lee y escribe

Este ejercicio de nuevo tiene varios pasos para que los estudiantes continúen utilizando el lenguaje y la información que se les presenta. Primero tienen que emparejar las fotos con las razones por las que esos lugares son maravillas naturales. Deberán analizar la razón dada y emparejarla con los lugares de acuerdo con la información que obtuvieron en el ejercicio anterior cuando investigaron los lugares. Después tienen que expresar por escrito las razones escribiendo frases completas. De nuevo tienen que prestar atención a la concordancia. Indíqueles la palabra *porque* que aparece en el ejemplo como modelo de cómo explicar las razones. Preséntenles la distinción entre el interrogativo *¿por qué?,* que introduce frases interrogativas, y la conjunción causal *porque*.

Respuesta

1 1 **A**, 2 **C**, 3 **B**, 4 **E**, 5 **F**, 6 **G**, 7 **H**, 8 **D**

2 **A** *La isla del Coco es una maravilla natural porque tiene el 16% de la biodiversidad del país.*
  B La selva amazónica es una maravilla natural porque es el bosque tropical más extenso y diverso del mundo.
  C Las islas Galápagos son una maravilla natural porque su fauna y flora son únicas.
  D El salto del Ángel es una maravilla natural porque es el salto de agua más alto del mundo.
  E Las Torres del Paine son una maravilla natural por sus montañas naturales de granito con hielo glacial.
  F El desierto de Atacama es una maravilla natural porque es el desierto más árido del planeta.
  G Las cataratas del Iguazú son una maravilla natural porque tienen 275 saltos de agua impresionantes.
  H El salar de Uyuni es una maravilla natural porque es el mayor desierto de sal del mundo.

3 Habla

Presente este ejercicio de expresión oral como un ejercicio de sondeo de opinión. Por una parte, los estudiantes tienen la oportunidad de expresar sus opiniones respecto al tema y, por otra, se convierte en una actividad para toda la clase. Puede proponer la presentación de resultados de forma gráfica. También se puede convertir en un miniproyecto de investigación fuera de clase.

Actividad complementaria

Puede escribir la siguiente pregunta en la pizarra: *¿Cómo puede influir la protección medioambiental de un lugar en los viajes y en las vacaciones?*

Para empezar, anime a los estudiantes a crear una lista de lugares visitados por muchos turistas, identificando los problemas medioambientales que pueden sufrir. Después, pídales que sugieran medidas para proteger y combatir los problemas medioambientales destacados. Finalmente, pídales que decidan qué medidas son las más eficaces para proteger el medioambiente en los lugares vacacionales.

4 Escucha

Pida a los estudiantes que lean primero las seis frases con la información que deberán corroborar cuando escuchen la conversación entre Jorge y Elena. Después de escuchar el diálogo una vez, deles tiempo para comparar sus respuestas con las de los compañeros. Presente el audio una o dos veces más para que puedan confirmar sus respuestas.

Respuesta

	Jorge	Elena
1 *Va a ir de vacaciones.*	✔	✔
2 Tiene familia en Colombia.	✔	
3 Va a viajar con dos amigas.		✔
4 No va a ir a las islas Canarias.	✔	
5 Va a viajar en avión.	✔	✔
6 Va a viajar en barco.		

Audio

Elena: ¿Qué tal, Jorge, qué vas a hacer en las vacaciones?

Jorge: Voy a visitar a mi familia y a mis amigos en Colombia, ¿y tú?

Elena: Yo voy a viajar con mis padres y dos amigas a las islas Canarias. ¿Y tú cómo vas a ir a Colombia?

Jorge: Vamos a ir en avión. Es un vuelo directo, pero muy largo de Madrid a Bogotá.

Elena: Nosotros también vamos a ir en avión porque es más rápido que el barco o el *ferri*. Vamos a volar a la isla de Gran Canaria.

Jorge: ¡Qué bueno! ¡Felices vacaciones! ¡Adiós!

Elena: ¡Gracias, igualmente! ¡Adiós!

5 Escribe

Este ejercicio amplía el vocabulario de medios de transporte que ya se introdujo en la unidad 5.

Los estudiantes deben escribir los nombres de los medios de transporte en las categorías correspondientes. La categorización de palabras es una actividad que hace pensar al estudiante y le da la oportunidad de familiarizarse más con el vocabulario que está aprendiendo y favorecer el proceso de memorización. El segundo paso del ejercicio refuerza el aprendizaje de vocabulario y lo amplia, añadiendo adjetivos que suelen aparecer asociados con cada medio de transporte.

Respuesta

Transporte terrestre	Transporte aéreo	Transporte marítimo
el coche	el avión	el barco
el autobús	el funicular	
el tren		
el metro		
la bicicleta		
la moto		
el taxi		

6 Investiga

El objetivo de este ejercicio es principalmente cultural. Se trata de introducir el concepto de la variabilidad de la lengua española en el mundo hispanohablante. Los estudiantes necesitarán buscar en Internet preguntas tales como *¿Cómo se dice* autobús *en Argentina?*

Indique a los estudiantes que, pese a la variabilidad, los habitantes de diferentes partes del mundo hispanohablante son capaces de entender todas esas variedades, lo cual indica la gran riqueza cultural del mundo hispanohablante y también su amplia cohesión. Otro ejemplo que puede dar a los estudiantes es la palabra *coche*: se dice *carro* en casi toda Latinoamérica, en Argentina se dice *coche* y *auto* y, en España, se dice *coche*.

Respuesta

Argentina	*el colectivo*
Chile	la micro
Perú	el ómnibus
Cuba	la guagua
México	el camión
Colombia	el bus

 Cuaderno de ejercicios 7/1

El objetivo de este ejercicio es repasar el vocabulario referente a los medios de transporte para consolidar la ortografía.

Respuesta

1 CHECO *coche*
2 LLABOCA caballo
3 TORME metro
4 PHIELTROECÓ helicóptero
5 IVANÓ avión
6 IXTA taxi
7 ÚSBTOUA autobús
8 RENT tren
9 UFRACILUN funicular
10 BROCA barco
11 CICALTIBE bicicleta
12 TOMO moto

7 Lee y escribe

Invite a los estudiantes a sugerir qué tipo de texto van a leer (folleto), debata en clase la intención con la que se ha escrito el folleto (promocionar actividades turísticas) y cómo esa intención determina el vocabulario y las estructuras que aparecen en el texto (lenguaje informal, vocabulario emotivo, información breve). Asegúrese de que los estudiantes han entendido bien el contenido del folleto mediante preguntas para toda la clase y explicaciones.

Después los estudiantes van a preparar una excursión de su elección para un folleto turístico que deberá tener unas 70 palabras e incluir una foto. Pueden trabajar en parejas o grupos pequeños. Primero tendrán que decidir el lugar turístico al que se va a referir el folleto y el tipo de excursión que van a diseñar. Una vez compuestos los folletos, los pueden presentar al resto de la clase y cada estudiante vota por la excursión a la que querrían ir para así decidir qué folleto fue el que tuvo más éxito.

Respuesta

- Nombre de la excursión: Tenerife en bicicleta
- Dónde empieza el recorrido: el Parque Nacional del Teide
- Dónde termina el recorrido: el borde del mar
- Por qué lugares se pasa: volcán, bosque, pueblo y desierto
- Qué transporte se usa: el autobús y la bicicleta
- Dónde se come: en un restaurante típico

B. *Preparando el viaje a Medellín*

1 Escucha

Este ejercicio de comprensión auditiva ayuda al estudiante a discriminar la información que escucha. Para prepararse para la primera audición, pídales que lean primero la información en la tabla.

Audio

Jorge: Ya casi tengo todo listo.
Madre: ¿El regalo para tu abuela está en la maleta?
Jorge: No, lo llevo en mi mochila.
Madre: Recuerda que vamos al aeropuerto en autobús, a las nueve menos cuarto de la mañana. ¿Vas a desayunar en casa?
Jorge: No, voy a comprar algo en el aeropuerto.
Madre: Vale, yo también voy a desayunar en el aeropuerto.
Jorge: ¿Y cómo voy a casa de la abuela?
Madre: Tu tía María, mi hermana mayor, te va a llevar en su coche.
Jorge: ¡Estupendo!

Respuesta

	Verdadero	Falso	No se menciona
1 *Jorge pone el regalo para su abuela en la maleta.*		✔	
2 Jorge lleva el regalo en su mochila.	✔		
3 Jorge y su madre van a ir al aeropuerto en taxi.		✔	
4 El viaje a Medellín es muy largo.			✔
5 Jorge va a comprar algo en el aeropuerto para desayunar.	✔		
6 La tía de Jorge va a llevarle en su coche.	✔		

2 Escribe

Este ejercicio tiene como objetivo practicar el uso del futuro inmediato con verbos reflexivos. Esta es una combinación muy frecuente en el idioma español. Haga notar a los estudiantes que el pronombre reflexivo puede ir al principio de la frase o como sufijo del verbo. Ambas variaciones son correctas y el significado de la frase es el mismo.

Respuesta

1	*Me voy a acostar temprano esta noche.*	*Voy a acostarme temprano esta noche.*
2	Me voy a despertar a las 7:00.	Voy a despertarme a las 7:00.
3	Me voy a duchar antes de las 7:30.	Voy a ducharme antes de las 7:30.
4	Me voy a vestir con ropa ligera.	Voy a vestirme con ropa ligera.
5	Me voy a despedir de mis padres.	Voy a despedirme de mis padres.
6	Me voy a ir para el aeropuerto a las 8:45.	Voy a irme para el aeropuerto a las 8:45.

Cuaderno de ejercicios 7/2

El objetivo de este ejercicio es desarrollar la capacidad de los estudiantes de escribir frases a partir de una serie de elementos dados basándose en los conocimientos adquiridos.

Respuesta

1 *El mes que viene Jorge va a ir de vacaciones a Medellín en avión.*
2 Los padres de Jorge no van a ir a Medellín con él.
3 Jorge y yo no vamos a ir a pie al Museo de Antioquia porque está muy lejos.
4 ¿Vosotros vais a ir en autobús a la casa del tío Álvaro el fin de semana?
5 ¿El vuelo de Jorge va a llegar tarde esta noche a Medellín?
6 El taxi va a llegar a tiempo a la estación de tren.
7 ¿Ustedes van a montar en bicicleta con Jorge esta tarde?

3 Escribe

Invite a los estudiantes a continuar la escritura del diario con el fin de practicar el futuro inmediato.

Respuesta

1 *Ignacio y yo vamos a montar una hora en bicicleta dos veces por semana.*
2 Voy a invitar a mis abuelos a un restaurante de comida peruana.
3 Mis abuelos y yo vamos a ir en metro a la estación Aguacatala para ir al restaurante.
4 Voy a pedir ceviche, un plato de pescado típico de Perú. Me gusta mucho.
5 Mi tía Rosa va a hacer una fiesta en su casa para celebrar mi cumpleaños.
6 Voy a invitar a la fiesta a todos mis amigos.
7 Las vacaciones en Colombia van a ser inolvidables.

C. *En Medellín, Jorge va a una exposición sobre las balsas de totora de los uros*

1 Lee y comprende

Comience la aproximación al texto con las siguientes preguntas: *¿Dónde se puede encontrar este tipo de texto? ¿Se podría dar la misma información en otro tipo de texto?* El objetivo es que los estudiantes se fijen en las características de un texto informativo y de su audiencia.

Inicie la lectura describiendo la imagen y usando el título. El objetivo de este ejercicio de elección múltiple es darle al estudiante la oportunidad de practicar la lectura con el fin de poder obtener información específica del texto. Al hacer este tipo de actividad, el estudiante también empieza a familiarizarse con uno de los formatos de preguntas de los exámenes del IB.

Respuesta

1 **B** Los uros son un pueblo indígena de Perú y Bolivia.
2 **A** Las balsas de totora son un medio de transporte por el agua.
3 **A** La totora es una planta del lago Titicaca.

2 Escribe

Esta actividad tiene dos objetivos: primero, que los estudiantes se den cuenta de la cantidad de información que pueden obtener de una imagen y, segundo, que afiancen a través del estímulo visual la comprensión del vocabulario específico del texto.

Este tipo de ejercicio sirve para comenzar a desarrollar las destrezas de los estudiantes para describir un estímulo visual, que es un componente importante de la prueba interna del idioma del IB.

Respuesta

1
1	*islas flotantes*	5	totora / planta acuática
2	el lago	6	las riberas del lago
3	los uros	7	casas
4	unas balsas		

Respuesta posible

2
1 En la foto hay una isla flotante. Hay una mujer en la isla con ropa de colores vivos.
2 La foto muestra el lago Titicaca. Es un lago muy hermoso, muy azul y con montañas al fondo.
3 El paisaje de la foto es muy especial. Hay casas y balsas de totora.
4 La foto es muy interesante porque muestra un estilo de vida completamente diferente al mío.

3 Imagina

Este ejercicio presenta a los estudiantes oportunidades para que puedan utilizar y trabajar más ampliamente el vocabulario y los conceptos gramaticales, aprendidos hasta ahora de una forma amena y personal.

Al organizar un viaje con su instituto al lago Titicaca y elaborar un póster para anunciarlo, los estudiantes tendrán que colaborar y seleccionar la información que van a incluir y justificar su elección.

El ejercicio se puede organizar en parejas o grupos pequeños. Se podría organizar una exposición en clase con todos los pósteres producidos por los estudiantes.

Actividad complementaria 7.1

Esta actividad adicional refuerza la comprensión del texto de la página 83.

Respuesta

1	habita	5	riberas
2	moverse	6	fabrican
3	utilizan	7	casas
4	balsas		

D. *Jorge pide indicaciones para moverse por Medellín: ¿Cómo llego a…?*

1 Lee

Este ejercicio introduce las formas del imperativo en la forma afirmativa de *tú* a través de una serie de indicaciones de cómo llegar a un sitio. A estas alturas del curso sus estudiantes ya deben estar bastante acostumbrados a usar el diccionario o el vocabulario en Internet. Por lo tanto, ahora son ellos quienes deben tomar la iniciativa y utilizar sus propios recursos para llevar a cabo esta actividad de manera independiente.

Respuesta

1 **C** sube
2 **F** gira / dobla
3 **G** todo recto / derecho
4 **A** *a la derecha*
5 **E** cruza
6 **H** baja
7 **D** sigue / continúa
8 **B** a la izquierda

2 Escucha

Esta actividad tiene como objetivo que el estudiante adquiera el vocabulario y las destrezas para ser capaz de indicarle a alguien cómo llegar a un sitio que no conoce. Tenga en cuenta que los estudiantes escucharán por primera vez la expresión *al salir de*. Explíqueles brevemente que *al* + verbo en infinitivo indica el momento en que se ejecuta la acción del infinitivo.

Ejemplos

al llegar > cuando uno llega

al cerrar la puerta > cuando uno cierra la puerta

al entrar > cuando uno entra

No se da una respuesta precisa pues es solo una actividad de escuchar y observar. Indique a los estudiantes que presten particular atención a los imperativos. También anímelos a buscar en el diccionario algunas palabras que ellos a lo mejor no conocen, como *cerca* y *luego*.

Audio

Jorge: Hola, disculpe, ¿dónde está la estación de metro San Antonio?

Chica: Está muy cerca. Al salir del hotel, gire a la izquierda, cruce la calle Toledo y pase la oficina de correos que está a su derecha. Luego, gire a la izquierda en la calle San Sebastián y ahí está la estación de metro San Antonio, a su izquierda.

Jorge: ¡Muchas gracias! ¡Adiós!

3 Habla y comprende

1 Este ejercicio brinda a los estudiantes la oportunidad de utilizar vocabulario aprendido de forma interactiva y dentro de una cierta flexibilidad, ya que cada estudiante describe su propia ruta.

Una buena alternativa para trabajar en parejas es que el estudiante A elija un destino y un punto de partida. El estudiante B solo puede saber el punto de partida y seguir las indicaciones del estudiante A. El estudiante B debe tratar de adivinar hacia dónde se dirige antes de que las indicaciones se lo digan.

La actividad se puede ampliar utilizando las diferentes partes del colegio, o calles de la ciudad donde está el colegio. Por ejemplo, el estudiante A da indicaciones al estudiante B para ir desde el aula a la cafetería, o desde la cafetería a la biblioteca, etc.

2 Puede invitar a los estudiantes a que trabajen en parejas y hablen sobre sus experiencias guiados por las preguntas. Puede sugerirles el siguiente procedimiento:

1. Cuando llegas a un lugar nuevo, ¿cómo te orientas? ¿Qué recursos puedes usar? Con un compañero, haz una lista de medios para orientarse, por ejemplo, para ir a la oficina de turismo.
2. Haced un mapa conceptual de señales que se pueden encontrar en distintos lugares (por ejemplo, en el aeropuerto, en el centro de una ciudad, en la entrada de un centro comercial, en un museo, etc.). Dad el mayor número de detalles posibles sobre cómo son esas señales.
3. Mirad las señales que habéis indicado en el mapa conceptual y pensad en si son muy diferentes o parecidas y las razones.

   Los resultados de esta actividad pueden ponerse en común con el resto de la clase.

Cuaderno de ejercicios 7/3

El objetivo de este ejercicio es practicar los imperativos informales en sus dos formas: afirmativa y negativa. Es conveniente que los estudiantes lean los diálogos primero, intenten comprender el significado de las frases e incluso intenten adivinar las formas verbales que faltan.

Respuesta

Conversación 1
1 *tomes*
2 No cruces
3 Cruza
4 pasa

Conversación 2
5 No sigas
6 no dobles
7 Continúa

Conversación 3
8 No subas
9 sube
10 No gires
11 gira
12 no bajes
13 Baja

Cuaderno de ejercicios 7/4

Este ejercicio tiene como objetivo hacer que el estudiante deduzca las formas del imperativo que faltan en la tabla. Usted puede ampliar esta actividad adaptándola a contextos de unidades anteriores: las compras, la ayuda en casa, etc.

Ejemplos

Comprar: compra sal / no compres sal
Sacar: saca la basura / no saques la basura

Respuesta

Infinitivo	Forma afirmativa	Forma negativa
tomar	*toma*	no tomes
coger	*coge*	no cojas
continuar	continúa	*no continúes*
pasar	pasa	*no pases*

4 Escribe

El objetivo de este ejercicio es consolidar la práctica de los imperativos y direcciones aprendidos, utilizándolos por escrito más de una vez en una ruta que debe ser lógica y posible de seguir.

Las respuestas variarán según la ruta elegida por el estudiante. Usted puede indicarles que pasen su ruta a su compañero para comprobar que la ruta sea correcta gramaticalmente y que sea lógica, que se pueda hacer.

E. *Jorge busca alojamiento para unos amigos en Medellín*

1 Lee y escribe

Inicie esta actividad preguntando a sus estudiantes qué tipo de alojamientos conocen. Después puede pedirles que miren las fotos y que se fijen en la leyenda, para después leer el anuncio completo.

Respuesta

1 *Jardín* – ***B, D***
Piscina – **B**
Aire acondicionado – **B, C**
Bar – **A**
Baño privado – **A**
Televisión – **B, C**
Internet – **B, C**

2 Los Estudios Laureles

3 El Hostal Lima

2 Escucha y escribe

Antes de escuchar el diálogo, puede debatir con los estudiantes las diferencias
que pueden existir entre los distintos tipos de alojamiento.

Audio

Jorge: *Hostalinfo.com* tiene muchas ofertas de alojamiento. Estas cuatro están bien, ¿verdad?

Juana: A ver, Hostal Lima no está mal. Está en el centro y muy cerca de todo, de la universidad y del aeropuerto. Este está bien, ¿no?

Joaquín: Sí, y también tiene servicio de restaurante. Es barato, bastante moderno, pero yo prefiero estar más cerca de la naturaleza, cerca de algún parque. Es más tranquilo.

Jorge: Entonces, el Albergue Juvenil, no está muy lejos del Parque Arví.

Juana: Pero entonces no estamos cerca de las tiendas, de los cines y de los restaurantes. ¿Y los Estudios Laureles, con piscina y wifi por el mismo precio? Los estudios están en el centro, cerca de todo: del centro comercial y con autobuses.

Joaquín: Bueno, si quieres estar en el centro, el Hotel San Ignacio está cerca de la estación de metro y tiene wifi también. Es más caro, pero es muy céntrico y bonito.

Jorge: El Hotel San Ignacio es caro, creo que los estudios son la mejor opción.

Juana: Yo también, ¿queréis que llame por teléfono y reserve?

Joaquín: Sí, claro.

Respuesta

1 Hostal Lima, Albergue Juvenil, los Estudios Laureles y el Hotel San Ignacio.

2 El Hostal Lima está en el centro y tiene servicio de restaurante. Es barato y moderno.

El Albergue Juvenil está cerca del Parque Arví y es tranquilo, pero está lejos de las tiendas, cines y restaurantes.

Los Estudios Laureles tienen piscina y wifi, y están en el centro.

El Hotel San Ignacio es céntrico, muy bonito y tiene Wi-Fi. Está cerca del metro, pero es caro.

3 Eligen los Estudios Laureles porque están en el centro y son más baratos que el Hotel San Ignacio.

3 Habla

Ahora los estudiantes pueden practicar el vocabulario y estructuras que han escuchado y trabajado en esta página. Deciden en parejas qué alojamiento es más apropiado para cada grupo de viajeros y tienen que justificar sus respuestas. De acuerdo con sus justificaciones puede que lleguen a conclusiones distintas.

Respuesta posible

1 Hostal Lima, porque está adaptado para sillas de ruedas.

2 Hostal Lima, porque tiene habitaciones familiares.

3 Estudios Laureles, porque están cerca del centro y no son caros.

F. *Así fueron los primeros días de Jorge en Medellín*

1 Lee y escribe

La lectura del texto de este ejercicio tiene dos objetivos: fijarse en el uso de marcadores temporales que organizan el discurso cronológicamente e introducir el pretérito indefinido.

Respuesta

1 1 ***B***, 2 **F**, 3 **E**, 4 **A**, 5 **C**, 6 **G**, 7 **D**

2
1. *Jorge llegó a Medellín el jueves pasado.*
2. Anteayer Jorge almorzó con sus abuelos.
3. Después de almorzar, Jorge fue al Museo de Botero (con sus abuelos).
4. Le gustó mucho (la exposición de los uros).
5. Entró a la tienda y compró un póster.
6. Su tío le va a llevar a Guatapé, una ciudad muy pintoresca cerca de Medellín.

3

el jueves pasado	*llegué*
después	fuimos
antes de	salir, entré... y compré
el martes	me llamó
anteayer	me invitaron
luego, por la tarde	fuimos
mañana	voy a ver a...

2 Escribe y habla

Este ejercicio semicontrolado ofrece a los estudiantes la oportunidad de usar los marcadores temporales y los verbos en pretérito indefinido que vieron en el ejercicio anterior.

 Cuaderno de ejercicios 7/5

Este ejercicio es un reto para los estudiantes. Sin embargo, si ya saben bien los adverbios temporales que se pueden utilizar con el pretérito indefinido, la tarea se les hará mucho más fácil. El objetivo es que con el uso de dichos adverbios, ya dentro de un contexto, el estudiante pueda practicar y demostrar su destreza para organizar una historia en el orden cronológico correcto. Una manera clara de explicar a los estudiantes la cronología es mediante el uso de líneas del tiempo. Observe la línea de tiempo correspondiente al ejercicio en caso de necesitar utilizarla.

Los cuatro primeros días	Un día	Dos días después	El último día	La semana pasada	Ayer	Antenoche	Hoy (saludo, Jorge escribe el correo)

[← Dos semanas en Colombia →] [← Regreso a casa →]

Respuesta

Hola, Elena:

¿Qué tal estás?

Antenoche te llamé, pero no quise dejar un mensaje. Bueno, ¿cuándo nos vemos?

Ayer fui al gimnasio en bici. Hay una estación de BiciMAD al lado de mi casa y justo delante del gimnasio hay otra. Regresé de Colombia la semana pasada. Estuve ahí dos semanas. Los primeros cuatro días en Medellín estuve con mis abuelos, mi tío Álvaro, mis primos y mis amigos Cecilia e Ignacio. Un día invité a mis abuelos a un restaurante peruano. ¡Comimos de maravilla! Dos días después fui a una exposición sobre los uros de Bolivia. ¡Superinteresante! El último día estuve con Cecilia en el Parque Arví. Fuimos en el metrocable.

Un abrazo.

Jorge

 ***Actividad complementaria 7.2***

Esta actividad adicional refuerza la comprensión del correo electrónico de la página 86.

Respuesta

1, 5, 6

G. *Jorge les cuenta a sus amigos de Medellín lo que hizo en vacaciones el año pasado*

1 Escribe

Este ejercicio tiene como objetivo la práctica de autocorrección de las tareas de expresión escrita, en concreto la corrección de los pretéritos indefinidos irregulares que se presentan en la tabla de gramática. Es importante que los estudiantes se fijen en las distintas personas (sujeto) para conjugar los verbos. Si fuera necesario, podría hacer en clase un ejercicio de conjugación de todas las formas antes de comenzar el ejercicio.

Respuesta

El año pasado [1] ***fui*** a Perú con mis padres. En Lima [2] **vimos** el Museo Larco. Es muy interesante con objetos del antiguo Perú. Mis padres compraron las entradas y también [3] **dieron** una donación al museo. Después de 4 días en Lima [4] **fuimos** a Cusco y [5] **vimos** un poco la ciudad y la plaza de Armas. Al día siguiente [6] **fuimos** en tren a Machu Picchu. [7] **Vimos** Los Andes desde el tren. ¡Son unas montañas impresionantes! Yo aprendí muchísimo. Machu Picchu [8] **fue** una ciudad del Imperio inca. El Imperio inca [9] **fue** muy importante y [10] **dio** ejemplo de una gran arquitectura.

2 Escribe

Los estudiantes, en su mayoría, distinguen bien el verbo *ser* del verbo *ir*. Este ejercicio es una breve práctica para confirmar que entienden la diferencia entre ambos verbos. También se pretende motivarlos a utilizar el pretérito indefinido compartido por ambos verbos. Igualmente se aprovecha este ejercicio para practicar algunos adverbios temporales dentro del contexto.

Respuesta

1. Machu Picchu ***fue*** una ciudad muy importante. (ser)
2. Jorge **fue** muy amable con sus abuelos en las vacaciones. (ser)
3. Jorge y sus padres **fueron** al Chocomuseo en Lima. (ir)
4. ¿Tú **fuiste** a la exposición en el Museo de Botero? (ir)
5. Jorge aprendió que la civilización inca **fue** muy importante. (ser)
6. ¿Sabes si Jorge **fue** a casa de su tío Álvaro? (ir)

3 Escucha y escribe

Este ejercicio tiene como objetivo mostrar al estudiante, en un contexto concreto, tres puntos importantes aprendidos en unidades anteriores y en esta unidad:

- Pretérito indefinido de los verbos regulares (unidad 6)

- Pretérito indefinido de los verbos *ser*, *ir*, *ver*, *dar* (unidad 7)
- Expresiones temporales (unidades 6 y 7)

Tenga en cuenta que las actividades auditivas son un reto para muchos estudiantes. Es importante que puedan tener la oportunidad de escuchar el texto más de una vez no solo para comprobar sus respuestas, sino para reforzar su comprensión auditiva.

Si usted desea afianzar más estos puntos, puede pedir a los estudiantes que busquen en la conversación todos los verbos regulares que aparecen en el pretérito indefinido y todos los adverbios temporales.

Respuesta

Silvia: Hola, Laura, ¿qué tal las vacaciones? ¿Adónde [1] *fuiste*?

Laura: ¡Hola, Silvia! Mis padres y yo [2] **fuimos** a finales de junio pasado al Caribe. ¡Nos gustó mucho! Comimos pescado y tostones, que son plátanos fritos, ¡deliciosos! Además, en todos los hoteles nos [3] **dieron** muchas frutas tropicales todos los días. ¿Y tú, adónde [4] **fuiste**?

Silvia: Yo [5] **fui** a Cartagena y a Medellín, en Colombia. ¡Me encantaron las dos ciudades! [6] **Fui** a Cartagena cinco días, y una semana a Medellín con unos amigos. Allí conocí a Jorge, un chico muy amable. Al regreso [7] **vi** la bahía de Cartagena desde el avión. ¿A qué parte del Caribe [8] **fuiste** tú?

Laura: [9] **Fuimos** a la República Dominicana. Estuvimos allí cinco días y luego [10] **fuimos** en barco de Santo Domingo a Mayagüez en Puerto Rico. [11] ¡**Fueron** las mejores vacaciones de mi vida!

Audio

Silvia: Hola, Laura, ¿qué tal las vacaciones? ¿Adónde fuiste?

Laura: ¡Hola, Silvia! Mis padres y yo fuimos a finales de junio pasado al Caribe. ¡Nos gustó mucho! Comimos pescado y tostones, que son plátanos fritos, ¡deliciosos! Además, en todos los hoteles nos dieron muchas frutas tropicales todos los días. ¿Y tú, adónde fuiste?

Silvia: Yo fui a Cartagena y a Medellín, en Colombia. ¡Me encantaron las dos ciudades! Fui a Cartagena cinco días, y una semana a Medellín con unos amigos. Allí conocí a Jorge, un chico muy amable. F Al regreso vi la bahía de Cartagena desde el avión ¿A qué parte del Caribe fuiste tú?

Laura: Fuimos a la República Dominicana. Estuvimos allí cinco días y luego fuimos en barco de Santo Domingo a Mayagüez en Puerto Rico. ¡Fueron las mejores vacaciones de mi vida!

4 Habla

Esta actividad tiene como objetivo darle al estudiante la posibilidad de utilizar los conocimientos adquiridos en un contexto realista: contarle a un compañero sus últimas vacaciones. Note que al estudiante se le dan unos parámetros precisos: *dónde*, *cuándo*, *qué* y *cómo*, para que sea capaz de producir una conversación concreta y coherente utilizando la lengua que ya conoce.

Puede ampliar la actividad pidiendo a los estudiantes que presenten al resto de la clase lo que hizo su compañero en vacaciones. Esta es una estrategia excelente para asegurarse de que los dos estudiantes presten atención a su compañero y traten de mejorar su narración.

H. *A Jorge le gustó el metro de Medellín porque es limpio y ecológico*

1 Lee

Invite a los estudiantes a leer los dos extractos para dar respuesta a la primera pregunta. Después, anímelos a que los vuelvan a leer para poder contestar a la segunda parte del ejercicio.

Con una primera lectura y el estudio de las características externas del texto, los estudiantes podrán contestar a las preguntas que se les plantean: *¿Qué tipo de textos son? ¿Cuáles son sus características?*

El primer texto es un diario en el que se narra y se describe una visita a Medellín en dos días. El segundo, con titular y fotografía, puede pertenecer a un folleto informativo sobre la alternativa de transporte público BiciMAD.

Respuesta

1 *montañas*, *árboles*, transporte público, limpio, muy ecológica, totalmente limpios, gran ecodestino, el Jardín Botánico, con lagunas, árboles y flores, el Parque Arví, un ecosistema natural en la montaña, un gran bosque natural, poco contaminante

2 1 **E**, 2 **G**, 3 **A**, 4 **I**, 5 **F**, 6 **B**, 7 **H**, 8 **D**, 9 **C**

 Cuaderno de ejercicios 7/6

Este ejercicio tiene varios objetivos: revisar los medios de transporte, revisar los adjetivos utilizados para describirlos y categorizar los medios de transporte según dichos adjetivos. Es posible que las respuestas de los estudiantes varíen según su percepción de cada medio de transporte.

Respuesta posible

contaminante	limpio/a	lento/a	rápido/a	práctico/a	popular
el avión	el funicular	la bicicleta	el avión	el metro	el metro
el coche	la bicicleta	el funicular	el tren	la bicicleta	el autobús
la moto	a pie	el autobús	el coche	el autobús	el tren

caro/a / costoso/a	barato/a / económico/a	cómodo/a	incómodo/a	divertido/a	sostenible
el avión	el metro	el tren	el avión	la bicicleta	el funicular
el barco	el autobús	el barco	el coche	el funicular	la bicicleta
el coche	el funicular	el coche	a caballo	el tren	el tren

2 Habla

Los estudiantes personalizan su aprendizaje si aplican lo que acaban de aprender sobre Medellín a su propia ciudad. Recuerde a los estudiantes que utilicen el vocabulario que han aprendido para describir transportes y que presten atención a la concordancia y los tiempos verbales.

3 Lee

El objetivo de este ejercicio es introducir el texto con otro sistema de transporte urbano y afianzar el entendimiento de los adjetivos descriptivos.

Respuesta

1 Es útil.	*práctico*
2 Es bueno para la salud.	saludable
3 Es sustentable.	sostenible
4 Produce diversión y alegría.	divertido
5 Le gusta a mucha gente.	popular
6 Es perfecto.	ideal
7 No pagas mucho dinero.	económico

4 Escribe

Este ejercicio colaborativo tiene como objetivo consolidar la capacidad de los estudiantes para utilizar el vocabulario y las estructuras vistos hasta ahora y combinarlos con opiniones personales. Los estudiantes trabajan en parejas para ayudarse mutuamente y combinar sus opiniones. Indique a los estudiantes que empiecen por contestar a las preguntas guía brevemente, para enumerar sus ideas y organizarlas, y que después empiecen a escribir el texto prestando atención a las concordancias y tiempos verbales.

 ***Actividad complementaria 7.3***

Esta actividad adicional ayudará a los estudiantes a profundizar la comprensión del texto del transporte en bicicleta.

Respuesta

1 El *BiciMAD* es un medio de transporte práctico, divertido y muy económico.
2 Las bicicletas se encuentran en numerosas estaciones por toda la ciudad.
3 Es práctico porque puedes alquilar tu bicicleta en un lado y devolverla en otro.
4 El *BiciMAD* es ideal para muchas personas.
5 Es muy popular entre los estudiantes y los turistas.

I. *Jorge escucha el programa de radio* La transformación de un barrio

1 Escucha y lee

Esta es una actividad corta que sirve de introducción al texto sobre la creación del Metrocable. Por medio de una presentación radiofónica se transmite el texto en un formato diferente, para acostumbrar a los estudiantes a una variedad de tipos de comunicación en español.

Audio

El Metrocable nació con la idea de un metro para la ciudad de Medellín. El metro empezó a funcionar en 1995. La idea innovadora de un sistema de transporte masivo por cable aéreo integrado con los trenes del metrovino más tarde.

En 2004, empezó a funcionar el primer Metrocable, en una zona marginada de Medellín, la Comuna Nororiental, una zona sin medios de transporte.
El Metrocable hizo una gran obra social. La Comuna cambió y las condiciones de vida mejoraron.
El Metrocable trajo beneficios culturales, educativos y para la salud. Además sus habitantes tuvieron la oportunidad de empezar nuevos proyectos, trabajos, viviendas y espacios públicos. Con el Metrocable los habitantes de la Comuna Nororiental pudieron empezar a moverse con un medio de transporte seguro, económico, sostenible y ecológico. ¡El Metrocable fue todo un éxito!

2 Lee y escribe

Este ejercicio ayuda a los estudiantes a profundizar más en el texto y asegurarse de que lo han comprendido correctamente.

Respuesta

1. *El metro empezó a funcionar en 1995.*
2. Es una idea innovadora porque es un sistema de transporte masivo por cable aéreo integrado con los trenes del metro.
3. El Metrocable empezó a funcionar en el año 2004 en una zona marginada de Medellín, la Comuna Nororiental.
4. El Metrocable trajo beneficios culturales, educativos y para la salud. Generó empleos, mejoró la calidad de las viviendas y ayudó a la creación de espacios públicos.
5. El Metrocable es económico, práctico, sostenible, divertido, limpio, popular e ideal.

Cuaderno de ejercicios 7/7

Este ejercicio practica las conjugaciones de los verbos que tienen raíz irregular en el pretérito indefinido. Cada verbo solo aparece una vez, excepto el verbo *traer* que aparece dos veces. El ejercicio contiene todos los verbos con raíz irregular vistos en la unidad. El objetivo del ejercicio es hacer que el estudiante conjugue dichos verbos ya dentro de un contexto. En el texto aparecen también otros verbos, por ejemplo *gustar*, *encantar* y *tomar*, conjugados en el pretérito indefinido. Estos verbos no son parte de los verbos que los estudiantes deben conjugar, ya que no tienen raíz irregular.

Respuesta

1. *Vine*
2. estuvimos
3. Anduvimos
4. quisimos
5. Hicimos
6. pudimos
7. Tuvimos
8. vimos
9. cupe
10. dijeron
11. supe
12. hubo
13. pusimos
14. trajeron
15. traje

Cuaderno de ejercicios 7/8

Este ejercicio completa la práctica de conjugaciones de verbos irregulares en el pretérito indefinido, para asegurar que los estudiantes podrán reconocer las diferentes formas con facilidad.

Respuesta

Pretérito indefinido	Infinitivo
nació	*nacer*
empezó	empezar
vino	venir
empezó	empezar
hizo	hacer
cambió	cambiar
mejoraron	mejorar
trajo	traer
tuvieron	tener
pudieron	poder
fue	ser

3 Escribe

Este ejercicio colaborativo complementa el desarrollado sobre el tema del trasnporte sostenible. Termina de consolidar la capacidad de los estudiantes para utilizar el vocabulario y las estructuras vistos hasta ahora. Los estudiantes trabajan con el mismo compañero para continuar ayudándose mutuamente. La clase podría terminar elaborando su propia edición especial de la revista del colegio sobre el transporte sostenible con todos los artículos producidos.

Repaso

Cartagena de Indias

1 Investiga, imagina y escribe

Con esta simulación, los estudiantes van a repasar el contenido de la unidad. Pídales que tengan en cuenta la audiencia para elegir el tipo de texto y las características apropiadas. Podrán escribir un correo electrónico, una entrada de blog o cualquier otro texto para compartir con amigos, todos ellos son textos informales en los que la opinión personal es importante.

Cuaderno de ejercicios 7/9

Este ejercicio de comprensión lectora ayuda a los estudiantes a practicar uno de los tipos de ejercicio del examen. Recuérdeles que hay más finales de los necesarios y que es importante fijarse en la concordancia del verbo con el sujeto, además de en el significado de los distintos componentes de las frases. Por ejemplo, si se habla de *la mesa*, el final que contiene alimentos (fruta) es el más apropiado y correcto.

Respuesta

1 **C**, 2 **E**, 3 **I**, 4 **L**, 5 **H**, 6 **B**

Punto de reflexión

Anime a los estudiantes a crear una lista de los tipos de lugares a los que suelen viajar y sus razones para visitarlos y, luego, invítelos a añadir sus opiniones sobre los tipos de lugares a su lista —por ejemplo, los puntos positivos y negativos de cada uno—. Después, los estudiantes podrían añadir las personas con las que suelen viajar a esos lugares. Pídales que reflexionen sobre los aspectos positivos y negativos de viajar con distintas personas a cada lugar.

Creatividad, Actividad y Servicio

Pida a los estudiantes que elaboren una ruta en bici y a pie durante las vacaciones en un país de habla hispana. Esta actividad puede ser planteada como una actividad en parejas o en pequeños grupos, de tres o cuatro estudiantes, para fomentar la colaboración y la interacción. En primer lugar, pídales que seleccionen dos o tres lugares del mundo hispano en los que, debido a su geografía, condiciones climáticas y facilidades de acceso, se puede realizar una ruta en bici o a pie. Este paso hará que consulten lugares en los que ya existen caminos accesibles en bici y lugares en los que no hay restricciones. Recuérdeles que es necesario tener en cuenta la duración de la ruta, la estación del año, el clima, etc., para poder diseñar una ruta segura y óptima.

8 Mi tiempo libre

Área temática	Experiencias Ingenio humano
Tema	Ocio Entretenimiento
Aspectos	Centros de deportes Clubes y equipos Tipos de deporte Actividades recreativas Artes Televisión
Gramática	Pretérito indefinido (repaso) *Gustar* + adverbios de cantidad Adverbios de negación Oración negativa
Tipos de texto	**Textos personales** Blog Correo electrónico Horario **Textos profesionales** Encuesta Entrevista **Textos de medios de comunicación de masas** Artículo Póster
Punto de reflexión	¿Por qué es importante y necesario el tiempo libre?
Rincón IB	**Teoría del Conocimiento** • ¿Qué deportes puedes hacer con poco equipamiento deportivo? • ¿Influye la necesidad de equipamiento deportivo en su popularidad? **Creatividad, Actividad y Servicio** • Elaborad un *collage* en clase con fotos de todos los compañeros haciendo deporte. ¿Qué deporte o deportes son más populares en tu clase? **Para investigar** • ¿Cuál es el papel de los deportes de masas en la identidad nacional o regional? **Oral individual** • Describir fotos representando diferentes deportes en el mundo hispano. (Describir las imágenes durante 1-2 minutos y contestar a preguntas sobre ellas). • Conversación general sobre tus actividades de ocio.

Esta unidad está dedicada a las actividades de ocio y entretenimiento. Los estudiantes aprenderán a hablar sobre actividades deportivas y no deportivas que los jóvenes de su edad suelen practicar, además de practicar el pretérito indefinido, el verbo *gustar* y los adverbios de negación. La unidad les hará reflexionar sobre la importancia del tiempo libre, en particular para jóvenes como ellos.

1 Para empezar

Pida a sus estudiantes que miren el póster y decidan cuál es su significado. Llame la atención sobre el título de la unidad y pregúnteles por la relación entre el título y el póster. Después pídales que pregunten a algunos compañeros sobre la actividad física que hacen. Los estudiantes seguramente hablarán de los deportes que practican dentro y fuera del colegio. Introduzca el nombre en español de los deportes más populares entre sus estudiantes.

Realice una actividad con toda la clase en la que se aborden las siguientes preguntas: *¿Qué actividad física es la más frecuente en tu clase? ¿Entre los chicos? ¿Entre las chicas?*

A. *Lo que hacen los jóvenes en su tiempo libre*

1 Lee y habla

Este ejercicio tiene dos objetivos. Primero familiarizar al estudiante con el área temática, los aspectos y uno de los objetivos gramaticales de la unidad a través de frases e imágenes que se relacionan. Y, en segundo lugar, dar al estudiante la oportunidad de utilizar la lengua aprendida ya en un contexto y descubrir algunas palabras nuevas, por ejemplo *voleibol, senderismo, juegos de mesa*, etc.

En este ejercicio el estudiante tiene oportunidad de hacer diferentes cosas: observar e interpretar imágenes relacionadas con el área temática, interactuar con un compañero, leer, escuchar y relacionar el contenido de la frase escuchada con una de las imágenes. Esta variedad de actividades llevan al estudiante a utilizar la lengua en contexto. Tenga en cuenta que para este ejercicio se han utilizado muchas palabras y conceptos ya vistos en unidades anteriores, por ejemplo el verbo *gustar* en la unidad 4, lugares como *la playa* en la unidad 5 y *el tiempo* en la unidad 6. Hay algunas palabras nuevas que el estudiante posiblemente deducirá con ayuda de las imágenes o del contexto. Se ha elegido este vocabulario no solo para que el estudiante lo practique, sino también para que pueda comprender con facilidad las frases ya sin utilizar el diccionario, ni el vocabulario en línea.

Para terminar, compruebe con sus estudiantes todas las respuestas. Haga que cada pareja o grupo lea en voz alta una frase del ejercicio y diga a qué imagen corresponde.

Respuesta

1 A todos nos gusta el cine. Foto **A**.
2 A Marta, a Alejandro y a Daniel les gusta mucho el senderismo. Foto **D**.
3 ¿A Gabriela y a Laura les gusta poco el ciclismo? Foto **B**.
4 A mis mejores amigos les gusta ir de excursión a la playa. Foto **C**.
5 A Elena le gusta el voleibol. Foto **F**.
6 A mí no me gustan nada los juegos de mesa. Foto **E**.

2 Habla y escribe

El objetivo de esta actividad es que el estudiante descubra por medio de las fotos el significado de los términos *deportes* y *actividades de ocio*, clasificando las imágenes en dichas categorías. Es posible que los estudiantes encuentren más fácilmente *los deportes*. Casi por un proceso de eliminación encontrarán *las actividades de ocio*.

El ejemplo presenta la expresión interrogativa *¿verdad?*, que los estudiantes todavía no conocen. Explíqueles lo que significa y su uso si lo considera conveniente.

Respuesta

Deportes	Actividades de ocio
B, D, F	*A*, C, E

3 Investiga

El objetivo de este ejercicio es ampliar el vocabulario de deportes y actividades de ocio. Es importante animar al estudiante a utilizar estrategias como la de la utilización de cognados y la utilización de diccionarios. Se les puede también guiar y sugerir aplicaciones de aprendizaje de vocabulario para hacer sus propias listas de vocabulario en las distintas áreas temáticas del curso.

Después de realizar este ejercicio de vocabulario individualmente, puede pedir que lo compartan con el resto de la clase. Según va escuchando las sugerencias de los estudiantes, puede realizar una o dos nubes de palabras, o disponer las palabras sugeridas a modo de crucigrama sobre la pizarra o cualquier otro medio del que disponga en clase. Este modo de presentación ayuda a fijarse más en la ortografía de las palabras, además de ser más creativo.

Respuesta posible

Deportes	Actividades de ocio
1 el balonmano	1 el coro
2 la vela	2 la danza
3 el golf	3 el teatro
4 el béisbol	4 la pintura

Cuaderno de ejercicios 8/1

El objetivo de este ejercicio es reforzar vocabulario por asociación.

Respuesta posible

1 el fútbol, el baloncesto y el *rugby*
2 el waterpolo, el voleibol y el balonmano
3 el tenis, la natación y el atletismo
4 la danza, la pintura y la fotografía

4 Lee, escribe y comprende

Los estudiantes van a encontrar ahora el vocabulario y las estructuras hasta ahora presentadas y practicadas de forma oral en un ejercicio de comprensión de texto escrito. Ayude a los estudiantes a prepararse para la lectura con alguna pregunta de predicción utilizando la fotografía: ¿Qué ves en la fotografía? ¿Qué es el edificio que se ve en la fotografía? ¿Quiénes son y qué hacen las personas que hay cerca del edificio? Después, invítelos a leer el titular y a predecir la respuesta: ¿Cuáles son los deportes y actividades de ocio preferidos por los alumnos de este instituto? ¿Y por los chicos? ¿Y por las chicas? ¿Y en general, por los chicos y las chicas? Después pídales que lean el texto para confirmar algunas de las predicciones realizadas en la preparación con la fotografía y el titular. Hágalos pensar en qué tipo de texto es y cómo lo saben. Por ejemplo, el uso de la fotografía y de un lenguaje bastante objetivo, en el que se presentan las actividades y las cifras de los jóvenes que las practican, podría hacer pensar que se trata de un artículo informativo sobre el instituto. El artículo podría haber sido escrito como resultado de una encuesta llevada a cabo en el instituto. Antes de leer el texto una segunda vez, los estudiantes necesitan leer las preguntas, esto hará que, cuando lean el texto una segunda vez, lo hagan buscando información específica.

Respuesta

1 tenis, fútbol, *ping-pong*, gimnasia rítmica, natación y baloncesto

2
 1 *Falso – Practican deporte dentro y fuera del instituto y un 15 % no hace deporte.*
 2 Falso – Más de la mitad de las chicas practican más de un deporte.
 3 Falso – Los chicos también escuchan música, aunque no se menciona si las actividades musicales son menos populares entre ellos que entre las chicas.
 4 Verdadero
 5 Falso – Todos (chicos y chicas) navegan por Internet y los chicos juegan con sus teléfonos móviles (no se menciona si prefieren surfear la red con el móvil).
 6 Falso – Muy pocos tienen tiempo para ver la televisión y prefieren el ordenador.

5 Habla y escribe

El objetivo de este ejercicio es hacer que el estudiante demuestre sus habilidades productivas en una interacción sencilla, familiar y semicontrolada. El estudiante debería ser capaz de formular y responder al tipo de preguntas pedidas en el ejercicio utilizando los verbos *jugar al* y *hacer*, y puede que usen también *gustar*. Además, el haber acabado justo de escribir las palabras en el ejercicio anterior les facilita la tarea, junto con la tabla que sugiere las colocaciones con *jugar al* y *hacer*. Tenga en cuenta que no necesita hacer una revisión completa del verbo *gustar* para completar el ejercicio. Dicha revisión se hará un poco más adelante en esta unidad.

Explique la dinámica de la actividad dividida en tres pasos. En la *Introducción* al tema, se realizó un primer sondeo de actividades, ahora, explique que la práctica va a centrarse en las preguntas *¿Practicas deporte?, ¿Practicas algún deporte?, ¿Haces algún deporte?, ¿Qué deportes practicas?* y que los resultados van a ser presentados de la forma que ellos crean más apropiada, como, por ejemplo, un histograma.

Pase por cada grupo y escuche las conversaciones para comprobar que los estudiantes han entendido el ejercicio y que ya recuerdan y usan algunas de las palabras presentadas en la actividad anterior.

6 Escribe

Pida a los estudiantes que completen el resumen con la información obtenida de la encuesta. Pueden hacer esta actividad en parejas y presentarlo al resto de la clase, se trata de fomentar la colaboración en el aprendizaje, y la presentación de información de dos formas distintas. Y como tercer paso podría pedir a los estudianes que elaboren un histograma que acompañe al texto.

Respuesta posible

El deporte favorito de la clase es el baloncesto. A la clase no le gusta nada el *rugby*.

Las actividades de ocio preferidas son las excursiones y el cine, pero nadie hace senderismo.

Los chicos juegan más al tenis que las chicas, aunque, en general, a todos les gusta la natación. La mayoría juega al fútbol y hace gimnasia. Casi nadie hace equitación ni juega a los bolos.

Cuaderno de ejercicios 8/2

El objetivo de este ejercicio es reforzar y ampliar el vocabulario
de deportes y actividades de ocio.

Respuesta

Deportes	Actividades de ocio
1 *el fútbol*	1 *los juegos de mesa*
2 el béisbol	2 el ajedrez
3 el baloncesto	3 los rompecabezas
4 el voleibol	4 los juegos de vídeo
5 el tenis	5 el parque de atracciones
6 el golf	6 las cartas
7 la vela	7 los bolos
8 la navegación	8 el cine
9 el remo	9 la lectura
10 el surf	10 las excursiones
11 la natación	11 los conciertos
12 la gimnasia	12 la televisión
13 la danza	13 escuchar música
14 la esgrima	14 trabajar en el jardín
15 la equitación	15 cocinar
16 el patinaje	16 bailar
17 el patinaje sobre hielo	17 tocar un instrumento musical
18 el esquí	
19 el boxeo	
20 el *rugby*	
21 el atletismo	
22 el senderismo	

B. *¿Qué deportes les gustan?*

1 Lee y comprende

Antes de leer el blog de deportes, puede preguntar a sus estudiantes si conocen algún blog y cuál es su temática, si saben quiénes escriben y participan en el blog, si han participado alguna vez, etc. Después, invítelos a leer las entradas en este blog.

Al leer los textos, haga que reflexionen sobre si los textos son personales, profesionales o de medios de comunicación de masas. Es posible que los estudiantes duden entre personales y comunicación de masas, ya que asociarán el blog con los medios de comunicación de masas y, a la vez, piensen que, al dar información personal sobre sus gustos deportivos, son personales. Quizás cabría aquí hacer la reflexión sobre la idea de "personal" en el sentido de la relación que existe entre el emisor y el receptor de un mensaje. Claro está que, en el caso del blog, no existe necesariamente una relación personal entre emisor-escritor y receptor-lector.

Las fotografías ayudan a la comprensión del texto vinculando información expresada con dos medios, el escrito y el visual.

Respuesta

1 **C**, 2 **D**, 3 **B**, 4 **A**

2 Escribe

Diga a los estudiantes que miren las imágenes y los símbolos que han de utilizar para construir sus frases. Pídales que lean el ejemplo con atención y que escriban estas frases en sus cuadernos. Cuando corrija las frases en clase, puede pedirles que subrayen los sustantivos o infinitivos que siguen a *gustar* en sus respuestas. Esta es una buena oportunidad para repasar y aclarar cualquier duda sobre los usos de *gustar* + sustantivo / infinitivo. Además, compruebe el uso de *jugar a* + deporte y *hacer* + deporte.

Respuesta

1 *A Jorge le gusta poco la ciclismo.*
2 ¿A María Clara le gusta mucho la esgrima / hacer esgrima?
3 A las primas de Ana les gusta poco la natación / hacer natación / nadar.
4 A Álvaro y a Paulina no les gusta nada el remo / hacer remo / remar.
5 A mí me gusta mucho montar a caballo / la equitación.
6 A ti te gusta poco el judo.

3 Escucha Página 94

En la primera escucha, pregúnteles si es una conversación entre amigos o un programa de radio, si es formal o informal. Los estudiantes notarán en primer lugar que no es un diálogo, que solo hay un hablante transmitiendo información. Además, van a notar cómo la información se da de forma impersonal, anunciando actividades y su horario.

Después, en una segunda escucha, pueden poner las fotos en el orden en el que se escuchan. Esto ayuda a la comprensión de información precisa.

Respuesta

C 1 baloncesto femenino
D 2 carrera ciclista masculina
B 3 correr campo a través
A 4 fútbol juvenil

Audio

Las actividades deportivas organizadas por la Delegación Municipal de Deportes para este fin de semana comienzan con la final de baloncesto femenino que se celebrará en el polideportivo del Instituto de Tecnología a las once de la mañana. Por la tarde, a las seis, se celebra la carrera ciclista masculina. El domingo por la mañana los jóvenes de 11 a 15 años pueden apuntarse a *Conoce tu marca* y correr campo a través. La tarde del domingo finaliza con el torneo de fútbol juvenil.

Cuaderno de ejercicios 8/3

Con este ejercicio los estudiantes discriminan el uso de *mucho, poco, nada, no, ni, nunca, ningún, tampoco* y *bastante* en contexto. Es importante que noten la función de estas palabras y las palabras con las que normalmente aparecen, ya sean verbos, adjetivos o nombres.

Respuesta

1 mucho
2 no
3 ni
4 mucho
5 nada

Cuaderno de ejercicios 8/4

Este ejercicio semicontrolado invita a los estudiantes a practicar los distintos grados en los que pueden expresar sus gustos sobre deportes, si los practican o los ven. Puede animarlos a justificar sus gustos si lo considera necesario.

Respuesta posible

1 *Me gustan los deportes de invierno.*
2 Me gusta mucho la natación.
3 No me gusta el *rugby* porque parece violento.
4 No me gusta nada el tenis porque es bastante aburrido.
5 No me gustan nada la equitación ni el patinaje. Son un rollo.

C. *Necesitamos equipamiento deportivo*

1 Escribe y comprende

1 El objetivo de este ejercicio es presentar vocabulario relativo a instalaciones deportivas y objetos necesarios para algunos deportes. Aunque el ejercicio solo presenta cuatro instalaciones, indique a los estudiantes que *cancha*, *pista* y *gimnasio* se utilizan también para otros deportes. Lo mismo ocurre con objetos como *pelotas*, *balones*, *raquetas*, etc. Puede animar a los estudiantes a sugerir otras instalaciones donde ellos practican deportes y objetos que utilizan e invítelos a utilizar el diccionario para comprobar sus sugerencias.

Respuesta

- **A** la cancha de tenis: la pelota de tenis
- **B** la pista de esquí: los esquís y los bastones de esquiar
- **C** el gimnasio: la colchoneta
- **D** la cancha de baloncesto: la canasta y el balón

2 Puede realizar una actividad en parejas para que los estudiantes piensen y contesten a estas dos preguntas: *¿Qué deportes puedes hacer con poco equipamiento deportivo? ¿Influye la necesidad de equipamiento deportivo en su popularidad?*

Al hacer esta actividad de reflexión, se darán cuenta de hasta qué punto el equipamiento es necesario para algunos deportes y que esto puede limitar la accesibilidad de todos los individuos al deporte.

2 Escucha y lee

El ejercicio anterior ha presentado el vocabulario necesario para la comprensión de estas entrevistas. El objetivo de este ejercicio es encontrar las palabras nuevas en contexto. Leer las entrevistas mientras que las escuchan ayudará a que los estudiantes puedan concentrarse en la interacción y en el uso de las palabras que acaban de encontrar. Las entrevistas pueden también utilizarse para que los estudiantes practiquen la lectura en voz alta: en parejas, pueden practicar la lectura de al menos una de las entrevistas. Puede realizar primero una audición de las entrevistas sin utilizar la transcripción. Si la comprensión de textos orales de los estudiantes es lo suficientemente buena, puede utilizar la transcripción solo para comprobar las respuestas y practicar los diálogos.

Audio

Entrevista 1

Entrevistador: Raúl ganó el curso pasado en el torneo entre colegios. ¿Dónde entrenas normalmente?

Raúl: Bueno, pues, normalmente, entreno en el colegio porque las pistas son buenas y están libres —y además son gratis—. También entreno en el polideportivo de mi barrio, tiene cinco pistas cubiertas para el invierno. Es más fácil ver y controlar pelotas.

Entrevista 2

Entrevistadora: María, ¿cuántos días vienes tú al gimnasio a practicar?

María: Entre cuatro y seis, depende de si tengo exámenes en el colegio.

Entrevistadora: ¿Qué aparato te gusta más?

María: El potro, sí, el potro es el más divertido, pero también me gusta hacer ejercicios en el suelo y la colchoneta.

Entrevista 3

Entrevistador: ¿Quién te compró tus primeros esquís, Francisco?

Francisco: Mi madre, ella es una gran esquiadora y para estar con ella en la pista necesitaba llevar esquís y bastones.

Entrevista 4

Entrevistadora: Claudia, ¿en qué cancha te gusta jugar más?

Claudia: En la del polideportivo de mi barrio. Las canchas, canastas y balones son nuevos y no hay mucha gente. Hay espacio para las familias de los cinco jugadores del equipo.

3 Escribe

Esta actividad tiene como objetivo consolidar el vocabulario relativo a deportes, instalaciones y objetos que se utilizan por medio de la comprensión de textos orales y escritos. Puede también realizar este ejercicio como un ejercicio oral, utilizando el audio del ejercicio anterior. Indique a los estudiantes que primero identifiquen los deportes (*tenis*, *gimnasia*, *esquí* y *baloncesto*). Después, deben pasar a identificar los detalles de cada conversación.

Puede ampliar la actividad en parejas, asignando una entrevista a cada pareja y que los estudiantes primero recreen la entrevista asignada y luego la amplíen con sus propias preguntas y respuestas.

Respuesta

1 *Raúl juega al tenis en las pistas de tenis de su colegio y en el polideportivo de su barrio.*
2 Raúl utiliza pelotas para practicar el tenis.
3 María practica gimnasia en el gimnasio.
4 Francisco practica el esquí con esquís y bastones.
5 Claudia juega al baloncesto en las canchas del polideportivo de su barrio.

4 Lee y escribe

Explique que en el correo electrónico que van a leer van a encontrar palabras nuevas referidas a objetos que se usan en algunos deportes. Puede prepararlos para el texto pidiéndoles que lean las listas de deportes y actividades de ocio y preguntándoles qué objetos se utilizan para practicarlos.

Respuesta

1 ajedrez
2 tenis
3 béisbol
4 fútbol
5 libros
6 baloncesto

5 Lee

Puede empezar preguntando por el tipo de texto, su objetivo y audiencia. La práctica de estas preguntas con todos los textos escritos u orales reforzará el aprendizaje de la necesidad de hacerse estas preguntas al leer, al escribir y al hablar. El texto pertenece a una página de una revista digital de un instituto, donde hay una sección sobre deporte. Los estudiantes pueden participar dando respuesta al tema que se plantea.

El texto presenta ejemplos de negación en un texto de un blog, además de introducir el subtema de los deportes individuales y los deportes de equipo. Puede comenzar la actividad preguntando a los estudiantes si leen o escriben en blogs, sobre qué temas, qué características tiene un blog, etc. Después puede centrarse en el tema específico de este blog: *Jóvenes deportistas,* y en concreto con la entrada "¿Deportes de equipo o deportes individuales?".

Respuesta

1 Porque le hace sentir bien y es bueno para la salud.
2 Mientras hace deporte, no está sentada viendo la televisión, ni navegando por Internet, ni chateando con sus amigos, ni jugando en el ordenador, ni hablando por el móvil.
3 No, nunca practica deportes individuales.
4 Porque con los deportes individuales no hay nada ni nadie con quien compartir.
5 Porque le hace sentirse parte de un grupo.

6 Habla

Esta actividad tiene como objetivo darles a los estudiantes la oportunidad de practicar oralmente las estructuras que acaban de ver en el texto. Es un ejercicio adecuado para la práctica en grupos, pues es una situación lingüística muy real en la que los estudiantes hablan sobre sus preferencias deportivas con sus compañeros.

7 Escribe

Este ejercicio brinda a los estudiantes la oportunidad de deducir la regla y el uso de la doble negación en español y el uso de indefinidos negativos como *nada* y *nadie* a partir de los ejemplos. El ejercicio ayudará a practicar el cambio de negación simple a doble.

Respuesta

1 De mi clase no va a ir nadie al torneo de fútbol entre colegios.
2 No juegan nunca más de 12 jugadores en un partido.
3 No vamos a ganar nada en el partido del sábado.
4 En mi familia no sabe esquiar nadie.
5 El equipo de mi barrio no pierde nunca al *hockey*.

1 Lee y escribe

Los deportistas de las fotos son mundialmente famosos, sin embargo, puede que los estudiantes no sepan el nombre de todos o no los reconozcan. Cuando miren las fotos, pueden identificar también el país al que representan. Después de observar las fotos, los estudiantes leen los textos sobre cada uno de ellos y completan el ejercicio de comprensión.

Respuesta

1 *Pau Gasol fue el primer jugador español* ***en All Stars de la NBA***.
2 El deportista que consiguió su primer premio internacional en Pekín es **Messi**.
3 Leo Messi nació en **Argentina**.
4 Ocupó el primer puesto del mundo en su especialidad en 1995: **Arantxa Sánchez Vicario**.
5 Participó en los Juegos Olímpicos del 2013 en el deporte de **baloncesto**.
6 Claudia Poll ganó la primera medalla de **oro** olímpica para **Costa Rica**.
7 Contador corrió en el Tour de Francia en el 2014, pero **tuvo un accidente que le impidió acabar la carrera**.

2 Escribe

Los estudiantes buscan información sobre uno de sus deportistas o personalidades del mundo del tiempo libre preferidos con el fin de escribir una breve biografía, como las que acaba de leer. Puede guiarlos utilizando las categorías *Foto, Deporte / Actividad, Nacionalidad / País, Campeonatos o medallas, Destaca por...* y ayudándoles a construir frases para cada categoría. Anímelos a usar el pretérito indefinido para indicar campeonatos o premios recibidos.

Recuérdeles que el tipo de texto que escriban, el objetivo y la audiencia determinará su elección de vocabulario, pronombres y perspectiva personal o impersonal. Por ejemplo, si están escribiendo para la revista escolar, la lengua será clara, precisa e impersonal, pero, si se escribe para un foro o blog, se puede expresar opinión sobre estos deportistas y la motivación para escribir sobre ellos.

Si los estudiantes escriben distintos tipos de texto, se podría hacer una actividad de ampliación en la que se compartieran los textos elaborados y los compañeros tuvieran que decidir qué tipo de texto es cada uno.

Creatividad, Actividad y Servicio

Los estudiantes van a elaborar en grupos de tres un *collage* de imágenes de compañeros y compañeras haciendo deporte. Puede pedir que se concentren en distintos grupos del instituto para evitar repetición. El *collage* puede ser físico o digital y será el material que les llevará a explorar qué deportes son más populares en el cuerpo estudiantil. Puede pedir que lleguen a conclusiones de popularidad por edad, grupo, etc.

D. *¿Qué hacemos este fin de semana?*

1 Escucha

Puede preparar la audición preguntando a los alumnos qué actividades hacen, hicieron o van a hacer en el fin de semana. Intente sacar el vocabulario que van a encontrar en la audición (*películas, jugar a los bolos, ver la televisión, jugar con la videoconsola*) con el fin de que estén preparados para la comprensión. Pídales que lean las frases antes de empezar a escuchar el diálogo. Indique a los estudiantes que se concentren en averiguar si las frases son verdaderas o falsas durante la primera audición. Después deje que escuchen el diálogo una o dos veces más para que puedan corregir las frases falsas.

Respuesta

1 *Falso – A Susana le gustaría mucho ver a Paulina.*
2 Verdadero
3 Falso – Paulina dice que no hay nada interesante en la televisión, solo teleseries.
4 Falso – A Paulina le gustan bastante los bolos.
5 Falso – Marta no quiere ir de excursión.
6 Verdadero

Audio

Marta: ¡Hola, Paulina! ¿Por qué no merendamos juntas y hacemos algo en casa este fin de semana? Hace mucho tiempo que no hacemos nada juntas, y a mi hermana Susana y a mí nos gustaría verte. Podríamos ver la tele en mi casa.

Paulina: No sé, Marta, no hay nada interesante en la televisión, solo teleseries.

Marta: Vale, entonces, ¿vamos a la bolera? Sé que a ti y a Susana os gustan los bolos, ¿verdad?

Paulina: Sí, los bolos me gustan bastante. También podríamos ir de excursión al campo o a la montaña.

Marta: No, otra vez de excursión no, ni al campo ni a la montaña. A mí lo que más me gusta es ver un partido de baloncesto en casa, sola o acompañada.

Paulina: Bien, pero también podemos jugar con la videoconsola.

Marta: Vale, de acuerdo, primero jugamos con la videoconsola, y después vemos el partido de baloncesto.

2 Escribe

Este es un ejercicio que requiere ciertos cambios en la estructura de la frase. Presente la tabla de vocabulario con los ejemplos. Una vez que los estudiantes estén preparados, realice el ejercicio en parejas, los estudiantes colaboran en la formación de las nuevas frases utilizando las escritas por su compañero.

Respuesta posible

A: A alguien le gusta montar en bicicleta.
B: A nadie le gusta montar en bicicleta.

A: ¿Tienes algún amigo español?
B: ¿No tienes ningún amigo español?

A: A mí también me gusta el cine.
B: A mí tampoco me gusta el cine.

A: Siempre jugamos a las cartas en vacaciones.
B: Nunca jugamos a las cartas en vacaciones.

A: Nos gusta jugar al fútbol o al baloncesto.
B: No nos gusta jugar ni al fútbol ni al baloncesto.

A: ¿A alguien le gustan las películas de terror?
B: ¿A nadie le gustan las películas de terror?

 Cuaderno de ejercicios 8/5

Este ejercicio practica las oraciones negativas los pronombres y los adverbios negativos.

Respuesta

1 *A ninguno le gusta practicar deporte.*
2 ¿Nadie sabe tocar la trompeta?
3 Nunca vamos de excursión al campo los domingos.
4 El torneo no se celebró ni por la mañana ni por la tarde.
5 El año pasado no entrenaron ningún viernes por la tarde.
6 ¿Quién no sabe jugar a ningún juego de mesa?
7 No, yo no conozco las reglas de este juego.

3 Escucha

Pida a los estudiantes que lean el principio de las frases y que traten de completarlas antes de realizar la primera audición. Esta fase de predicción les ayuda a pensar en vocabulario y expresiones que pueden aparecer en la audición. Después pueden realizar una primera audición para comprobar alguna de sus predicciones. La segunda audición les proporciona otra oportunidad para comprobar y completar.

Dé a los estudiantes la oportunidad de decir con quién se identifican y por qué. Ayúdeles con preguntas concretas del tipo *¿Pasas mucho tiempo con los videojuegos como Martín? ¿Pasas mucho tiempo con tus amigos como Arantxa? ¿Haces baile o danza como Esther? ¿Llevas siempre tu lector de libros electrónicos contigo?*

Respuesta

1 ... para Arantxa lo más importante es pasar tiempo con sus amigos.
2 ... Martín y su familia se fueron a vivir a otra ciudad.
3 ... conoció a su novio en unas clases de danza y los dos pasan mucho tiempo bailando.
4 ... su lector electrónico es muy cómodo y lo puede llevar con él a todos los lados.

 Audio

Arantxa
Para mí lo más importante es pasar tiempo con mis amigos, por eso el año pasado formamos un grupo de teatro en el barrio. Leer, no leo mucho porque no tengo tiempo. Ahora no juego con mi familia a juegos de mesa, pero, cuando era pequeña, sí. No veo la tele mucho porque uso más Internet.

Martín
Yo estuve mucho tiempo tocando en una banda de música hasta que nos cambiamos de casa y de ciudad, y nos vinimos a vivir aquí. Ahora paso más tiempo con los videojuegos e Internet. Claro, también juego al fútbol con mis amigos del colegio.

Esther
Conocí a mi novio en unas clases de danza y desde entonces los dos pasamos casi todo el tiempo libre bailando. Sí, tenemos otros amigos, pero a ellos les gusta hacer deporte y salir de excursión.

Rodrigo
Cuando cumplí 16 años, mis padres me regalaron este lector de libros electrónicos. Es genial, lo llevo conmigo a todos los lados, es muy cómodo y no dejo de leer. Me gustan todos los géneros, pero el que más me gusta es la novela de aventuras.

4 Lee, escribe y comprende

1 Este ejercicio de lectura y escritura tiene como objetivo principal la práctica escrita de un texto informativo en el que se presenten los datos que aparecen en formato esquemático (una tabla): los estudiantes deben escribir un párrafo objetivo que ofrece la información extraída de la tabla. A su vez, el estudiante practica y consolida el vocabulario de algunas actividades de ocio, los lugares donde se practican y los horarios. Indique a los estudiantes que se trata de las actividades de año anterior, por lo tanto usarán el pretérito indefinido como se indica en el ejemplo.

Haga hincapié en el tipo de texto que van a escribir y su objetivo. Así, si deciden escribir un informe, el texto es de tipo profesional y es más formal, además, el lenguaje es formal y técnico, la información es factual, sin opiniones. Es muy específico.

Respuesta posible

El curso pasado la actividad preferida de los estudiantes del colegio fue la lectura. Treinta estudiantes hicieron lectura todos los días de cuatro a cinco de la tarde, y solo diez estudiantes hicieron canto los martes y jueves de cuatro a cinco de la tarde. Las clases de música tuvieron lugar en el aula de música, pero la de canto fue en el teatro. Veinte estudiantes participaron en las clases de ajedrez de los lunes, miércoles y viernes de tres a cuatro. Para las clases de bailes tradicionales se utilizó el gimnasio. Las clases de informática y videojuegos de los martes y jueves fueron en el aula de informática.

2 Si tiene una clase con estudiantes de distintas nacionalidades y países, puede agruparlos en estos grupos (nacionalidades/países). Si tiene un grupo con estudiantes de distintas partes del país, podría agruparlos por ciudad, pueblo, zona o región. Así, los estudiantes pueden pensar y anotar sus respuestas a las siguientes preguntas:

- ¿Qué actividades de tiempo libre hacen los jóvenes de tu país, de tu ciudad, de tu pueblo?
- ¿Cómo ha cambiado en los últimos años?
- ¿Qué influencia tiene la tecnología en las actividades de tiempo libre?

Haga una puesta en común de los resultados de los distintos grupos y, al final, pídales que lleguen a unas conclusiones generales respecto a las tres preguntas y los resultados mostrados en cada grupo.

Si tiene un grupo relativamente homogéneo en cuanto a origen, plantee esta actividad como trabajo en pequeños grupos o, incluso, en parejas. Se trata de maximizar la reflexión, la interacción y el intercambio de ideas y experiencias.

Cuaderno de ejercicios 8/6

El objetivo de este ejercicio es practicar y reforzar las formas del pretérito indefinido en el contexto de actividades de tiempo libre.

Respuesta posible

1 El curso pasado el club de ajedrez *fue interesante*.
2 Solo quince estudiantes aprendieron bailes tradicionales.
3 Las sesiones de baile fueron muy divertidas.
4 Quince estudiantes tocaron un instrumento musical los viernes por la tarde.
5 Diez estudiantes participaron en clases de pintura y cerámica.
6 A los estudiantes les gustó la clase de fotografía.
7 Veinte estudiantes jugaron al ajedrez los martes y los jueves en la biblioteca.

E. *¿Qué otras actividades haces?*

1 Lee y escribe

Prepare a los estudiantes para la lectura pidiéndoles ejemplos de artes escénicas y otras actividades artísticas. Pregúnteles sobre sus experiencias y las razones para practicarlas. Utilice la imagen para contextualizar el texto.

Después invítelos a leer el texto una vez sin parar. Si hay alguna pregunta de vocabulario, pueden utilizar el diccionario. Después de leer las preguntas han de localizar la información precisa releyendo el texto.

Respuesta

1 **E**, 2 **F**, 3 **D**, 4 **A**, 5 **H**

Cuaderno de ejercicios 8/7

Para practicar la expresión escrita, pida a sus estudiantes que escriban un párrafo sobre Paulina utilizando las imágenes. Invítelos a pensar si a Paulina le gustaron esas actividades y a explicar las razones.

Recuérdeles que han de pensar en el tipo de texto, su objetivo y el público al que va dirigido. Por ejemplo, el texto sugerido podría ser un resumen hecho a partir de una entrevista o de unos datos concretos dados.

Respuesta posible

El año pasado, Paulina hizo tres actividades muy diferentes. Primero hizo un curso de cerámica en su colegio. El curso de cerámica fue muy divertido pero difícil. Después, los lunes, Paulina y sus amigos hicieron un equipo de baloncesto. A Paulina también le gusta tocar el piano. Toca todos los días para practicar. Las clases de piano son los viernes por la tarde.

2 Investiga y habla

Los estudiantes pueden investigar fuera del aula y en sus propios contextos las actividades de tiempo libre que se ofrecen. Sugiera la presentación de la información en un póster, de papel o digital, para compartirlo.

3 Escribe

Este ejercicio brinda a los estudiantes la oportunidad de utilizar el vocabulario y expresiones que han aprendido en relación al arte.

Explique a sus estudiantes que van a escribir a un amigo explicándole si les gusta o no el arte, por qué y qué actividades artísticas prefieren. Como en todos las actividades de escritura, van a decidir ellos mismos el tipo de texto. Para que reflexionen sobre esto, pídales que piensen qué tipo de texto no conviene a esta tarea: un folleto, una entrada de blog o una carta. Los estudiantes tienen que dar las razones por las que el tipo de texto no es el apropiado para la tarea.

Es un texto informal (a un amigo) y personal (explicar si les gusta el arte), por ello podrían elegir escribir una carta (más larga, con más detalle), o un correo electrónico (más breve).

F. *¡Locos por la música!*

1 Lee

Puede preparar a sus estudiantes para la lectura preguntándoles qué tipo de música escuchan, cuándo escuchan música, etc. Después pídales que lean el texto *Los jóvenes españoles y la música* para realizar el ejercicio de verdadero o falso. Invítelos a anotar las razones por las que algunas de las frases son falsas. Pida a los estudiantes con un mejor nivel de español que justifiquen también las frases que son verdaderas.

Respuesta

1 *Falso – Los jóvenes españoles escuchan música en inglés y también música española.*
2 Falso – No todos los jóvenes escuchan la misma música, aunque toda la música que escuchan es música comercial.
3 Verdadero – Miles de jóvenes llenan estadios enteros en conciertos masivos.
4 Falso – Los conciertos utilizan novedosa tecnología visual.
5 Verdadero – A menudo alcanzan su éxito en los consursos de talentos.
6 Falso – Las plataformas digitales son utilizadas por todos los jóvenes para acceder a la música que les gusta, algunos crean vídeos musicales muy artísticos.

2 Lee y habla

El objetivo de este ejercicio es, por una parte, la práctica de realizar preguntas y, por otra, el hacer a sus estudiantes conscientes de la estructura de la frase y sus componentes. Al unir las dos partes de las preguntas, están trabajando no solo con el significado, sino también con la gramática y la sintaxis. Pídales que hagan las cinco preguntas a compañeros de la clase para conocer sus intereses musicales.

Respuesta

1 **C**, 2 **D**, 3 **E**, 4 **B**, 5 **A**

3 Lee y habla

El objetivo de este ejercicio es repasar el vocabulario que ha aparecido en el texto y fomentar la expresión oral y la comunicación. Puede hacer este ejercicio de forma lúdica jugando a *La patata caliente*. Se puede hacer con una pelota de espuma. La dinámica consiste en que un estudiante, con la pelota, elige una de las palabras en la guitarra y se la explica a la clase. El estudiante que la acierta recibe la pelota y elige otra palabra que nadie haya elegido antes.

4 Escribe

Con este ejercicio de escritura, los estudiantes tienen que considerar el tipo de escrito y sus características (entrada de un foro) para hablar de música. Recuérdeles que deben escribir entre 70 y 150 palabras sobre el tipo de música que les gusta y por qué, la música que escuchan cuando quieren relajarse, quiénes son sus cantantes preferidos(as), cuáles son sus canciones favoritas y si tocan algún instrumento. Pueden realizar este ejercicio como un foro real si el grupo tiene un espacio en la página web del colegio, por ejemplo.

Cuaderno de ejercicios 8/8

Este ejercicio desarrolla la capacidad de los estudiantes de responder a preguntas de todo tipo relacionadas con los deportes y sus aficiones favoritas.

Respuesta posible

1 **LA MÚSICA Y TÚ**
¿Te gusta la música? ¿Por qué?
Sí, me gusta mucho la música. Me gusta porque me relaja.
¿Qué tipo de música te gusta? ¿Qué tipo de música no te gusta?
Me gusta todo tipo de música: la música pop, la música melódica y también la música clásica.
¿Tocas algún instrumento? ¿Cuál? ¿Cuándo empezaste?
Sí, toco el piano. Empecé a tocar el piano a los 7 años.

2 **EL DEPORTE Y TÚ**
¿Practicas algún deporte de equipo? ¿Cuál? ¿Cuándo entrenas?
Sí, juego al baloncesto y entreno todos los sábados.
¿Te gusta ver deportes en la televisión o en vivo? ¿Viste alguna competición deportiva o partido el mes pasado? ¿Cuál?
No me gusta mucho ver deportes en la televisión, prefiero en vivo. El mes pasado vi la *Vuelta ciclista a España*.
Da el nombre de tres deportes olímpicos.
El atletismo, el judo y la natación.

3 **LAS ARTES ESCÉNICAS**
¿Qué artes escénicas conoces? ¿Participas en alguna? ¿Por qué?
El mimo y el teatro. No, ahora no participo en ninguna porque no tengo tiempo.
¿Fuiste al cine, al teatro o a algún concierto el mes pasado con tus amigos? ¿Qué hicisteis?
Sí, fui al cine para ver una comedia. Antes del cine fuimos a merendar, y después de la película fuimos a tomar algo.
Da el nombre de alguna persona del mundo del cine, del teatro o de la danza al que admires, te guste o no te guste nada y explica la razón.
Me gusta mucho Javier Bardem, un actor español, porque me gustan todas sus películas.

4 **OTRAS ACTIVIDADES**
¿Utilizas internet en tu tiempo de ocio? ¿Por qué? ¿Cuántas horas pasaste usando Internet en tu tiempo libre la semana pasada?
Sí, utilizo Internet para estudiar y en mi tiempo libre. La semana pasada pasé unas 10 horas en Internet.
¿Hiciste alguna actividad al aire libre con tus amigos el año pasado? ¿Cuál y qué hicisteis?
Sí, fuimos de excursión e hicimos montañismo.
¿Te gustan los juegos de mesa o los videojuegos? ¿Por qué?
No tengo videojuegos, pero sí algún juego de mesa, me encanta el Monopoly.

 Cuaderno de ejercicios 8/9

Este ejercicio tiene como objetivo asegurar la comprensión de las instrucciones de las dinámicas de grupo presentadas. Antes de proporcionarle la respuesta a este ejercicio, le damos a continuación algunas explicaciones sobre las dinámicas de grupo y sugerencias de explotación.

Respuesta

1 *Verdadero*
2 Falso – El procedimiento de las dinámicas de grupo explica cómo se juega.
3 Verdadero
4 Falso – El objetivo de Acrónimos es adivinar las palabras que forman los acrónimos.
5 Verdadero
6 Falso – Las tres dinámicas de grupo tienen una duración de 10 minutos.
7 Falso – A El Juego del Nombre en la Espalda y a Acrónimos se puede jugar en parejas.

El Juego del Nombre en la Espalda
Esta actividad es una de las actividades de dinámica de grupo que se puede utilizar para romper la monotonía de un entrenamiento, actividad o clase. Hace que la gente esté más a gusto en el grupo. Desde el punto de vista lingüístico, los estudiantes practican frases interrogativas aplicadas a descubrir la identidad de las personas (*nombre, profesión, nacionalidad, edad,* etc.).

Para facilitar la actividad, usted puede preparar los nombres de los personajes y, para evitar el vacío de información, unas breves notas sobre cada uno de los personajes. Esto guiará a los alumnos en su búsqueda.

Respuesta posible

¿Juego con pelotas de tenis? No.

¿Hago un deporte de agua? Sí.

¿Soy campeona olímpica? Sí.

¿Hago un deporte individual? Sí.

¿Soy Mireira Belmonte? Sí.

Puede ayudar a que la dinámica sea mejor preparando tarjetas o proyectando información sobre diversas personalidades del mundo hispanohablante (como las que aparecen a continuación). Los textos han de ser cortos y sencillos, conteniendo las funciones y el vocabulario que se están practicando en la unidad.

Fernando Alonso
Con siete años Alonso fue campeón infantil de Asturias de karts. El primer español y el piloto más joven en convertirse en campeón del mundo de la máxima categoría del automovilismo. Grandes Premios de Australia, Malasia, Bahréin, San Marino, Francia, Alemania y España han sido algunas de sus mejores victorias. Practica el ciclismo, el tenis, la natación y el fútbol, en el que su equipo preferido es el Real Madrid. Su comida preferida, aparte de los guisos asturianos de su madre, es la pasta. Le encanta el cine de terror y su ídolo deportivo por excelencia es el ciclista que logró vencer al cáncer: el estadounidense Lance Armstrong. Como él, aspira a ser un consumado campeón, en otra modalidad.

Rafael Nadal
Deportista desde pequeño (fútbol y baloncesto), pero fue el tenis el que puso de manifiesto su enorme clase y técnica. Su primera competición oficial fue en Baleares, con 8 años, y ganó. Muchos éxitos a nivel mundial y a nivel nacional. Semifinalista en 2002 en Wimbledon. Ingresó a los 17 años en la selecta lista de los 100 mejores tenistas del mundo que elabora la ATP.

Mireia Belmonte García
Nadadora española, campeona mundial, europea y doble subcampeona olímpica, que compite en las categorías de estilos, mariposa y libre. Ha participado en dos Juegos Olímpicos. En los Juegos Olímpicos de Pekín 2008, donde compitió con 17 años y los Juegos Olímpicos de Londres en 2012, en los que ganó dos medallas de plata. La primera en 200 metros mariposa y la segunda en 800 metros libres.

Acrónimos
Esta actividad tiene como objetivo descifrar acrónimos. Inspira la creatividad y la colaboración de los participantes. El objetivo lingüístico es practicar vocabulario de la unidad además de familiarizar al estudiante con acrónimos internacionales y del mundo hispanohablante.

1 Forme grupos de tres.
2 Informe al grupo de los objetivos de la actividad: descifrar una lista de acrónimos en español en el menor tiempo posible (máximo de 7 a 10 minutos). Explique que todas las palabras han de ser en español.
3 Informe que el grupo que consiga mayores aciertos en las palabras que forman los acrónimos se lleva la medalla de oro (puede simular una medalla de oro o equivalente en el sistema de premios de su colegio) y dígales también que hay medallas de plata y de bronce para los grupos que hayan ejercitado más su creatividad.
4 Insista en que la creatividad es muy importante en esta actividad, que, si no conocen el acrónimo, pueden inventarlo siempre y cuando siga las reglas de los acrónimos.
5 Es importante limitar el tiempo: diez minutos máximo.

Lista de acrónimos
Ejemplo
FIFA: Federación Internacional de la Asociación de Fútbol.

Explique cómo muchas organizaciones internacionales tienen su acrónimo en español y cómo puede ser que el orden de las letras sea ligeramente distinto.

ESO Educación Secundaria Obligatoria
TVE Televisión Española
ADENA Asociación para la Defensa de la Naturaleza
AVE Alta Velocidad Española (tren)
CF Club de Fútbol
RFEN Real Federación Española de Natación
RFEF Real Federación Española de Fútbol
FPF Federación Peruana de Fútbol
FEDA Federación Española de Ajedrez
UEFA Unión Europea de Asociaciones de Fútbol

El Juego de las Diferencias
El objetivo de esta actividad es identificar los cambios en el equipo contrario después de unos minutos de observación y cambios realizados.

1 Divida a la clase en equipos de 5 estudiantes.
2 Pida al equipo A que estudie por unos minutos la apariencia del equipo B.
3 Pida al equipo A que salga de la clase o que se dé la vuelta mirando a la pared.
4 Pida al equipo B que cambie algo de su apariencia.
5 Sea estricto con la duración: 3 minutos de observación, 3 minutos para los cambios, 3 minutos para que el equipo dé por escrito los cambios que ha observado en el otro equipo.
6 Repita la dinámica cambiando los roles.

Dé instrucciones precisas y asegúrese de que todos los miembros de los equipos entienden la actividad. La actividad fomenta la observación y la colaboración.

G. *¿Qué ponen en la tele el fin de semana?*

1 Lee

Puede contextualizar la actividad preguntando por sus preferencias televisivas, los canales de televisión donde residen, si ven algún canal internacional, etc. Con este ejercicio los estudiantes practican el vocabulario relacionado con el mundo de la televisión y, a la vez, se familiarizarán con algunos de los canales y programas de la televisión española.

Pregunte a sus estudiantes qué tipo de texto es y cuál es su objetivo. ¿Podría esta información de programas televisivos presentarse con otro tipo de texto? ¿Qué efecto tendría en cómo se da la información o para quién estaría destinado? Está claro que la presentación que tenemos es clara, precisa y esquemática. El lector puede obtener la información que necesita de forma rápida y eficaz. La información televisiva podría, además, aparecer en forma de listado con información más o menos extensa de los programas emitidos por las cadenas, pero la presentación esquemática que tenemos aquí permite una visualización rápida y general.

Como actividad de refuerzo, puede pedirles que en grupos de tres elaboren un horario televisivo para un fin de semana. Uno de los estudiantes puede ocuparse de las emisiones de mañana, otro de las emisiones de tarde y el otro de la noche. Después pueden presentar y explicar su programación al resto de la clase y pueden compararlas con las de los otros grupos.

Respuesta

1 *Telediario 1*
2 Arqueomanía
3 Parlamento
4 Mundial de Superbike
5 Multicine
6 ¡Qué tiempo tan feliz!
7 Españoles por el mundo

2 Escribe, habla y comprende

En primer lugar, los estudiantes, trabajando de forma individual, eligen y anotan qué programas quieren ver durante el fin de semana. Después, en parejas, van a hablar con un compañero de los programas que van a ver, de esta manera, además de practicar el vocabulario relativo a la programación televisiva, practicarán la función de dar opinión y justificarla. Es un ejercicio bastante abierto en cuanto a qué preguntas y respuestas se esperan, depende de cada estudiante. Es un buen ejercicio para diferenciar capacidades y niveles.

Respuesta posible

A: *¿Vas a ver Parlamento?*
B: *No, a mí no me gusta mucho la política. ¿Tú qué vas a ver por la tarde?*
A: ¿Vas a ver hoy Arqueomanía?
B: No, a las tres tengo clase de inglés, pero esta tarde voy a ver Teledeporte.
A: ¿Quieres ver ¡Qué tiempo tan feliz! conmigo? Me gusta mucho la música.
B: A mí no me gusta la música de ese programa, prefiero mi música.

3 Escribe

1 Con este ejercicio de expresión escrita, los estudiantes personalizan su escritura al elegir un programa de su preferencia. Comente positivamente los logros y tome nota de los errores para reforzar la práctica.

Pregúnteles qué tipo de texto pueden escribir y si va a ser formal o informal. Es un texto de opinión, podría ser una entrada para un foro de opinión sobre los programas de televisión española con frases completas y párrafos, o, si limitamos el número de caracteres a un máximo de 140, con frases cortas y abreviaciones, podría ser un tuit.

Respuesta posible

A mí me gustan los programas documentales porque son muy interesantes. En La 1 y La 2 hay documentales y películas, pero a mí me gustan más los documentales de historia y de naturaleza. Esta semana transmiten Arqueomanía, con visitas a yacimientos arqueológicos fantásticos. Amelia, 16 años.

2 Puede pedir a los estudiantes que piensen y hagan una lista de los programas de televisión que ven o conocen y anoten de qué tratan (deporte, cocina, ocio, etc.). Después, pídales que piensen y anoten cómo podrían ayudarles en sus estudios en general (por ejemplo, como los documentales de naturaleza ayudan en sus conocimientos sobre temas de zoología, botánica o biología en general). En tercer lugar, van a pensar en sus estudios de español (determinados programas culturales sobre países hispanohablantes, las noticias en las que se hable de países hispanohablantes o algún tema de actualidad relacionado con ellos, eventos deportivos en los que haya algún deportista hispano, programas de música con ritmos o música española o latina, etc.).

Haga una puesta en común para compartir sus reflexiones y apuntes.

 ***Actividad complementaria 8.1***

Esta actividad adicional profundiza en la comprensión de la programación de la televisión presentada en la página 101.

Respuesta

1 **A**, 2 **D**, 3 **C**, 4 **J**, 5 **K**, 6 **G**

 ***Actividad complementaria 8.2***

Esta actividad ayudará a consolidar el uso del vocabulario y de las expresiones de la programación televisiva, a la vez que los estudiantes practican describiendo su programa favorito.

Repaso

Ponte en forma y diviértete

1 Habla

Este ejercicio tiene como objetivo comenzar a orientar al alumno hacia la Evaluación Interna (oral individual) describiendo imágenes. Los estudiantes describirán las acciones que muestran las imágenes. Sin embargo, usted puede animarlos a que también describan a las personas o lugares representados en las fotos.

2 Imagina

El objetivo de esta actividad es estimular al estudiante a que imagine acciones. En la descripción de la imagen durante el oral individual se espera que el estudiante vaya más allá de la descripción puramente visual de la imagen ofreciendo su interpretación personal de la imagen y sus opiniones. Con esta actividad el estudiante tiene la oportunidad de practicar dicha destreza.

Usted puede utilizar de nuevo las imágenes de la actividad anterior y hacer que los estudiantes, a partir de este estímulo visual, imaginen qué acciones y actividades realizaron durante el fin de semana las personas famosas en las que han pensado. Por ejemplo, después de mirar las imágenes, esta sería una respuesta posible:

Shakira tocó la guitarra, oyó música, bailó, cocinó y jugó al tenis.

3 Habla y escribe

En parejas, los estudiantes van a pensar y a escribir notas sobre tres programas para jóvenes de su edad, pensando en la duración y en la hora de emisión. Esto les ayudará a poner en práctica lo aprendido sobre programación en relación con tipos de programas y horarios. Después pueden hacer un diálogo con las notas que tienen.

Punto de reflexión

Puede realizar esta actividad de reflexión de forma individual y por escrito. Ahora que comienzan el repaso de la unidad, es un buen momento para esta reflexión personal. Recoja las respuestas y haga una reflexión general con los resultados. Puede proyectar un resumen de las respuestas dadas de forma anónima.

¿Por qué es importante y necesario el tiempo libre? Te ayuda a relajar y a descansar, conoces a amigos, etc.

¿Qué haces tú en tu tiempo libre? Deporte, dormir, ver la tele, salir con amigos, etc.

¿Haces deporte? Sí; no; no mucho, etc.

¿Podrías enseñar a alguien a hacer un deporte que nunca ha practicado? Sí (haga una lista de los deportes que podrían enseñar, resalte cualquier deporte que sea propio de su cultura).

9 La educación

Área temática	Organización social
Tema	Educación
Aspectos	Asignaturas Profesores Ropa / vestimenta Espacio escolar Sistemas educativos
Gramática	Pretérito imperfecto Adjetivos comparativos Adjetivos superlativos Condicional
Tipos de texto	**Textos personales** Blog Horario **Textos profesionales** Carta formal **Textos de medios de comunicación de masas** Página web Artículo Folleto
Punto de reflexión	¿Qué es importante en la educación?
Rincón IB	**Teoría del Conocimiento** • ¿Cómo cambia el estilo de educación en varias partes del mundo y por qué? **Creatividad, Actividad y Servicio** • Diseña un colegio futurista para tu pueblo. Piensa en las instalaciones deportivas, artísticas, el diseño de las aulas y el uso de tecnología. **Para investigar** • ¿Qué papel juega la educación en los valores familiares en diferentes culturas? **Oral individual** • Describir fotos representando diferentes escenas escolares en el mundo hispano. (Describir las imágenes durante 1-2 minutos y contestar a preguntas sobre ellas). • Conversación general sobre tus estudios y tus planes futuros. Habla sobre lo que te gustaría hacer.

Esta unidad trata sobre el tema de la educación y cubre aspectos tales como las asignaturas, profesores, colegios y sistemas educativos. Se presenta la educación bilingüe que están adoptando muchos colegios en España y también las dificultades e iniciativas educativas de la Bolivia rural. El contenido de esta unidad estimula a los estudiantes a apreciar su propia formación, pero también a reflexionar sobre lo que realmente importa en la educación. Como parte de esta reflexión, la unidad presenta algunas de las diferencias que existen entre países y genera pensamientos de cómo puede ser un colegio en el futuro. Los tiempos verbales que se cubren en esta unidad son el pretérito imperfecto y el condicional, para que los estudiantes puedan comparar la educación y rutinas de manera histórica, y también para que puedan teorizar sobre lo que sería mejor para el futuro.

1 Para empezar

La nube de palabras contiene el vocabulario que los estudiantes necesitarán para acometer la siguiente tarea oral. Antes de buscar las palabras en el diccionario, deben hablar con un compañero para adivinar su significado y justificar su lógica.

2 Habla

Los estudiantes deben intentar utilizar los conocimientos adquiridos durante las unidades anteriores para hacer esta tarea. Tendrán que expresar sus opiniones y gustos, y también sería útil incluir algunos elementos para expresar la negación como *no* o *ni...ni*. Deben utilizar el vocabulario incluido en la nube de palabras para el diálogo y deben intentar ampliar sus frases lo más posible con elementos como *y*, *también*, *pero* y *sin embargo*. También será importante enfatizar la importancia de la pregunta *¿Y tú qué piensas?*

A. ¿Qué opinas de tus asignaturas escolares?

1 Investiga

Antes de buscar el vocabulario en el diccionario, los estudiantes deben trabajar en parejas para decodificar la lista y adivinar el significado de las palabras. Después de tratar de adivinar y de explicar su lógica, pueden confirmar sus ideas con el diccionario.

2 Lee

Es posible que algunos estudiantes completen la tabla utilizando únicamente un adjetivo. Anímelos a escribir frases completas ya que estas frases contienen los verbos esenciales para dar sus opiniones con más detalle.

Respuesta

Opinión positiva	Opinión negativa
va a ser muy útil es bastante fácil va a ser esencial	no me parecen ni interesantes ni divertidas son muy difíciles no me van a servir para nada en mi vida es bastante aburrida mi profesor es muy severo

3 Escribe

Lo importante de esta tarea es que los estudiantes reconozcan el hecho de que unas asignaturas son singulares mientras que otras son plurales, así que tendrán que adaptar las concordancias.

Después de escribir sus propias frases, los estudiantes podrían leer las de sus compañeros para recomendar cómo mejorarlas, en cuanto al nivel de detalle y también su precisión.

 Cuaderno de ejercicios 9/1

Este ejercicio crea una oportunidad de practicar las asignaturas y, además, demuestra y fortalece la comprensión del uso del comparativo. Así los estudiantes practican cómo describir sus opiniones de las asignaturas y compararlas.

Respuesta

1 Español, Inglés, Geografía, Educación Física, Historia, Ciencias, Matemáticas

2
1. *Creo que Español es más interesante que Educación Física.*
2. En mi opinión Historia es tan útil como Matemáticas.
3. Para mí Educación Física es menos difícil que Inglés.
4. Creo que Matemáticas es tan divertida como Español.
5. En mi opinión Ciencias es más aburrida que Educación Física.
6. Para mí Español es más fácil que Geografía.

4 Escucha

Estas frases van a servir de modelo para ayudar a los estudiantes a desarrollar sus propias respuestas en ejercicios posteriores. Antes de realizar el ejercicio, se puede aprovechar para recordar a los alumnos que el nombre de las asignaturas debe ir en mayúsculas y sin artículo, mientras que los contenidos de las asignaturas llevan artículo y van en minúsculas (en el caso de las TIC se conservan siempre las mayúsculas por ser un acrónimo).

Audio

1. Me encanta estudiar las TIC porque creo que van a ser esenciales para mi futuro.
2. Me dan igual las matemáticas, son útiles pero también muy aburridas.
3. Me gusta mucho estudiar el conocimiento del medio porque me parece fascinante y muy importante.
4. Odio estudiar las ciencias porque son muy difíciles y no son útiles.
5. No me gusta el inglés porque prefiero estudiar el español.

Respuesta

	Contenidos de asignaturas	Me encanta / me gusta / me da igual / odio	Opinión detallada
1	*las TIC*	*me encantan*	*van a ser esenciales para mi futuro*
2	las matemáticas	me dan igual	son útiles pero también muy aburridas
3	el conocimiento del medio	me gusta mucho	me parece fascinante y muy importante
4	las ciencias	odio	son muy difíciles y no son útiles
5	el inglés	no me gusta	prefiero estudiar el español

5 Habla

Este ejercicio tiene como objetivo incitar a los estudiantes a debatir sus opiniones sobre las asignaturas. Deben incluir comparativos y ampliar sus opiniones para no solo utilizar adjetivos básicos.

Esta actividad se puede llevar a cabo en grupos de cuatro estudiantes. Tres de ellos dan sus opiniones sobre las asignaturas y el cuarto escucha e intenta dar consejos sobre cómo mejorar la formulación de las opiniones o, alternativamente, también puede tratar de evaluar el diálogo.

Cuaderno de ejercicios 9/2

1 Este ejercicio practica la formación del pretérito imperfecto.
2 Anime a los estudiantes a desarrollar sus frases para incluir opiniones y justificaciones, especialmente utilizando cláusulas subordinadas.
3 Estos verbos ofrecen la oportunidad a los estudiantes de practicar el pretérito imperfecto y, además, dar sus propias opiniones sobre elementos de su formación pasada.

Respuesta

pronombres personales	estudiar	aprender	escribir	querer
yo	*estudiaba*	aprendía	escribía	quería
tú	estudiabas	aprendías	escribías	querías
él/ella/usted	estudiaba	aprendía	escribía	quería
nosotros(as)	estudiábamos	aprendíamos	escribíamos	queríamos
vosotros(as)	estudiabais	aprendíais	escribíais	queríais
ellos(as)/ustedes	estudiaban	aprendían	escribían	querían

Cuaderno de ejercicios 9/3

Este ejercicio ofrece la oportunidad de practicar la formación del pretérito imperfecto y también proporciona una serie de modelos a los estudiantes de cómo describir el pasado de manera detallada.

Respuestas

1 *me gustaba, Prestaba, escribía*
2 contestaba, me interesaba
3 quería, tenía
4 buscaba, prefería
5 repetíamos, Creíamos, servía
6 daba, Aprendíamos
7 pensabas, Escuchabas

6 Escucha

A veces los estudiantes se confunden con ejercicios donde tienen que decidir entre verdadero, falso y no se menciona. Es importante enfatizar que para esta tarea a este nivel no deben intentar interpretar el diálogo completamente, solo diseccionar los detalles mencionados. Los estudiantes tendrán que reflexionar sobre el contexto de la conversación. Carlos, Lucía y Tania usan un tono informal: *¿Cómo te va? / ¿En serio?*, para hablar de sus opiniones del colegio. Como resultado, se puede averiguar que es una conversación entre amigos en vez de un diálogo más formal o estructurado.

Cuando los estudiantes hayan completado el ejercicio, puede continuar la clase con una tarea similar, pero en la que deban escribir su propio ejercicio con un compañero para luego intercambiarlo con otra pareja. Así los estudiantes deben reflexionar sobre cómo incluir una trampa para sus compañeros y, como resultado, ser más conscientes de cómo resolver este tipo de tarea en el futuro.

Audio

Carlos: ¿Cómo te va en el colegio en este momento, Tania?

Tania: Hay mucho trabajo que hacer, pero bien, gracias. Actualmente me encanta estudiar la biología. Quiero ser médica en el futuro. Y tú, Lucía, ¿qué tal?

Lucía: En este momento tengo un problema enorme con las TIC. Son demasiado difíciles.

Carlos: ¿En serio? A mí me gustan mucho las TIC, me parecen esenciales para el futuro.

Tania: Estoy de acuerdo, Carlos. Pero en mi colegio yo también tenía muchos problemas con las TIC, pero luego cambié de profesor y ahora me fascinan.

Respuesta

	Verdadero	Falso	No se menciona
1 *Tania tiene mucho trabajo que hacer.*	✔		
2 Tania quiere ser una mujer de negocios.		✔	
3 Para Lucía las TIC no son fáciles.	✔		
4 Carlos cree que el estudio de la tecnología no es muy importante.		✔	
5 Tania cree que Lucía debe cambiar de profesor.			✔
6 Antes Tania no entendía bien las TIC.	✔		

7 Escribe

Esta actividad es la culminación de las actividades anteriores.

Anime a los estudiantes a:

- Utilizar opiniones detalladas.
- Conectar sus frases (*y, también, además, pero, sin embargo*).
- Describir sus asignaturas ahora y en el pasado utilizando el pretérito imperfecto.

Al escribir sus respuestas, los estudiantes deben pensar en el registro que usan para escribir en el foro. El ejemplo incluye frases completas y indica un tono bastante formal, aunque también ofrece opiniones personales.

Después de escribir sus descripciones, resultará útil hacer unas tareas adicionales para que puedan aprovechar mejor el ejercicio. Anime a los estudiantes a leer como mínimo tres descripciones de sus compañeros para aprender de su trabajo y también para reforzar buenos hábitos sobre cómo revisar el trabajo para corregir errores. Después de leer cada descripción, los estudiantes deben escribir un breve comentario sobre cada texto para recomendar cómo mejorarlo. Ayude a los estudiantes menos hábiles dándoles varias expresiones e indicadores que puedan utilizar para comentar el trabajo de sus compañeros.

Ejemplos

- Utiliza conectores para hacer tus frases más interesantes.
- Utiliza la forma correcta del pretérito imperfecto.
- Aporta una opinión más detallada.
- Utiliza más adjetivos para describir tus opiniones.

Actividad complementaria 9.1

Esta actividad adicional consolidará la producción escrita del tema de las asignaturas y las actividades relativas a la educación.

B. *El horario escolar*

Cuaderno de ejercicios 9/4

1 Esta tarea consolida el repaso de las horas. Puede sugerir a los estudiantes que dibujen las horas en un reloj analógico para asegurarse de que lo han entendido.

Respuesta

1 Son las tres y veinte. = *3:20*
2 Son las ocho. = 8:00
3 Son las cinco y cinco. = 5:05
4 Son las nueve y cuarto. = 9:15

2 Muchos estudiantes tienen problemas con la hora, especialmente cuando hay que usar un reloj analógico. Este ejercicio les ofrece la oportunidad de practicarlo y también de usar la hora escrita en palabras.

1	*3:15*	3	12:40	5	3:35	7	1:05
2	11:30	4	2:10	6	5:45	8	12:00

1 Escribe

Este ejercicio tiene como objetivo practicar la forma escrita de los números, que se aprendió en la unidad 1.

Anime a los estudiantes a examinar el horario. Algunos de ellos se darán cuenta de la duración de un día de clase y de la hora a la que empieza y termina. Además puede ser que la media hora de *Estudio* les llame la atención y también el hecho de que algunas clases sean en inglés. No obstante, muchos estudiantes también podrán identificarse con la duración de las clases (50 minutos) y con la mayoría de las asignaturas.

Anime a los estudiantes más capaces a incluir unos comparativos en sus propias frases para ampliar el nivel de detalle y complejidad. Esta segunda parte del ejercicio tiene como objetivo forzar a los estudiantes a reflexionar sobre las diferencias entre su propio colegio y este colegio bilingüe.

Respuesta

1 ¿Cuántas veces por semana se estudia Matemáticas? Cuatro.
2 ¿Cuántas veces por semana se estudia Inglés? Cinco.
3 ¿Cuántas veces por semana se estudia Lengua Castellana y Literatura? Cuatro.
4 ¿Cuántas veces por semana se estudian las TIC? Dos.
5 ¿Cuántas veces por semana se estudia Ciencias Naturales? Tres.
6 ¿Cuántas veces por semana se estudia Religión? Dos.
7 ¿Cuántas veces por semana se estudia Educación Física? Tres.
8 ¿Cuántas veces por semana se estudia en inglés? Quince.

2 Escribe y comprende

1 Los estudiantes deben utilizar el horario de clases para escribir sus respuestas. Deben tener cuidado especial con las frases 1, 6 y 7, ya que muchos estudiantes se confunden con la hora al escribir *menos*.

Respuesta

1 ¿A qué hora se estudia Música el lunes? *A las tres menos veinticinco.*
2 ¿A qué hora se estudia Ciencias Naturales el martes? A las diez y veinticinco.
3 ¿A qué hora se estudia Ética el miércoles? A las tres y veinte.
4 ¿A qué hora se estudia Inglés el viernes? A las nueve y media.
5 ¿A qué hora se estudia Ciencias Sociales el martes? A las cuatro y diez.
6 ¿A qué hora se come cada día? A las dos menos diez.
7 ¿A qué hora hay recreo cada día? A las doce menos cuarto.

2 Esta actividad estimulará la reflexión sobre los factores que influyen en el horario escolar. Trabaje con grupos de tres o cuatro estudiantes para crear un mapa conceptual sobre el tema; pídales que sugieran ideas sobre por qué el horario podría cambiar.

Luego anime a los estudiantes a investigar los horarios escolares de varios países en climas contrastantes antes de compartir sus resultados con el resto de la clase.

Actividad complementaria 9.2

Esta actividad adicional continúa la práctica de buscar información en el horario escolar.

Respuesta

1 Estudian dos idiomas: inglés y francés.
2 El almuerzo es a las dos menos diez cada día.
3 El recreo dura veinticinco minutos.
4 Estudian cuatro asignaturas en inglés: Matemáticas, Ciencias Naturales, Educación Física e Inglés.
5 Las clases empiezan a las nueve y media, y terminan a las cinco.

Actividad complementaria 9.3

Esta actividad adicional consolida la comprensión del horario escolar.

Respuesta

1 Falso – Hay clases de Matemáticas los lunes, martes, miércoles y viernes.
2 Verdadero
3 Verdadero
4 Falso – Hay media hora diaria de Estudio.
5 Verdadero

C. *El plan bilingüe, ¿qué opinas?*

1 Lee

Los estudiantes deben hacer esta primera actividad individualmente antes de hablar con un compañero durante el próximo ejercicio para que todos formen sus propias opiniones, para luego defenderlas durante la tarea oral. Lo más importante es que aprecien que no hay un orden correcto.

2 Habla

En este ejercicio los estudiantes debaten sobre lo que ellos consideran que son las razones por las que se debe aprender un idioma, tras formar sus opiniones durante el ejercicio anterior.

Se espera que cada estudiante aporte unas prioridades diferentes, pero ahora deben ponerse de acuerdo en cuanto a esas prioridades, utilizando las frases para facilitar su debate.

3 Lee

La primera lectura del texto se puede hacer como una tarea plenaria, pidiendo a diferentes estudiantes que lean un par de frases en voz alta y expliquen brevemente su significado general.

Los estudiantes deben trabajar con una pareja para analizar el registro del texto. Es un texto profesional con el objetivo claro de explicar y educar sobre el impacto del plan bilingüe. Usa frases completas y párrafos más largos y ofrece opiniones. Puede ser que el texto sea un blog profesional o, quizás, un artículo escrito por el profesor para una revista o una página web. Los lectores del texto son otros profesores y también la comunidad en general, especialmente la gente con un interés en la educación y la política gubernamental.

4 Escribe

Este ejercicio anima a los estudiantes a analizar el texto en más detalle para crear sus listas de factores positivos. El ejercicio les ayudará a reflexionar sobre sus propias opiniones del plan bilingüe.

Puede sugerir a los estudiantes más capaces que justifiquen su clasificación (1-5) de las opiniones, de manera escrita u oral con un compañero.

5 Escribe y comprende

1 Antes de empezar a escribir, los estudiantes deben hablar con una pareja para decidir el formato más apropiado para su descripción. Deberán darse cuenta de que va a ser un texto personal, pero bastante formal, para incluir los argumentos a favor y en contra. Necesitarán notar que el ejemplo usa frases completas, pero no es de un estilo periodístico, así que un blog sería la opción más adecuada. Los estudiantes deben utilizar el lenguaje de esta unidad y además su propio conocimiento aprendido durante unidades previas para completar esta tarea donde tendrán que adaptar la gramática para expresarse.

Después de que terminen de escribir resultará útil analizar y comparar las respuestas para que los estudiantes aprendan los unos de los otros. Deben pensar en el nivel de detalle, la variedad de vocabulario, las estructuras gramaticales y la calidad de los argumentos.

Anime a los estudiantes más capaces a comparar sus opiniones sobre el aprendizaje de idiomas con sus opiniones hace cinco años (utilizando el pretérito imperfecto). Los estudiantes de nivel más bajo pueden seguir el formato del ejemplo:

- ¿Estás a favor del plan o no?
- ¿Es importante aprender un idioma o no? ¿Por qué?
- *¿Quieres utilizar un idioma en el futuro? ¿Por qué?*

2 El aprendizaje de un idioma es una parte importante del Bachillerato Internacional, pero esto no significa que todos los estudiantes aprecian sus beneficios. Pida a la clase que valore este aspecto mostrándole con los dedos si piensan que es útil aprender un idioma (deben enseñar cinco dedos) o si no les vale mucho (para expresar esta opinión, deben enseñar un dedo). Después pueden escribir, de forma individual o en grupos pequeños, una lista de razones positivas (beneficios mentales al conocer a nuevas personas, apertura de oportunidades internacionales, etc.) y negativas. Unos estudiantes escribirán que todo el mundo habla inglés, entonces preguntarán por qué hay que aprender otro idioma. Esto dará oportunidad a los demás de persuadirlos de las ventajas y beneficios de aprender otro idioma.

Para terminar la tarea, los estudiantes pueden crear un póster para convencer a los demás de por qué es tan importante aprender un idioma.

D. *¿Cómo es un profesor inspirador?*

1 Lee

Antes de hacer el ejercicio, los estudiantes deben hablar con un compañero para deducir el significado de las frases.

Para acometer el segundo paso del ejercicio, los estudiantes deben utilizar las características aprendidas en la unidad 2 para describir a la familia. Además deben añadir intensificadores y cuantificadores (*bastante, muy*) y adverbios de tiempo (*normalmente, siempre, frecuentemente*).

2 Habla

Este ejercicio anima a los estudiantes a debatir sus opiniones, utilizando las frases para indicar si están de acuerdo o no. Recuerde a los estudiantes que utilicen las expresiones para indicar acuerdo/desacuerdo que aparecen en la tabla de vocabulario en la página 107.

Después de trabajar en parejas, puede continuar este discurso con la clase entera para seguir repitiendo el vocabulario y así profundizar en el aprendizaje.

3 Lee

Este texto incluye el pretérito indefinido que se aprendió durante las unidades 6, 7 y 8, tanto como el pretérito imperfecto que se explicó en esta unidad 9. Además, aprendieron el vocabulario para describir a alguien en la primera unidad, así que aquí deben repasar estos conocimientos.

Anime a los estudiantes a reflexionar sobre el tipo de texto y su propósito. Este texto es muy personal, pero escrito para un público y para que alguien lo lea. Como resultado, se puede concluir que no es un diario personal. El propósito es compartir los detalles de un profesor inspirador, quizás para un concurso o una revista en línea.

Puede organizar juegos de repaso para ayudar a los estudiantes a recordar las estructuras, por ejemplo adivina quién. Todos los estudiantes se ponen de pie mientras que el profesor describe características, como *tengo el pelo rubio*. Solo los estudiantes que tienen esa característica quedan de pie, los demás se sientan, hasta que solo quede de pie un estudiante. Repita el juego, dejando el papel de profesor a un estudiante diferente cada vez.

No es esencial que incluyan cada elemento de las respuestas como aparecen aquí, pero deben asegurarse de que escriben la tercera persona del singular.

Respuesta

1 Aunque sea un texto muy personal, no es un diario personal, porque está escrito para un público y para que alguien lo lea. El propósito es compartir los detalles de un profesor inspirador, quizás para un concurso o una revista en línea.

2 Pretérito imperfecto: enseñaba, quería, tenía, era, estaba, le encantaba, le gustaba, sabíamos, medía, llevaba

Pretérito indefinido: me inspiró, contó

3 **A** ¿Cómo se llama el profesor / la profesora? Se llama señor Martínez.

B ¿Qué asignatura enseñaba? Enseñaba Historia.

C ¿Por qué era un profesor inspirador? Inspiró mucho. En particular inspiró a Felipe a buscar más información y a saber más. Era muy justo y siempre entusiasta y apasionado, le encantaba su trabajo.

D ¿Cómo era su personalidad? Era un hombre muy simpático, le gustaba hablar mucho y les contó muchas historias fascinantes. No era muy estricto, pero tampoco era permisivo, sabían todos exactamente cómo comportarse en su clase.

E ¿Cómo era físicamente? No era muy grande, medía más o menos un metro sesenta y cinco, y también estaba muy delgado. Pero tenía una voz muy fuerte. Tenía el pelo corto y gris (aunque probablemente solo tenía entre cuarenta o cuarenta y cinco años). Llevaba gafas, ¡y siempre llevaba la misma chaqueta marrón!

4 Escribe

Los estudiantes deben utilizar el vocabulario de los dos ejercicios de lectura para formar los fundamentos de sus descripciones. Tendrán que adaptar los verbos utilizados en el primer ejercicio donde están en el presente. Puede que sea útil hablar otra vez con los estudiantes sobre la formación del pretérito imperfecto y también sobre cuándo se utiliza el pretérito imperfecto (una acción que continúa, o que continuaba durante un periodo indefinido), y cuándo se utiliza el pretérito indefinido (una acción que interrumpe la acción en el pretérito imperfecto o que tiene un final claro).

Ejemplo: *Siempre le gustaba* (pretérito imperfecto) *contarnos historias divertidas. Pero un día nos contó* (pretérito indefinido) *la historia de su primer día en el colegio*.

5 Habla

Anime a los estudiantes con un nivel más alto a hablar de memoria, sin utilizar el texto que acaban de escribir. Además, puede darles unas preguntas adicionales para forzarlos a pensar un poco más.

Los estudiantes con un nivel más bajo deben contestar utilizando los verbos del texto, mientras que los estudiantes con un nivel más alto deben intentar utilizar una variedad de verbos adicionales para ampliar sus frases.

E. *El uniforme escolar, ¿es importante?*

1 Lee y habla

Es importante enfatizar a sus estudiantes que no hay una respuesta correcta para el ejercicio, para así facilitar el debate entre ellos y permitir más el uso del lenguaje para llegar a una decisión.

2 Escucha

Los estudiantes tienen que escuchar no solo para decidir si cada alumno está a favor o en contra del uniforme, sino también para justificar su decisión.

Audio

1 Soy María. Antes, cuando no había uniforme escolar, siempre estaba muy nerviosa porque no sabía qué llevar y tenía mucho miedo de no estar de moda.

2 Hola, me llamo Fede. En mi opinión el uniforme escolar es un desastre, no quiero que nadie tenga el derecho a decidir lo que voy a llevar yo.

3 Soy Manolo y creo que el uniforme escolar es esencial para el bienestar de los estudiantes en el colegio. En mi colegio había muchos problemas de acoso escolar a causa de no llevar uniforme.

4 Me llamo Teresa y pienso que el uniforme escolar es más práctico. Aunque mi falda sea fea, es muy fácil lavarla y no me preocupo mucho de cuidarla.

5 Soy Paula y creo que el uniforme es sexista ya que normalmente las chicas tienen que llevar una falda conservadora mientras que los chicos llevan pantalones normales.

6 Me llamo Roberto y me parece que comprar todos los elementos del uniforme escolar cuesta mucho, pero no tanto como comprar ropa de moda diferente para cada día.

Respuesta

	Nombre	A favor / en contra	Justificación
1	*María*	*a favor*	*Antes tenía mucho miedo de no estar de moda.*
2	Fede	en contra	Quiere decidir lo que va a llevar por sí mismo.
3	Manolo	a favor	Evita muchos problemas de acoso escolar.
4	Teresa	a favor	El uniforme escolar es más práctico.
5	Paula	en contra	Es sexista.
6	Roberto	a favor	Comprar ropa de moda cuesta más que comprar el uniforme.

3 Habla

Los estudiantes deben utilizar el vocabulario del ejercicio de lectura y su conocimiento de otros debates para expresar sus opiniones sobre el uniforme escolar.

Puede ser útil mezclar los grupos tras dos o tres minutos de debate para facilitar la repetición de justificaciones y su asimilación.

4 Lee

1 Esta tarea ofrece una oportunidad para repasar las prendas de ropa aprendidas en la unidad 1.

Respuesta

zapatillas de deporte	falda
zapatos	jersey
pantalones	vestido
camisa	chaqueta
camiseta	chándal

2 Este tipo de ejercicio aparece normalmente en los exámenes, así que es importante que los estudiantes desarrollen las destrezas necesarias para afrontarlo. Ayude a los estudiantes a reflexionar sobre la importancia de la gramática y del contexto para resolver el ejercicio.

Respuesta

1	llevan	6	ropa
2	dictar	7	tanto
3	tengo	8	falta
4	guay	9	acaba
5	llevo	10	llevar

5 Lee y escribe

Los estudiantes deben ser muy precisos para escribir unas 70 palabras. Tienen que planear sus respuestas y pensar cómo pueden incluir el detalle necesario para cumplir con la tarea.

Es importante ayudar a los estudiantes a entender que necesitan incluir la dirección arriba a la derecha y empezar con *Estimado / a* + título formal, pero luego deben usar dos puntos. Ya que es una carta formal, deben terminar con *Atentamente*, y su nombre completo. Además, dado que se escribe al director, se necesita usar un estilo formal con frases completas, sin abreviaciones ni lenguaje coloquial, y con un tono respetuoso.

Los estudiantes con un nivel más bajo probablemente necesitarán un poco de ayuda en cómo estructurar su respuesta.

- Describe tu uniforme (*mi uniforme consiste en..., en mi opinión es...*) o explica que no llevas uniforme (*no llevo uniforme en mi colegio*).
- Declara si te gusta llevar uniforme escolar o no.
- Utiliza dos de las frases de la lista del primer ejercicio de la página para justificar tu opinión.

F. *José Luis describe las instalaciones de su colegio*

1 Lee y escribe

Este ejercicio aportará resultados diferentes. Aunque sí hay ocho respuestas correctas para el primer paso, no hay respuestas exactas ni para el segundo ni para el tercer paso. Lo más importante serán las estrategias que los estudiantes utilicen para sus deducciones, que luego pueden poner en común con el resto de la clase. Anime a los estudiantes a reflexionar sobre el tipo de texto. Pídales que hagan una lista de las características del texto con un compañero. Este texto usa las convenciones de una carta informal (uso de *Querido* en vez de *Estimado* y *tú* en vez de *usted*. Incluye frases completas y párrafos y contiene opiniones personales. (Puede consultar la tabla al final de este libro).

Respuesta

biblioteca (f), vieja
patio (m), grande
cafetería (f), pequeña
cancha de baloncesto (f), básica
gimnasio (m), chulo
laboratorios científicos (m), modernos
sala de informática (f), bien equipada

2 Escucha

Esta tarea tiene como objetivo practicar el reconocimiento de las instalaciones y enfatizar el uso del superlativo relativo antes del ejercicio oral siguiente.

Los estudiantes con un nivel más alto deben anotar toda la información que puedan.

Audio

1. Hola, soy Mariló, y para mí la cafetería es la parte más social de mi colegio, soy muy habladora.
2. Me llamo José Luis y en mi opinión las aulas son las instalaciones más estimulantes del colegio, es muy importante decorarlas de manera interesante, ya que es donde aprendemos.
3. Soy Luisa y para mí el gimnasio es lo peor de mi colegio, el deporte no sirve para nada en mi vida, prefiero pensar que hacer deporte.
4. Soy Carmen y en mi opinión la sala de informática es la parte más anticuada de mi colegio, es una lástima y se necesita modernizarla.
5. Me llamo Rafa, parece ridículo, pero en mi colegio lo más moderno es el patio, acaban de terminar unas obras para mejorarlo, y me encanta.
6. Me llamo Andrés y en mi colegio los laboratorios son los espacios más divertidos porque hacemos experimentos e investigaciones, y me fascinan.

Respuesta

1. Mariló, la cafetería, social
2. José Luis, las aulas, estimulantes
3. Luisa, el gimnasio, lo peor
4. Carmen, la sala de informática, anticuada
5. Rafa, el patio, moderno
6. Andrés, los laboratorios, divertidos

3 Habla

Los estudiantes deben utilizar el superlativo relativo para completar esta tarea. El adjetivo más obvio para el ejercicio es *importante*, así que resultará útil dar tres minutos antes de hablar para preparar una lista de adjetivos variados.

Para practicar el uso del superlativo relativo, los estudiantes deben hablar con varios compañeros para repetir su frase. Los estudiantes más capaces deben utilizar un adjetivo diferente cada vez.

4 Escribe

Esta tarea combina toda la información que los estudiantes han aprendido durante esta unidad. Deben intentar incluir una variedad de vocabulario y estructuras, incluyendo el comparativo, el superlativo y el pretérito imperfecto. También deben intentar incorporar vocabulario y elementos gramaticales de otras unidades para mejorar sus descripciones y para agregar variedad gramatical. Los estudiantes necesitarán unos minutos para preparar su respuesta, para pensar no solo en los detalles, sino también en cómo expresarse sin repetirse.

Para esta tarea, los estudiantes podrían escribir una carta a los lectores o escribir un artículo para explicar sus opiniones. La carta necesitaría usar las convenciones tradicionales utilizadas en las dos últimas páginas para empezar y terminar la carta. El artículo es un medio de comunicación de masas y debería usar un lenguaje más emotivo para educar o persuadir al lector.

Después de escribir el primer borrador puede ser útil dejar que los estudiantes lean las composiciones de sus compañeros para dar unos consejos precisos sobre cómo mejorarlas y para generar más ideas para sus propios textos. Para conseguir esto puede ser apropiado darles a todos un rotulador fluorescente para indicar secciones que necesitan atención, para luego escribir una frase recomendando cómo mejorar la descripción (más detalle, más variedad gramatical, etc.). Esto guiará a los estudiantes para mejorar la calidad de su descripción y poder escribir otro borrador mejorado con los consejos.

 Cuaderno de ejercicios 9/5

Esta actividad no tiene una respuesta correcta, pero permite a cada estudiante usar su propia creatividad para practicar el superlativo. Después de escribir sus frases, los estudiantes pueden leer las de sus compañeros; luego déjeles cinco minutos más para mejorar sus propias frases, concentrándose en particular en corregir cualquier error relacionado con el uso del superlativo, añadir algún detalle y mejorar la calidad del vocabulario.

 Cuaderno de ejercicios 9/6

Este ejercicio ayuda a los estudiantes a familiarizarse con la conjugación y uso del condicional. La segunda parte del ejercicio presenta la forma verbal del pretérito imperfecto del subjuntivo pues es un tiempo que aparece a menudo junto con el condicional para expresar causalidad potencial. No se espera que los estudiantes aprendan este tiempo verbal a estas alturas del curso, pero es conveniente que se acostumbren a su presencia con el condicional. Deben ampliar las frases para justificar sus opiniones lo más posible.

Respuesta

1

pronombres personales	estudiar	escribir	suspender
yo	estudiaría	escribiría	suspendería
tú	estudiarías	escribirías	suspenderías
él/ella/usted	estudiaría	escribiría	suspendería
nosotros(as)	estudiaríamos	escribiríamos	suspenderíamos
vosotros(as)	estudiaríais	escribiríais	suspenderíais
ellos(as)/ustedes	estudiarían	escribirían	suspenderían

2 1 Si pudiera, el año que viene ***estudiaría*** *Negocios porque creo que* ***sería*** *muy útil para mi futuro, ya que* ***me gustaría*** *trabajar en los negocios internacionales.*

2 En nuestras clases de Matemáticas escribiríamos menos y así creo que aprendería mucho más y sería más divertido.

3 Si el profesor de Ciencias fuera más interesante, mi amigo Juan no suspendería, pero también debería estudiar mucho más durante las clases.

 Cuaderno de ejercicios 9/7

El condicional es muy fácil de reconocer con infinitivos terminados en *-ar*, pero algunos estudiantes lo confunden con el pretérito imperfecto de los verbos terminados en *-er* e *–ir*, dado que las terminaciones son muy parecidas. Por esta razón, es muy importante recordarles que, excepto con los irregulares, los verbos en el condicional siempre incluyen el infinitivo entero y luego las terminaciones, mientras que en las formas verbales en el pretérito imperfecto no se utilizan *-ar*, *-er* e *-ir*.

1 *Me encantaría*
2 Trabajaría, sacaría
3 preferiría
4 era, iba
5 Se prestaría

5 Lee

Todos los estudiantes tendrán perspectivas diferentes sobre estas declaraciones. Muchos estudiantes decidirán que todas son imposibles, algo que abrirá un debate interesante con los estudiantes que creen que varios deberían ser posibles, sobre cómo se puede seguir mejorando el sistema para generaciones futuras.

6 Habla

Los estudiantes deben utilizar comparativos y el superlativo relativo para describir las declaraciones sobre un colegio ideal. También sería útil animarlos a expresar si están de acuerdo o no, especialmente al utilizar las frases naturales como *claro* o *qué va* para mejorar el dialogo.

7 Escucha y escribe

Para fortalecer su conocimiento del condicional, los estudiantes deben escuchar a Esther y completar los espacios. Tendrán que pensar también en la conexión entre los sonidos fonéticos y como se deletrea las palabras.

Audio

Para mí un colegio del futuro debería ser muy diferente al colegio actual donde estudio.

Primero, el edificio: habría más luz natural, siempre me duele la cabeza después de mis clases gracias a las bombillas compactas fluorescentes. También sería mejor para el medio ambiente —es muy importante respetar la naturaleza—. Creo que habría muchos paneles solares y una turbina eólica también para generar electricidad. No habría aulas tradicionales, pero se podría elegir dónde estudiar: en un tipo de biblioteca o un espacio cómodo, ¡o quizás afuera, en el jardín!

Segundo, no me interesan la mayoría de mis asignaturas porque no me sirven para nada en mi vida cotidiana. Las clases tendrían que ser más activas e interesantes y así aprendería mucho más.

Respuesta

1 debería
2 habría
3 sería
4 habría
5 podría
6 jardín
7 asignaturas
8 tendrían
9 aprendería

8 Escribe

Antes de empezar, los estudiantes necesitan reflexionar sobre el objetivo y el registro del texto que van a escribir. El texto necesitará tener un tono más formal con frases completas y párrafos estructurados para desarrollar el argumento. Un blog o un articulo serían formatos apropiados, pero lo importante es que los estudiantes puedan justificar sus decisiones.

Lo más importante de esta tarea es que los estudiantes utilicen el condicional para expresar sus ideas. Los estudiantes más capaces deben intentar incluir unas de las expresiones que utilizan *si* + subjuntivo imperfecto del párrafo también para mejorar la calidad de su descripción.

G. *La educación rural en Bolivia y la esperanza para un futuro mejor*

 ***Actividad complementaria 9.4***

Esta actividad adicional complementa la comprensión del texto de la página 112.

Respuesta

1 El sistema educativo en Bolivia solo cubre el 80 por ciento de los niños.
2 En las zonas rurales hay niños que no van al colegio por necesidad de trabajar y también porque muchos padres dudan de la importancia de la formación.
3 Los dos factores que van a contribuir a la mejora del sistema educativo boliviano son la ampliación del horario escolar de cuatro a siete horas y la tecnología.

1 Lee y escribe

Este artículo intenta informar y educar al destinatario sobre la actualidad del sistema boliviano. Aunque incluye unos datos que sorprenderán a los estudiantes, también muestra un elemento de esperanza para un futuro más positivo. Es un texto formal con una estructura clara para dividir las secciones y para separar las ideas principales y ayudar al desarrollo de un argumento.

Para compartir la misma información, pero de manera diferente, se podría usar otro tipo de medio de comunicación de masas, como un blog. Esto permitiría el uso de un lenguaje más emotivo y podría tener un registro un poco menos formal.

Respuesta

Problemas mencionados:

1 El sistema entero solo tiene una cobertura de aproximadamente 8 de cada 10 de la población en edad escolar.
2 Especialmente en áreas rurales hay una escasez grave de colegios.
3 En muchos casos una de las razones principales para no ir al colegio es la necesidad de trabajar.
4 La falta de movilidad social también es la causa por la que muchos padres dudan de la importancia de la formación.
5 Los profesores no reciben un sueldo generoso y, por eso, se critica que muchos, quizá, solo aplican un mínimo esfuerzo.

2 Lee

Este texto será difícil para muchos estudiantes ya que contiene mucho vocabulario y expresiones desconocidos. No obstante, deben reflexionar sobre las palabras que sí entiendan. Tienen que utilizar su conocimiento lingüístico con el texto para decodificarlo, tanto como las pistas en las fotos *(¿Es un país rico o pobre? ¿Qué condiciones imaginas que existen en un país así?*) y la deducción lógica.

Respuesta

1 **C**, 2 **C**, 3 **A**, 4 **B**, 5 **C**, 6 **B**

3 Habla

Los estudiantes deben intentar reflexionar no solo sobre estos factores, sino también si serán siempre útiles en las regiones rurales o si puede que haya problemas adicionales causados por estos factores, tal como el coste o si realmente van a mejorar la calidad del aprendizaje. Cada grupo puede decidir cuál le parece más importante.

Los estudiantes deben intentar utilizar las frases de ejercicios anteriores para debatir los elementos y para indicar si están de acuerdo o no.

4 Escucha y comprende

Este ejercicio va a ser bastante difícil para muchos estudiantes ya que el contenido es complicado. Tendrán que escuchar con detalle para poder decidir si las frases son verdaderas, falsas o si no se menciona. Antes de escuchar por primera vez, puede ser útil dar a los estudiantes unos minutos para decidir cuáles son las palabras claves en la frase y luego pensar en sinónimos y antónimos de estas palabras.

Los estudiantes con un nivel más alto deben intentar escribir más información adicional que menciona cada persona.

Audio

1 Soy María y para mí el problema es que a los profesores no les interesa ayudar a los alumnos. Los edificios no son cruciales, pero lo más importante es mejorar las condiciones para los profesores y pagarles más también.
2 Me llamo José y me parece que los colegios bolivianos son muy anticuados. La forma de educación no es apropiada, los estudiantes son muy pasivos y solo escuchan.
3 No hay colegios suficientes, especialmente de secundaria. No se debe tener que viajar mucho para estudiar, o deben utilizar la tecnología para ayudar a los estudiantes.
4 Va a ser muy importante convencer a los padres que la educación es el factor más importante en las vidas de sus hijos. Muchos no entienden por qué deberían permitirles estudiar y no trabajar.
5 Es la responsabilidad del Gobierno mejorar el sistema. Debe invertir dinero ahora en la tecnología y el futuro de los jóvenes, ellos son los que más van a cambiar el futuro de este país.

Respuesta

1

	Verdadero	Falso	No se menciona
1 María cree que los edificios son cruciales.		✔	
2 La forma de educación es demasiado pasiva.	✔		
3 Se debe utilizar la tecnología para ayudar a los jóvenes que no pueden ir físicamente a un colegio.	✔		
4 Se debe enseñar a los padres la importancia de la educación.	✔		
5 Las autoridades locales deben prometer un trabajo a cada estudiante que continúe su educación hasta la edad de catorce años.			✔
6 Son dos amigas que hablan de manera informal.		✔	

2 Este ejercicio ayudará a los estudiantes a reflexionar sobre lo que aprenden. La educación tradicional está enfocada en el aprendizaje de detalles y hechos, mientras que el Bachillerato Internacional pone más énfasis en el desarrollo de capacidades que se puedan utilizar en distintas situaciones. Al usar el diccionario, los estudiantes pueden crear una lista de las capacidades que utilizan durante sus estudios, como la colaboración o el análisis de información.

Repaso

Concurso internacional de la Organización de las Naciones Unidas: **Un colegio ideal para el mundo moderno**

1 Escribe

Este ejercicio permite a los estudiantes utilizar su imaginación para crear su colegio ideal. Anime a los estudiantes con un nivel más alto de español a utilizar más variedad de estructuras en su artículo, especialmente el pretérito imperfecto y el condicional.

Los estudiantes de nivel más bajo pueden basar su artículo en la descripción de su propio colegio, pero necesitarán reflexionar sobre los cambios que a ellos les gustaría ver para mejorar el sistema.

Punto de reflexión

Este ejercicio continúa el proceso de hablar de cómo cambian el estilo de educación y las prioridades en varias partes del mundo. Después de hacer este ejercicio, resultará útil empezar la tarea de Creatividad, Actividad y Servicio explicada en la primera página de la unidad.

Creatividad, Actividad y Servicio

Antes de empezar a diseñar sus colegios del futuro, vale la pena ayudar a los estudiantes a reflexionar sobre lo que les importa en un colegio y en el proceso de aprender. Para conseguirlo, es útil usar un "diamante 9". Es decir, darles, o sobre papelitos pequeños o escritos en la pizarra, nueve elementos de un centro de aprendizaje y, luego, tienen que unirlos en forma de un diamante: un factor crucial, luego dos abajo que les parezcan muy importantes, tres que son bastante importantes, dos que son un poco menos importantes y, finalmente, el último factor que les parece el menos esencial. Estos factores podrían incluir "tecnología moderna", "Internet rápido", "electricidad renovable" o, incluso, "comida deliciosa", pero la clave es estimular un debate, en español o en el idioma nativo.

Cuando los estudiantes hayan creado sus diseños, ¡celébrelo! Si hay espacio, elabore una exposición en el aula o en el pasillo para compartir sus ideas y provocar reacciones de otros estudiantes en el colegio (pueden escribirlos sobre un póster o unos pósits).

10 ¡Vamos a celebrar!

Área temática	Experiencias
Tema	Festivales y celebraciones
Aspectos	Eventos culturales y especiales: festivales Actividades recreativas Festejos
Gramática	Adjetivos Verbos modales (introducción) Verbos irregulares con cambio en el radical Adjetivos comparativos (repaso) Superlativo absoluto Pretérito imperfecto (repaso) Verbos impersonales
Tipos de texto	**Textos personales** Horario Correo electrónico Invitación Sitio web de una red social **Textos profesionales** Folleto Receta **Textos de medios de comunicación de masas** Póster Anuncio
Punto de reflexión	¿Cómo se celebran las fiestas tradicionales en tu cultura?
Rincón IB	**Teoría del Conocimiento** • ¿Cuál es tu percepción sobre las fiestas tradicionales del mundo hispano? **Creatividad, Actividad y Servicio** • Prepara un plan para enseñar las costumbres y celebraciones más populares de tu país a los alumnos extranjeros de tu clase. Después haz una presentación de vuestra experiencia en tu clase. **Para investigar** • Sincretismo en las celebraciones en Latinoamérica con la confluencia de tradiciones indígenas y la religión católica tras la conquista. **Oral individual** • Describir fotos representando diferentes escenas de festivales en el mundo hispano. (Describir las imágenes durante 1-2 minutos y contestar a preguntas sobre ellas). • Conversación general sobre las fiestas que celebras en tu familia y con tus amigos. Habla sobre las celebraciones que recuerdas de cuando eras más joven.

Esta unidad aborda ciertos aspectos del área temática Experiencias, y cubre el vocabulario sobre fiestas y tradiciones populares en el mundo hispanohablante en el contexto del Carnaval de Gran Canaria, uno de los eventos más populares del calendario español de fiestas. Los estudiantes ganarán un amplio conocimiento cultural y aprenderán el vocabulario y las estructuras para describir eventos y celebraciones, expresar su opinión sobre los mismos e invitar a otros a acompañarlos en ocasiones señaladas.

La unidad se centra en puntos gramaticales como verbos con cambio en el radical, el pretérito imperfecto, los verbos impersonales y los modales, además de otros temas como adjetivos, adjetivos comparativos, superlativos y preposiciones.

1 Para empezar

Discuta con sus estudiantes de qué trata el cartel y la información que contiene, así como el modo en que se presenta la información en él: ¿frases completas o incompletas?, ¿por qué? Se recomienda que anime a sus estudiantes a responder en español en oraciones completas y no solo en respuestas breves, particularmente las tres últimas preguntas que permiten a los estudiantes respuestas más elaboradas y extensas de acuerdo con las habilidades de cada uno.

Respuesta

- ¿De qué se trata? Se trata de un póster informativo sobre el Carnaval de Gran Canaria que promociona el concurso de maquillaje corporal.
- ¿Dónde? Tiene lugar en el parque de Santa Catalina.
- ¿Cuándo? Tiene lugar el cuatro de marzo.
- ¿A qué hora? A las nueve de la noche.

A. *Los grancanarios hacen planes para ver sus eventos preferidos*

1 Lee

Esta actividad es mayoritariamente cultural, pues la intención es hacer que los estudiantes asimilen la gran escala y variedad de actividades en oferta durante el Carnaval de Gran Canaria en contraste con otros conceptos de carnaval que ellos puedan tener. Puede mencionar, por ejemplo, que en la mayoría de localidades de España el carnaval solamente dura un fin de semana, durante el cual se celebra una competición de comparsas o disfraces, actividades infantiles, bailes populares y el entierro de la sardina. El carnaval también se celebra en febrero en los colegios, y los niños acuden disfrazados el día de carnaval. Anime a los estudiantes a comparar el Carnaval de Gran Canaria con celebraciones con las que estén familiarizados, ya sea en su propio país o en el extranjero, y a considerar los factores socioeconómicos, históricos y medioambientales que conllevan celebraciones a tal escala. Añada la pregunta *¿Crees que te encuentras delante de un cartel o un folleto?* Aproveche para hablar con los estudiantes sobre las diferencias entre un folleto y un cartel (puede consultar la tabla al final de este libro).

Respuesta

1 Preselección de Máscaras / Gala de Máscaras
2 Concurso de Comparsas Infantiles
3 Entierro de la Sardina
4 Carnaval Canino
5 Gala de Elección de la Reina del Carnaval / Elección de la Gran Dama
6 Concurso de Maquillaje Corporal

2 Habla

El objetivo del ejercicio es dar la oportunidad a los estudiantes de expresar sus opiniones y razones referentes al carnaval y sus eventos pero de una forma que contribuya a su base de vocabulario ya existente.

Cuaderno de ejercicios 10/1

El objetivo de este ejercicio es que los estudiantes repasen los adjetivos que han visto en el libro y añadan otros propios mejorando así su base de vocabulario.

Después pueden crear frases expresando sus opiniones. A continuación, añadimos una serie de adjetivos que pueden utilizar para sus oraciones.

Respuesta posible

Adjetivos positivos	Adjetivos negativos
entretenido	*ridículo*
alucinante	lamentable
atrayente	excéntrico
increíble	absurdo
maravilloso	grotesco
colorido	indefendible
chistoso	inconcebible
original	cruel
distraído	inaceptable
ameno	deplorable

Cuaderno de ejercicios 10/2

El ejercicio tiene el objetivo de ofrecer a los estudiantes oportunidad para que practiquen algunos de los adjetivos junto a las comparaciones que han visto en el libro con algunas fiestas tradicionales.

Respuesta posible

La Navidad en España es menos original que en Inglaterra porque hay menos decoraciones en las calles.

 ***Actividad complementaria 10.1***

Esta actividad adicional tiene como objetivo consolidar la comprensión de la programación del Carnaval de Gran Canaria que aparece en la página 116.

Respuesta

1 Falso – Las fiestas de carnaval duran una semana y media.
2 Verdadero
3 Falso – El festival se inaugura con el Pregón y Gala de Inauguración.
4 Verdadero

3 Escucha

El objetivo del ejercicio es familiarizar a los estudiantes con convenciones comunes a la hora de invitar a otros a hacer alguna actividad, así como estructuras para disculparse y excusarse cuando no se puede o no se quiere aceptar la invitación. Si lo cree oportuno, puede hacer que los estudiantes con un nivel más alto intenten ordenar la conversación antes de escuchar el audio y utilicen el audio como método de verificación. Si lo ve necesario, puede parar el audio después de cada intercambio para ayudar a los estudiantes con nivel más bajo. Se aconseja también dirigir la atención de sus estudiantes a expresiones muy comunes del idioma como *¡Vale!*, *¡Vaya!* y *Bueno.*

Audio

—Sí, ¿aló?

—Hola, ¿está María José?

—Sí, soy yo. ¿Quién habla?

—Soy Carla. Te llamo para ver si quieres quedar esta noche para ir a la Gala de Inauguración.

—No, lo siento; esta noche no puedo porque trabajo.

—¡Qué pena! ¿Quieres salir mañana entonces?

—No, me temo que tampoco puedo porque tengo la cena de cumpleaños de mi abuelo. ¡Qué rollo!

—¡Vaya! Bueno, otro día... ¿Qué quieres ver en el Carnaval?

—¿Estás libre el sábado? Me apetece ver el Concurso Canino.

—Sí, estoy libre. Podemos ir a cenar entre el evento de los perros y la Gala Drag Queen.

—Perfecto. ¡Qué buena idea! ¿Dónde quieres quedar?

—Podemos quedar delante del restaurante Los Olivos.

—De acuerdo, ¿a qué hora?

—¿A las cuatro y media?

— Vale, a las cuatro y media delante de Los Olivos. ¡Hasta el sábado!

— ¡Hasta el sábado!

Respuesta

I, C, A, K, N, B, D, M, E, H, L, Ñ, G, F, O, J

Gramática en contexto

Verbos irregulares con cambio en el radical

Los verbos *querer* y *poder* son de cambio en el radical. Así pues, es un buen momento para recordar a los estudiantes que, en esta minoría de verbos, la raíz sufre un cambio en la vocal de su penúltima sílaba en el presente de indicativo. Este cambio solo afecta a cuatro de los seis pronombres y la tabla ilustrada en el libro del alumno es una estrategia para ayudarles a recordar en qué pronombres ocurre el cambio.

4 Lee y escribe

El ejercicio tiene el propósito de verificar la comprensión del texto al mismo tiempo que ofrece a los estudiantes la oportunidad de practicar sus conocimientos gramaticales referentes a la conjugación de verbos, incluidos los verbos con cambio en el radical. Para estudiantes menos hábiles, puede, si lo desea, dar dos opciones para cada frase, por ejemplo: 1 va/va a ir, 2 pode/puede, 3 quiere/va a querer, 4 apetezco/apetece, 5 van a cenan/van a cenar, 6 quedo/quedan.

Respuesta

1 Carla ***va*** a ir a la Gala de Inauguración.
2 María José no **puede** salir porque trabaja.
3 María José tampoco **quiere** quedar el día después.
4 A María José le **apetece** ver las comparsas.
5 Las chicas **van** a cenar en un restaurante el viernes.
6 Las dos amigas **quedan** el viernes a las seis y media.

5 Escribe

El ejercicio brinda a los estudiantes la oportunidad de crear su propia conversación donde organicen una salida con un amigo. Anime a los estudiantes a ser creativos y, si lo desea, puede establecer parámetros como, por ejemplo, tener que declinar dos propuestas antes de aceptar. Para los estudiantes con un nivel más bajo, sugiera que copien la conversación en el orden correcto de acuerdo con las respuestas al ejercicio 3 y, entonces, intenten modificar algunos o todos los elementos resaltados. Después de que escriban la conversación, si lo desea, puede indicar a los estudiantes que practiquen la conversación que han escrito como preparación para el ejercicio siguiente. Indique también si a van a hacer la conversación formal o informal y busque razones con sus estudiantes sobre cuándo han de escribir una conversación de tipo formal o una de tipo informal.

6 Habla

El objetivo de la actividad es dar amplia oportunidad para que los estudiantes practiquen conversaciones invitando a alguien a salir. Se sugiere que haga que los estudiantes en el grupo se sienten de espaldas los unos a los otros, forzándolos así a levantar más la voz e imitar con más fidelidad una llamada telefónica. Puede dejar que los estudiantes elijan quién llama primero o puede darles un parámetro, como, por ejemplo, que el estudiante mayor o más alto llame primero y sigan esa secuencia hasta que lo hayan hecho todos. Anime a los estudiantes más avanzados a utilizar variedad de estructuras y vocabulario declinando ofertas repetidamente, de manera que el estudiante que está intentando concretar la cita tenga que pensar en alternativas. Otros estudiantes en el grupo pueden actuar como monitores, anulando partes de la conversación cuando la repetición, inexactitud gramatical o falta de originalidad sean evidentes. Los estudiantes menos hábiles pueden utilizar la conversación que han escrito en el ejercicio anterior como apoyo. También puede hacer que el resto de la clase utilice las conversaciones de los demás como un ejercicio de comprensión auditiva, tomando notas de las actividades sugeridas, razones para declinar, actividad acordada, lugar y fecha de encuentro, etc.

Cuaderno de ejercicios 10/3

El objetivo del ejercicio es que los estudiantes practiquen el vocabulario
y las estructuras comunes del contexto de organizar una cita.

Respuesta

G **Soraya:** Sí, ¿dígame?

7 **Iván:** Hola, ¿está Soraya?

C **Soraya:** Sí, soy yo. ¿Quién habla?

2 **Iván:** Soy Iván. Te llamo para ver si quieres quedar esta tarde.

A **Soraya:** Mmmm... No sé, estoy bastante ocupada. Tengo que cuidar a mi hermano pequeño.

8 **Iván:** ¡Qué pena! ¿Quieres quedar mañana entonces?

B **Soraya:** ¿A qué hora?

3 **Iván:** A las nueve para cenar en la pizzería nueva del centro.

D **Soraya:** No, lo siento, a las nueve no puedo porque trabajo hasta las ocho y media.

1 **Iván:** ¡Vaya! Bueno, ¿quedamos a las nueve y media?

E **Soraya:** Sí, vale. A las nueve y media me va bien. ¿Qué hacemos después?

5 **Iván:** Después podemos ir a ver el concurso de disfraces de adultos si te apetece.

H **Soraya:** Buena idea, es siempre muy divertido. ¿Quedamos en el centro?

6 **Iván:** Sí, delante del restaurante a las nueve y media.

F **Soraya:** Perfecto, nos vemos allí. ¡Chao!

4 **Iván:** Adiós, hasta luego.

Cuaderno de ejercicios 10/4

El objetivo de la actividad es que los estudiantes practiquen la forma correcta de los verbos modales *querer, poder* y *apetecer* en los espacios de un texto centrado en la experiencia de disfrutar el carnaval.

Respuesta

1 me apetece

2 podemos

3 me apetece

4 quiero

5 podemos

B. *En el Carnaval de Gran Canaria los jóvenes comparten sus conocimientos sobre este y otros festivales españoles*

1 Lee

El objetivo del ejercicio es una vez más primordialmente cultural. Los estudiantes deberán emparejar las fotos con la descripción del festival basándose en el vocabulario clave, sin la necesidad de comprender todos los detalles de las descripciones. Puede preparar a sus estudiantes haciendo que anticipen el vocabulario clave mirando las fotos antes de leer las descripciones. Así mismo los estudiantes deberán reflexionar sobre qué tipo de textos son, la audiencia a la que van dirigidos y su propósito. Estos textos podrían ser extractos de artículos de alguna revista cultural, sobre festividades, o incluso de turismo. Van dirigidos al público en general y su objetivo podría ser informar sobre festividades en España, o promocionar este tipo de eventos culturales/tradicionales.

Respuesta

A Las Fallas

B La Tomatina

C El Carnaval de Gran Canaria

D Los Sanfermines

2 Escribe

Este ejercicio requiere que los estudiantes lean los textos con más detalle para anotar la información requerida para completar la tabla. Probablemente la mayoría pueda completar las cuatro primeras casillas sin demasiado problema, pero puede que necesiten el apoyo de un diccionario para comprender lo que las actividades comprenden en cada caso, aunque se recomienda que anime a los estudiantes a discutir entre ellos y anticipar el sentido de las respuestas con la ayuda de las fotos antes de utilizar el diccionario.

Respuesta

Festival	Fecha y duración	Lugar	Número de turistas	Actividades principales
Las Fallas	*19 de marzo, una noche*	*Valencia*	5 000 000	Se queman figuras de madera, cartón y papel maché que caricaturizan hechos y personajes de la actualidad.
La Tomatina	Último miércoles de agosto, una hora	Buñol	50 000	Batalla de tomates.
El Carnaval de Gran Canaria	Febrero, tres semanas	Gran Canaria		Comparsas, pasacalles, concursos y el entierro de la sardina.
Los Sanfermines	Del 7 al 14 de julio, una semana	Pamplona	1 000 000	Multitud que corre delante de una manada de toros, corridas por la tarde.

3 Escucha

El ejercicio requiere que los estudiantes identifiquen el festival del que hablan los jóvenes. Las respuestas pueden ser identificadas de manera relativamente fácil a través del vocabulario clave que ya han explotado en el ejercicio anterior, como, por ejemplo, el nombre de la localidad donde tiene lugar el evento. Dicho esto, el objetivo principal de este ejercicio es introducir un ángulo más serio al tema de los festivales y hacer que los estudiantes empiecen a pensar en los efectos, consecuencias y consideraciones menos obvias de tales celebraciones. Después de escuchar el audio, pregunte a los estudiantes si los jóvenes que hablan están utilizando un registro formal o informal. En principio se puede considerar que el registro es informal.

Audio

Gema
Es un festival muy divertido y es bueno para la economía de Buñol, pero, por otro lado, me parece un desperdicio muy grande de comida, cosa que no me parece bien con toda el hambre que hay en el mundo, particularmente en África. Además, hoy en día hay muchos países que todavía sufren de la crisis económica, así que no deberíamos tirar comida.

Iván
Es una tradición de hace muchos años y es importante conservar las tradiciones porque son parte de la identidad del país. Sin embargo, estoy en contra del maltrato de los animales y me parece cruel que tengamos que matar a los toros en las corridas de la tarde. Pienso que es inhumano.

Irene
Es increíble que los vecindarios trabajen todo el año para preparar los Ninots para la fiesta. Ese sentimiento de pertenencia y de comunidad es muy raro, positivo y admirable. Por otro lado, creo que con todos los problemas del medio ambiente que tenemos, la cantidad adicional de contaminación acústica y atmosférica que se crea esa noche es innecesaria.

Respuesta

Gema: La Tomatina

Iván: Los Sanfermines

Irene: Las Fallas

4 Escucha

El objetivo del ejercicio es que los jóvenes consideren las ventajas y desventajas de los festivales y consideren otros elementos más profundos que van más allá de la simple diversión y contribución económica que estos constituyen. Si lo desea, particularmente donde los conocimientos del idioma todavía sean muy limitados, puede hacer que los estudiantes consideren de antemano qué aspectos positivos y negativos presentan los tres festivales, así podrán anticipar lo que pueden oír haciendo la tarea menos difícil. Una vez completado el ejercicio, puede hacer que los estudiantes discutan tradiciones y eventos locales o regionales desde las perspectivas introducidas por este ejercicio.

Respuesta

1 La contaminación atmosférica y acústica – Las Fallas
2 La crisis financiera – La Tomatina
3 El sentimiento de comunidad – Las Fallas
4 El desperdicio de comida – La Tomatina
5 El impacto positivo en la economía local – La Tomatina
6 La identidad nacional – Los Sanfermines
7 La escasez de alimentos – La Tomatina
8 La crueldad con los animales – Los Sanfermines

5 Habla

El ejercicio crea una oportunidad para que los estudiantes expresen sus opiniones sobre los festivales vistos hasta el momento. Anime a sus estudiantes a reciclar el vocabulario del ejercicio anterior, expresando su opinión en referencia a los aspectos más profundos explotados previamente. El énfasis del ejercicio está en el uso y variedad de opiniones, y particularmente adjetivos, de manera que deberá recordar a sus estudiantes la necesidad de la concordancia, así como el hecho de que ciertos adjetivos, como por ejemplo *popular*, no cambian en su forma femenina. Llame la atención de sus estudiantes sobre la tabla de gramática y anímelos a que experimenten con el superlativo absoluto que es relativamente fácil de aplicar.

6 Investiga

El objetivo del ejercicio es primordialmente cultural y tiene la intención de hacer que los estudiantes se den cuenta (si no lo han hecho ya) de que la cultura hispanohablante es muy rica en fiestas y festivales que no siempre tienen una raíz religiosa. En primer lugar, pida a los estudiantes que compartan con el resto del grupo las celebraciones y festivales de los que ya tengan conocimientos. Después pídales que busquen en la red información sobre estos u otros festivales del mundo hispanohablante. Si lo desea, puede asignar a los estudiantes países, meses del año o festivales específicos para que no todos investiguen los mismos eventos. Los estudiantes pueden hacer la investigación en parejas o grupos pequeños. Las preguntas sugeridas tienen la intención de guiar a los estudiantes sobre qué información pueden buscar y, así pues, dar consistencia a sus búsquedas. Estos son los nombres de algunos festivales o celebraciones que puede sugerir a sus estudiantes si lo cree necesario: Navidad (puede especificar países concretos o regiones, Cataluña tiene por ejemplo unas tradiciones muy diferentes al resto de España), La Diablada (Bolivia), El Día de la Hispanidad (Latinoamérica y España), Inti Raymi (Perú), Festival del Tango (Argentina), Sant Jordi (Cataluña), La Fiesta del Fuego (Cuba), Fiestas Patrias (Honduras).

Respuesta posible

El Día de los Muertos, México.

Se celebran las vidas de los muertos bajo el concepto de que estos se sentirían insultados por la tristeza y el duelo de los vivos.

Se celebra en noviembre y dura dos días: el 1 y el 2 de noviembre.

Se celebra en varios países latinoamericanos, pero las celebraciones en México son las más famosas.

Durante las celebraciones se decoran las tumbas de los seres queridos. También se cocinan los platos preferidos de los muertos, y se les llevan fotos y otras ofrendas. También se decora todo con calaveritas de azúcar o chocolate.

Participan todos los miembros de las familias donde ha habido muertes de seres queridos. Se cree que con las calaveras por todas partes ese día los muertos también celebran con los vivos.

El Día de los Muertos llegó a Latinoamérica con los conquistadores españoles y combina el catolicismo con rituales indígenas.

Las ventajas de esta celebración son el sentimiento de comunidad que atrae, así como el hecho de que las familias olvidan sus disputas temporalmente para celebrar juntos la vida de los muertos. También es positivo el hecho de que mantiene vivas las tradiciones indígenas. Es un día festivo, así que la mayoría de la población no tiene que trabajar. Atrae a bastantes turistas procurando más ingresos para esta industria.

Aunque no tiene desventajas a gran escala, hay una cantidad significativa de desperdicio de alimentos y otros recursos utilizados para hacer las decoraciones que solamente serán utilizadas por un breve espacio de tiempo. Lentamente es una tradición que se está volviendo más comercializada, y mucha gente compra las decoraciones y dulces en lugar de hacerlos. La influencia de los Estados Unidos hace que la tradición tenga que convivir y luchar contra el auge de la celebración pagana de Halloween.

En general, las opiniones de la gente son muy positivas y todos quieren mantener viva esta tradición y disfrutan de su celebración.

7 Habla

En este ejercicio los estudiantes comparten con sus compañeros la información que han hallado sobre la fiesta o celebración que han investigado. Si la tecnología está disponible en clase, puede animarlos a preparar una presentación electrónica para que así el público que escucha tenga el apoyo de imágenes e información clave en las páginas de la presentación, para contextualizar la fiesta o celebración de la que se habla. Se sugiere que el público tome notas sobre la información clave en respuesta a las preguntas del ejercicio anterior, convirtiendo, así, la actividad en compresión auditiva y de lectura para el resto de la clase y no solo de práctica oral para los presentadores. Sería buena práctica para el examen oral si animara a los estudiantes a hacer preguntas al final de las presentaciones, particularmente dónde no se hayan respondido todas las preguntas del ejercicio anterior. Preguntas orientadas a que los locutores expresen espontáneamente sus opiniones propias sobre los festivales también pueden representar una práctica muy útil.

 Cuaderno de ejercicios 10/5

En este ejercicio, los estudiantes tienen que colocar los adjetivos estudiados en la lección en el lugar correcto del texto sobre fiestas y celebraciones.

Respuesta

1 extravagantes
2 popular
3 cruel
4 animada, divertidísima
5 concurrido
6 tradicionales

C. *El Carnaval de Gran Canaria trae recuerdos de la infancia a los asistentes*

 Cuaderno de ejercicios 10/6

Este ejercicio tiene un objetivo mayoritariamente cultural, haciendo que los estudiantes tengan que pensar primordialmente en las capitales de los países de habla hispana, además de percatarse y recordar otros gentilicios comunes.

Respuesta

Gentilicio	Ciudad (país)
madrileño/a	*Madrid (España)*
habanero/a	La Habana (Cuba)
limeño/a	Lima (Perú)
paceño/a	La Paz (Bolivia)
santiaguino/a	Santiago de Chile (Chile)
bogotano/a	Bogotá (Colombia)
quiteño/a	Quito (Ecuador)
sansalvadoreño/a	San Salvador (El Salvador)
tegucigalpense	Tegucigalpa (Honduras)
asunceño/a	Asunción (Paraguay)
montevideano/a	Montevideo (Uruguay)
caraqueño/a	Caracas (Venezuela)
moscovita	Moscú (Rusia)
londinense	Londres (Reino Unido)
tokiota	Tokio (Japón)
neoyorquino/a	New York (Estados Unidos)
parisino/a	París (Francia)
otauense	Ottawa (Canadá)
berlinés/berlinesa	Berlín (Alemania)

1 Lee y comprende

El objetivo del ejercicio es que los estudiantes practiquen su habilidad de leer textos poco familiares para encontrar información clave, puesto que a menudo se inquietan cuando no reconocen todas o la mayoría de las palabras. Solo se espera de ellos una frase, como por ejemplo: *Leticia habla de su celebración favorita durante su infancia*.

Este ejercicio es una buena oportunidad para llamar la atención de los estudiantes sobre el uso en español de los gentilicios que no necesariamente existen en todos los idiomas. Indique a los alumnos que en español no se utiliza una mayúscula al principio del gentilicio, pues estos funcionan del mismo modo que las nacionalidades que ya han visto en capítulos previos.

2 Lee

El ejercicio tiene el objetivo de incrementar la base de vocabulario de los estudiantes poniendo a prueba su capacidad de reconocimiento de las bases de la gramática española. Según la habilidad de sus estudiantes, puede sugerirles que consideren el género, número y tipo de palabra o expresión que buscan como, por ejemplo, nombre, adjetivo, adverbio, etc. También puede dejar que hagan el ejercicio y después preguntarles qué estrategias han utilizado para hallar las respuestas correctas.

Respuesta

celebración – fiesta
entonces – en aquel momento
me encantaba – me entusiasmaba
concurso – competición
siempre – invariablemente
ansiedad – angustia
nunca – jamás
competir – concursar
inasequibles – caros
grupos – peñas
favorita – preferida
alegría – felicidad

3 Lee

En este ejercicio los estudiantes deben demostrar una comprensión ya más profunda del texto al mismo tiempo que ponen en práctica la aplicación de algunos de los sinónimos vistos en el ejercicio anterior.

Respuesta

1 vivía con su abuela. → vivía con sus padres.
2 prefería la primavera que las otras épocas del año. → prefería el invierno.
3 competía en el concurso de disfraces con sus hermanos. → con sus amigos.
4 concursaba con una peña que tenía bastante dinero. → que no tenía mucho dinero.
7 el carnaval era solo para los niños. → era para mayores y pequeños.

4 Lee

El objetivo del ejercicio es que los estudiantes identifiquen las palabras con el sentido opuesto de acuerdo con el texto. Es posible que los estudiantes no reconozcan la palabra *antónimos* y que sea necesario aclarar su significado antes de abordar el ejercicio.

Una vez más, los estudiantes se concentran en ampliar la variedad de su vocabulario y desarrollar su habilidad para el uso del contexto para identificar el tipo de palabra y su significado. Si lo cree necesario, deberá recordar a los estudiantes que utilicen sus conocimientos gramaticales adquiridos hasta el momento, en lugar de consultar un diccionario directamente.

Es muy posible que los estudiantes no conozcan la tradición de los Reyes Magos, en cuyo caso se sugiere que clarifique el significado de algunas palabras claves, o bien haciendo que los estudiantes investiguen su significado o proporcionándoles algunas definiciones para que puedan comprender el texto:

La cabalgata: es un desfile de carrozas, jinetes y comparsas con motivo de una festividad.

Los Reyes Magos: tres dignatarios de países lejanos que acudieron al homenaje del niño Jesús, llegando al establo la noche del 5 de enero. Le ofrecieron regalos de riqueza simbólica (oro, incienso y mirra).

Roscón de Reyes: es un bollo dulce típico del día de Reyes. Tiene forma de anillo relleno de dulce de calabaza, nata, crema o similar, que esconde una figura de un rey y una haba. Quien encuentra el haba en su parte del roscón tiene que pagar el roscón, y quien encuentra el rey es coronado y adulado.

Respuesta

aborrecía – me encantaba

buenos – traviesos

dormido – despierto

encima – debajo

humilde – ostentosa

llorar – reír

nunca – siempre

tranquilamente – impacientemente

5 Lee

Aquí los estudiantes demuestran su capacidad de comprensión y habilidad de utilizar la gramática para contestar a las preguntas que en la mayoría de los casos requieren que el estudiante recicle los verbos tal y como aparecen en la pregunta, puesto que su exposición al pretérito imperfecto hasta la fecha ha sido limitada.

Respuesta

1. *Guillermo está en Gran Canaria.*
2. Es de Madrid.
3. Las Navidades, y en particular la noche de Reyes.
4. Iba a la cabalgata de Reyes.
5. Eran muy simpáticos.
6. Hacían reír a los niños y les daban caramelos. También les preguntaban si habían sido traviesos y a veces les traían carbón.
7. Porque quería esperar a los Reyes Magos.
8. Los encontraba debajo del árbol.

6 Imagina

El objetivo del ejercicio es que los estudiantes practiquen el uso del pretérito imperfecto de una manera relativamente controlada, puesto que puede guiarlos a utilizar algunos o todos los verbos del recuadro, requiriendo frases cortas o un párrafo más complejo, según la habilidad de sus estudiantes.

Indique a los estudiantes que pueden utilizar el texto de Leticia y el de Guillermo como modelos que seguir y para recordar el uso del pretérito imperfecto.

Cuaderno de ejercicios 10/7

El objetivo del ejercicio es que los estudiantes repasen sus conocimientos del imperfecto.

Respuesta

Querida Celia:

Me preguntas sobre cómo ***pasaba*** la Navidad en Chile cuando yo **era** pequeño. Pues unos días antes de la Navidad, la empresa donde **trabajaba** mi papá **hacía** una fiesta navideña para los niños de los empleados. Yo siempre **tenía** ganas de que llegara esa fiesta, pues para mí **era** la primera celebración de la Navidad. Además, en mi casa no **teníamos** mucho dinero, así que esa fiesta **era** particularmente importante para mí, porque **servían** dulces y helados que no **podía** comer con mucha frecuencia, y también **hacían** un espectáculo de payasos o algo así. Después **llegaba** el Viejito Pascuero (Papá Noel) y nos **daba** los regalos.

En casa mi madre **ponía** un nacimiento de madera en el comedor, donde le **rezábamos** por las noches al niño Jesús, pero no **poníamos** árbol porque no **había** suficiente espacio y no **teníamos** dinero para decorarlo bien bonito. Las fiestas de Navidad las **pasábamos** en las casas de familiares y recuerdo mucha comida y mucha felicidad. A menudo, en casa de los parientes, **recibía** algún regalo y de alguna manera mi padre se las **ingeniaba** para convencerme de que todos los regalos **venían** del Viejito Pascuero.

La Navidad **era** una época muy especial que recuerdo con mucho cariño. ¿Cómo **eran** tus Navidades? Cuéntame.

Mauricio

Cuaderno de ejercicios 10/8

Este es un ejercicio de comprensión donde los estudiantes deberán leer el texto de Mauricio más detalladamente para contestar a las preguntas.

Respuesta

1. *Celia le pregunta sobre eso en su correo anterior.*
2. Empezaba con la fiesta de la empresa de su papá.
3. Había dulces y helados para comer. También había un payaso o entretenimiento de algún tipo y el Viejito Pascuero traía regalos a los niños.
4. Porque en su casa no tenían mucho dinero.
5. Ponían un nacimiento, pero no ponían árbol porque no tenían espacio ni dinero para decorarlo bien.
6. Los días de Navidad visitaban a parientes donde a veces recibía regalos. Le gustaba porque recuerda mucha felicidad.

Cuaderno de ejercicios 10/9

El ejercicio brinda a los estudiantes la oportunidad de escribir sobre sus propios
recuerdos de Navidad, de esta manera practican el pretérito imperfecto en contexto.

7 Habla

El ejercicio tiene el propósito de hacer que los alumnos

practiquen el uso del pretérito imperfecto de una manera más espontánea porque no solo deberán preparar preguntas, pero deberán responder a las preguntas de sus compañeros. Si lo desea, puede llevar la actividad más allá para retar a sus estudiantes más hábiles, convirtiéndola en una actividad escrita donde pida a los estudiantes que escriban sobre lo que hayan descubierto de uno de sus compañeros, practicando, así, no solo la segunda persona en las preguntas (*¿Qué hacías...?*) y la primera en las respuestas propias (*Jugaba / Jugábamos a...*), pero también la tercera persona, al relatar lo que han aprendido de uno de sus compañeros (*Para su cumpleaños Ana jugaba...*).

Preguntas posibles

- ***Lugar:** ¿Dónde celebrabas tu cumpleaños?*
- **Invitados/gente:** ¿Con quién celebrabas tu cumpleaños?
- **Actividad:** ¿Qué solías hacer para celebrar tu cumpleaños?
- **Tradición diferente cada año:** ¿Hacías lo mismo o algo diferente cada año?
- **Cumpleaños preferido y razón:** ¿Cuál fue tu cumpleaños preferido y por qué?

D. Algunos amigos preparan una fiesta para despedir el carnaval

1 Lee

El objetivo de este ejercicio es simplemente introducir la idea de la preparación de una fiesta mientras se expone a los estudiantes al vocabulario utilizado por las redes sociales. Pregunte a sus alumnos si la estructura del texto es la de un blog o la de una red social. El formato es el de una invitación a través de una red social. Puede aprovechar para explicar las partes de un blog a sus alumnos (puede consultar la tabla al final de este libro).

2 Lee y escribe

El ejercicio profundiza la compresión del vocabulario contenido en la invitación virtual mientras que al mismo tiempo pone a prueba los conocimientos gramaticales de los estudiantes, puesto que estos serán necesarios para descartar respuestas y facilitar las opciones correctas.

Los estudiantes ya han visto lo que es el entierro de la sardina en tareas previas en esta unidad, pero, si lo cree necesario, recuérdeles que es la ceremonia que anuncia el final del carnaval, donde se quema una figura simbólica (frecuentemente una sardina), que representa los vicios y excesos del carnaval, y, así pues, el entierro representa la vuelta al orden.

Respuesta

1 **F**, 2 **A**, 3 **J**, 4 **B**, 5 **K**, 6 **C**, 7 **I**, 8 **E**

3 Escribe

En este caso no se espera que los estudiantes escriban nada extenso, sino un comentario breve del tipo que ellos frecuentemente cuelgan en redes sociales. El ejercicio pone a prueba la imaginación de los estudiantes y la capacidad de contextualizar cuando no tienen pautas muy estrictas.

Respuesta posible

José – ¡Guay! Me encantan las fiestas. Es una idea genial. Nos vemos el 28. ¿Llevo algo?

Leticia – ¡Qué ganas tengo de ver a todo el mundo! ¡Allí estaré!

4 Escribe

Parecido al ejercicio anterior, no se espera que los estudiantes escriban nada extenso, sino que apliquen su creatividad e imaginación.

Respuesta posible

Ana – ¡Grrrrrr! Me encantaría, pero estoy en la cama con 39°C. ☹

David – Gracias por la invitación. ¡Qué injusticia! No puedo ir porque trabajo... ¡Pásalo bien! Un besazo.

Actividad complementaria 10.2

Esta actividad adicional proporciona la oportunidad a los estudiantes de utilizar el vocabulario y las estructuras relativos a celebraciones y practicar por escrito la descripción de la organización de una fiesta.

5 Lee

El objetivo del ejercicio es hacer que los estudiantes consideren lo que para ellos es importante cuando asisten u organizan una fiesta. Mayoritariamente, los estudiantes deberían poder comprender el vocabulario, pero, en caso contrario, se sugiere que no les permita utilizar el diccionario directamente y los anime a discutir los elementos importantes y, así, poder deducir las palabras desconocidas.

6 Habla

En este ejercicio los estudiantes comparten sus opiniones sobre los elementos claves para la preparación y ejecución de una fiesta. Anime a los estudiantes a utilizar opiniones del recuadro de vocabulario en lugar de opiniones más simples.

7 Habla

El ejercicio tiene el objetivo de hacer que los estudiantes consideren sus opiniones sobre la sociedad consumista en la que vivimos y si el dinero juega un papel esencial para la diversión. Si lo desea, puede decidir qué postura deberán defender los estudiantes, en lugar de permitirles que ellos elijan, creando un reto adicional.

En caso de que no haya preguntas al final del debate, usted podría intervenir preguntando a los candidatos sobre una experiencia personal que ilustre su postura u otras preguntas pertinentes según lo que hayan presentado. Al final de la discusión, anime a los estudiantes a votar a favor del estudiante que mejor haya defendido su caso. También puede hacer que los demás estudiantes tomen notas de los puntos fuertes y débiles que han presenciado y compartan sus opiniones.

8 Escucha

El objetivo del ejercicio es exponer a los estudiantes a las opiniones de jóvenes hispanohablantes en relación con los elementos necesarios para una fiesta, proporcionándoles, así, una oportunidad para practicar su destreza auditiva con vocabulario que se habrá explotado en el ejercicio anterior.

Respuesta

1 *La música, mucha gente, mucha comida, una pista de baile y espacio.*
2 La comida, buen ambiente y la familia.
3 Música, más de diez personas, permiso del padre y juegos de mesa.
4 Ganas de pasarlo bien, buena gente, comida y música.

Audio

1 La música no puede faltar, si no, no es una fiesta. Mucha gente, mucha comida y una pista de baile... Además, que haya espacio para que la gente no esté como sardinas en lata.
2 Para mí, definitivamente la comida, un buen ambiente y la familia hacen una buena fiesta.
3 ¿Una buena fiesta? Bueno, pues música, por lo menos diez amigos, el permiso de mi papá y algún juego de mesa, como baraja o dominó.
4 A ver... la receta para una fiesta con éxito... Ganas de pasarlo bien, la gente correcta, algo de comer y buena música.

9 Lee

El ejercicio revisa el tema de ingredientes y recetas, que los estudiantes ya han visto en la unidad 4, pero esta vez, en lugar de utilizar infinitivos, se ha utilizado el imperativo, que vieron más adelante en la unidad 7. En este caso, el ejercicio pone a prueba la capacidad de comprensión de los estudiantes, que una vez más tendrán que combinar conocimientos previos con sentido común y los principios gramaticales para completar la tarea correctamente.

Respuesta

Las papas arrugadas:

Lava bien las ***patatas*** y colócalas en una cazuela de [1] **agua** caliente. Añade la sal gorda y deja hervir 30-40 [2] **minutos**. Cuando las patatas estén tiernas, sácalas y pásalas por agua [3] **fría** para cortar la cocción. Seca las patatas con papel y colócalas en la cazuela [4] **caliente** pero sin agua a fuego medio y añade sal y [5] **pimienta**. Menea la cazuela con suavidad durante [6] **cinco** minutos mientras las patatas se arrugan.

El mojo:

Fríe los [7] **dientes** de ajo y ponlos en el vaso de la batidora. En el mismo aceite, dora el [8] **pan** en trocitos pequeños, separa y pon con los ajos. Echa el aceite sobrante en el vaso y [9] **añade** los cominos, el pimentón, la sal, la pimienta, la cayena y [10] **un poco** de agua, y bate hasta que parezca puré. Incorpora los [11] **pimientos** morrones al puré con el aceite y el vinagre. Pasa todo por la [12] **batidora**. Prueba el mojo y rectifica de sal.

10 Escribe

Este ejercicio ayuda a los estudiantes a aclarar sus ideas y revisar el vocabulario relativo a la fiesta que tienen que utilizar. A la pregunta sobre el formato de texto a utilizar, el más adecuado en este caso es una lista.

Respuesta posible

Comprar ingredientes para las papas arrugadas.
Comprar platos y vasos de plástico.
Comprar bebida.
Comprar comida para picar.
Comprar bolsas de basura grandes.
Comprar fuegos artificiales.
Decidir el orden de los fuegos artificiales.
Elegir música y preparar la lista.
Redistribuir mobiliario para crear espacio para bailar.
Organizar transporte al entierro de la sardina.
Informar a los vecinos de la fiesta.

E. *Durante la fiesta de Sebastián, los amigos consideran las opciones para sus próximas vacaciones*

1 Lee

1 El objetivo del ejercicio es primordialmente cultural, de nuevo mostrando a los estudiantes festivales y celebraciones tradicionales del mundo hispano, en esta ocasión con particular énfasis en los orígenes religiosos e históricos a través de un calendario. Puede, si lo desea, utilizar este ejercicio como plataforma para cuestionar si los estudiantes nunca se pararon a pensar por qué se habla español en gran parte del continente americano, el origen y la razón de la lengua catalana o la gran cantidad de civilizaciones indígenas, muchas de

las cuales desaparecidas o por desaparecer, que vivieron en el continente americano (tres de las cuales se mencionan en el ejercicio: inca, azteca y quechua).

Para poder completar el ejercicio, no se espera que los estudiantes entiendan exactamente qué dice la definición, pero más bien que reconozcan palabras claves como por ejemplo nombres de civilizaciones, regiones de España y países latinoamericanos, y de esta forma lleguen a sus conclusiones con estas palabras y un ejercicio de eliminación.

Dirija la atención de sus estudiantes al uso de los verbos impersonales y su función dentro de las explicaciones de los festivales y celebraciones.

Respuesta

1 Inti Raymi
2 La Diada de Cataluña
3 El Día de los Muertos
4 La Fiesta de la Pachamama
5 El Día de la Raza
6 La Semana Santa

2 En esta actividad se invita a los alumnos a pensar sobre si disfrazarse estimula la inteligencia y la imaginación de los niños. Para contestar a la pregunta, tendrán que utilizar las expresiones *Sí, estoy de acuerdo porque..., No, no estoy de acuerdo porque....*

Para ampliar la actividad, también puede pedir a los estudiantes que hablen sobre su infancia utilizando la estructura *cuando era niño/a....*

Cuaderno de ejercicios 10/10

El objetivo de este ejercicio es leer y comprender las estructuras estudiadas en la lección sobre varias fiestas tradicionales para, después, decidir si las opiniones dadas son positivas o negativas.

Respuesta

Opiniones positivas; 2, 3, 4, 6
Opiniones negativas; 1, 5

Cuaderno de ejercicios 10/11

El objetivo de la actividad es repasar de forma activa los verbos impersonales estudiados en la unidad.
El ejercicio contiene frases centradas en fiestas y celebraciones del mundo hispánico.

Respuesta

1 se celebra
2 se conmemora
3 se conoce
4 se hacen
5 se dejan
6 se puede

2 Escribe y habla

En primer lugar, el objetivo del ejercicio es que los estudiantes consideren sus propias culturas e identidades nacionales. Al mismo tiempo van a revisar vocabulario básico de los meses y los números. Después tienen que comparar su calendario con el calendario del libro para lo que se sugieren preguntas a considerar para aquellos estudiantes que requieran una pauta más estricta para su comparación.

3 Escribe

Este ejercicio crea una oportunidad para que los estudiantes escriban sobre las celebraciones en un formato algo diferente de lo habitual, pues no se les requiere que expresen su opinión, sino que describan los hechos de una manera impersonal.

Cuaderno de ejercicios 10/12

El objetivo del ejercicio es repasar algunos de los elementos culturales
que los estudiantes han aprendido en esta unidad.

Respuesta

Horizontales

4 Entierro de la sardina
6 Sanfermines
7 Fallas
8 Cumpleaños
9 Pachamama
10 Reyes Magos

Verticales

1 Día de los Muertos
2 Carnaval
3 Semana Santa
5 Tomatina

4 Escucha

El objetivo del ejercicio es repasar el futuro inmediato que los estudiantes han visto ya en unidades anteriores. Para poder contestar al ejercicio correctamente, los estudiantes deben enfocarse en conectores y detalles que cambian el sentido evidente de la frase. También deberán ceñirse a aquello que se menciona y evitar hacer suposiciones. Pida a los estudiantes con un nivel más alto que justifiquen también las frases que son verdaderas.

Audio

Creo que este año voy a ir a Córdoba para la Semana Santa. No soy una persona religiosa, pero me atrae el ambiente lúgubre, pero de comunidad, que hay en Andalucía por esas fechas. Tengo una amiga que vive allí y voy a quedarme en su casa. Ella pertenece a una cofradía y va a tomar parte en las procesiones del Viernes Santo. Yo voy a ver las procesiones con sus padres, porque su hermano Quique no va a estar en casa, ya que en estos momentos vive en Nueva York. Durante mi visita a Córdoba, voy a visitar la Mezquita porque se dice que es muy bonita. Mi amiga Elena va a trabajar, pero espero que no trabaje todos los días. Elena me ha prometido que va a venir conmigo a ver la Mezquita.

Respuesta

1 *Falso – Elena, la amiga de Lorena, vive en Córdoba.*
2 Falso – No es una persona religiosa.
3 Falso – Va a ir a Córdoba.
4 Falso – Va a participar en las procesiones del Viernes Santo.
5 Verdadero
6 Falso – Vive ya en Nueva York.
7 Falso – Se dice que la Mezquita es muy bonita.
8 Verdadero
9 Verdadero

5 Investiga y escribe

Este ejercicio tiene dos objetivos, uno cultural y el otro lingüístico. En su objetivo cultural los estudiantes deberán investigar una de las celebraciones más importantes del calendario español. Después los estudiantes deberán exponer lo que han aprendido a través de frases que utilicen el futuro inmediato con el pretexto de que le cuentan a Hugo lo que él va a hacer durante su estancia en España durante las Navidades.

Respuesta posible

El 24 de diciembre vas a ir a la misa del gallo a medianoche.

El día 22 vas a escuchar el sorteo del Gordo (la lotería) en todas partes.

Después de la misa del gallo, vas a comer turrones, mantecados y polvorones.

El día 25 lo vas a pasar en familia. Vas a comer mucho, incluyendo pavo y marisco.

El 28 vas a tener que tener cuidado con los niños porque es el Día de los Santos Inocentes.

La noche de Fin de Año vas a comer doce uvas a medianoche. Vas a celebrar la entrada de año hasta altas horas de la madrugada.

El 5 de enero vas a ver la cabalgata de los Reyes Magos.

El 6 de enero, el Día de los Reyes Magos, vas a recibir y dar regalos, y vas a comer roscón de Reyes.

Actividad complementaria 10.3

Esta actividad proporcionará a los estudiantes una práctica escrita adicional sobre cómo describir un festival, una fiesta o una celebración.

Actividad complementaria 10.4

Esta actividad adicional tiene como objetivo consolidar la práctica escrita de descripciones de celebraciones y anima a los estudiantes a investigar diferentes costumbres en países hispanos.

Repaso

Festivales y celebraciones

1 Habla

El objetivo del ejercicio es facilitar la práctica para el examen oral, de modo que el ejercicio sigue el mismo formato y, por lo tanto, debe ser corregido de acuerdo con las pautas establecidas.

Punto de reflexión

En esta actividad, se invita a los alumnos a reflexionar sobre cómo celebran las fiestas tradicionales en sus respectivos países. También pueden hablar sobre la importancia de la transmisión de las fiestas tradicionales a las nuevas generaciones.

Aproveche estas preguntas para pedir a los alumnos que hagan una presentación digital con fotografías y un vídeo característico de su fiesta tradicional favorita.

Creatividad, Actividad y Servicio

Para preparar la actividad CAS, los alumnos pueden tomar fotos y hacer un vídeo sobre las tradiciones de su país. La presentación visual se puede hacer en el aula para su divulgación.

11 De compras

Área temática	Ingenio humano
Tema	Entretenimiento
Aspectos	Centros comerciales Compras en Internet Costumbres y tradiciones: regateo, rebajas Tiendas / negocios Mercados Transacciones Productos
Gramática	Números ordinales Formas impersonales Diminutivos Pronombres (objeto directo) Pretérito imperfecto y pretérito indefinido
Tipos de texto	**Textos personales** Correo electrónico **Textos profesionales** Entrevista Aviso Debate Encuesta **Textos de medios de comunicación de masas** Artículo Presentación
Punto de reflexión	¿Qué importancia tienen las compras en tu vida?
Rincón IB	**Teoría del Conocimiento** • ¿Hasta qué punto comprar cosas nos hace más felices? **Creatividad, Actividad y Servicio** • ¿Cómo era la vida antes de la revolución tecnológica? Invita a un grupo de abuelos de los alumnos de tu clase para que os muestren cómo era su vida cotidiana sin artefactos tecnológicos. **Para investigar** • Investigación sobre comprar en los mercados como forma de ocio o como compra habitual. • Investigación sobre el consumo en Internet en un país hispanohablante y en tu país. **Oral individual** • Describir fotos con escenas de compras en diferentes contextos del mundo hispano: mercados, supermercados, centros comerciales, tiendas, puestos callejeros, etc. • Conversación general sobre los hábitos de ir de compras y cómo han cambiado desde que eras pequeño/a.

Esta unidad cubre el tema de las compras, con aspectos como los diferentes tipos de tiendas y establecimientos comerciales, mercados, productos y transacciones (tanto en persona como por Internet). Para proporcionar a los estudiantes las destrezas necesarias para abordar esos temas, la gramática de esta unidad incluye números, diminutivos, formas impersonales y pronombres. Además, los alumnos tendrán la oportunidad de reflexionar sobre el impacto de las nuevas tecnologías en su vida.

1 Para empezar

Esta primera actividad es un ejercicio preliminar para que los estudiantes empiecen a considerar el tema de las compras con particular énfasis en las compras en línea, las cuales han experimentado un gran auge a lo largo de los últimos años.

Respuesta

1 **C**, 2 **F**, 3 **A**, 4 **B**, 5 **E**, 6 **D**

2 Habla

En este ejercicio los estudiantes tienen la oportunidad de expresar su opinión sobre las estadísticas presentadas así como discutir los paralelismos o diferencias con la situación de las compras en línea en su país. Pueden llevar a cabo la discusión en grupos para luego compartir sus opiniones y conclusiones más destacadas con el resto de la clase.

A. *Un grupo de estudiantes de bachillerato habla sobre las compras en sus lugares de origen*

1 Lee

El objetivo del ejercicio es hacer un repaso del vocabulario referente a tiendas que los estudiantes ya vieron en la unidad 4, al mismo tiempo que practican el uso de la forma impersonal del verbo modal *poder*. Para completar el ejercicio, no es necesario que los estudiantes obtengan una comprensión detallada de lo que dice Jordi. Se sugiere que, según la habilidad de los estudiantes y el tiempo disponible, les recomiende el número de productos que quiere que mencionen para cada tienda identificada. Pregúnteles si se encuentran ante un texto formal o informal. El tipo de texto es informal y está dirigido a jóvenes de la edad del autor.

Respuesta

La pescadería: en la pescadería se puede comprar pescado y marisco.

El estanco: en el estanco se pueden comprar sellos y tabaco.

La carnicería: en la carnicería se pueden comprar bistecs de ternera, chuletas de cordero y salchichas.

La tienda de ultramarinos: en la tienda de ultramarinos se pueden comprar cereales, papel higiénico y tarros de salsa de tomate.

La tienda de congelados: en la tienda de congelados se puede comprar helado, pescado y marisco congelado.

La panadería: en la panadería se pueden comprar cruasanes y pan.

2 Lee y escribe

En esta ocasión, el ejercicio requiere que los estudiantes lean el párrafo con más detalle para poder elegir las frases correctas. Dependiendo de la habilidad de sus estudiantes, puede que algunos necesiten apoyo o el uso de un diccionario para poder completar la actividad con éxito. En cualquier caso, se sugiere que los anime a eliminar las frases más obvias, pues esta práctica es una buena estrategia de examen.

Respuesta

1 "Yo vengo de un pueblecito en el interior de Cataluña".

4 "Se hace la compra el sábado por la mañana cuando hay mercado".

6 "La tienda de ultramarinos le trae cajas con su compra cuando hacen el reparto".

7 "En casa ya tenemos el pan encargado por lo que solo es cuestión de recogerlo".

8 "Imagino que para algunas personas mayores la compra es su oportunidad principal de relacionarse con los demás".

10 "Prefiero ir a un hipermercado, aunque tenga que conducir cuarenta minutos".

3 Escribe

Al igual que el ejercicio anterior, este ejercicio busca la comprensión más detallada del texto y requiere que los estudiantes proporcionen sus propias respuestas de acuerdo con el texto. En el caso de los estudiantes con un nivel más bajo, será una buena idea recordales que deberán considerar si es necesario cambiar las terminaciones de los verbos, pues donde Jordi habla sobre él mismo, los estudiantes deberán responder en tercera persona.

Respuesta

1 Porque no hay ningún centro comercial en el pueblo.

2 En casa de Jordi se hace la compra el sábado por la mañana porque es el día en el que hay mercado en el pueblo.

3 Ofrece servicio de reparto para que así los clientes no tengan que cargar con la compra pesada.

4 Es rápida porque la compra ya está encargada.

5 Describe hacer las compras como algo muy sociable y da el ejemplo de la gente mayor.

6 Jordi prefiere comprar en un hipermercado porque, como nadie le conoce, puede hacer la compra más rápidamente.

4 Escribe y comprende

1 El objetivo del ejercicio es que los estudiantes revisen y practiquen el uso de comparativos en el contexto de la compra en tiendas independientes y centros comerciales. Las respuestas serán personales de acuerdo con la ubicación del centro y su entorno.

2 En esta actividad, se invita a los estudiantes a reflexionar sobre sus preferencias en la compra, por Internet, en una tienda o en centros comerciales. La reflexión se amplía al ámbito familiar para indagar en las costumbres generacionales de consumo y compra.

Cuaderno de ejercicios 11/1

El objetivo de esta actividad es que los alumnos relacionen los tipos de tiendas con los productos estudiados en la lección. También se ha añadido una pequeña descripción gramatical para utilizar correctamente la forma *se puede(n).*

Respuesta posible

1 *Se puede comprar fruta como, por ejemplo, manzanas y fresas.*
2 Se puede comprar pescado como, por ejemplo, salmón y sardinas.
3 Se pueden comprar libros como, por ejemplo, novelas y cuentos para niños.
4 Se puede comprar ropa como, por ejemplo, pantalones y camisas.
5 Se pueden comprar zapatos como, por ejemplo, bambas y botas.
6 Se pueden comprar juguetes como, por ejemplo, muñecas y ositos de peluche.
7 Se puede comprar pan como, por ejemplo, bollos y chapatas.
8 Se pueden comprar joyas como, por ejemplo, relojes y pulseras.
9 Se puede comprar carne como, por ejemplo, salchichas y chuletas de cerdo.

 Cuaderno de ejercicios 11/2

El objetivo del ejercicio es que los estudiantes reciclen el vocabulario y estructuras explotados en las tareas de comprensión en el libro para producir su propio párrafo sobre los hábitos familiares referentes a las compras.

Respuesta posible

Hola, Jordi:

Mi familia hace las compras en el hipermercado porque mis padres trabajan y no tienen mucho tiempo. En el hipermercado hay más productos para elegir y generalmente los precios son más bajos porque se benefician de economías de escala. Además, los hipermercados disponen de aparcamientos muy grandes y, generalmente, aparcar no es un problema, cosa que a veces puede ser difícil si se compra en el centro de la ciudad.

Muchos saludos,

Ariel

5 Habla

Este ejercicio prepara a los estudiantes para el ejercicio de lectura y comprensión auditiva que le sigue, pues con él se espera que los estudiantes anticipen la mayoría de las ventajas y desventajas que luego van a mencionarse. Puede dividir la clase en dos equipos: a favor y en contra de los centros comerciales, para llevar a cabo la conversación como si fuera un debate, o puede dar unos minutos para que reflexionen y entonces hacer que cada estudiante contribuya espontáneamente con una ventaja o desventaja de una forma ordenada, y comenzando con los estudiantes con un nivel más bajo, de modo que aquellos con más habilidad tengan que pensar en una ventaja o desventaja que todavía no se haya mencionado.

Respuesta posible

Ventajas	Desventajas
Una gama más grande de productos	Los productos pueden tener menos calidad
Se puede comprar de todo en el mismo sitio	Es un servicio muy impersonal
Se hace la compra más rápidamente	Quedan lejos del centro de la ciudad
Precios más bajos Suficiente aparcamiento	Gastas más porque compras cosas que no necesitas al ver las ofertas

6 Lee y escucha

El ejercicio tiene el objetivo de complementar el ejercicio anterior, validando las respuestas que los estudiantes hayan dado y, quizás, ampliando estas con otras ventajas y desventajas de los centros comerciales en las que ellos no hayan pensado. Se sugiere que pida a los estudiantes que cierren sus libros y en primer lugar haga el ejercicio como comprensión auditiva, para retar y evaluar la capacidad de comprensión auditiva de sus estudiantes, particularmente aquellos con un nivel mas alto. Una vez hecho esto, pueden entonces completar sus respuestas leyendo la conversación. Para reflexionar, los estudiantes tienen que indicar si se trata de una entrevista en una radio o es para un artículo de periódico. La opción correcta es una entrevista en una radio, ya que está escrito como un guion de grabación para una radio.

Audio

Periodista: ¡Hola, Teresa! ¿Por qué crees que comprar en centros comerciales es tan popular hoy en día?

Teresa: Bueno, todos estamos muy ocupados y centros comerciales como Carrefour ofrecen muchas ventajas.

Periodista: ¿Cuál crees que es la ventaja más grande?

Teresa: No estoy muy segura... Creo que hay dos ventajas principales: el hecho de que puedes comprar todo en un mismo lugar, pero también el hecho que siempre puedes aparcar. Con frecuencia aparcar cerca de las tiendas en un pueblo o ciudad puede ser difícil.

Periodista: Comprar en un hipermercado, ¿sale más barato?

Teresa: Sí, normalmente los precios son más bajos porque, al pertenecer a grandes multinacionales, nos beneficiamos de economías de escala que no son accesibles a los negocios familiares. Por otro lado, también tenemos una gama más amplia de productos, de manera que los hay para todos los presupuestos.

Periodista: ¿Qué más ventajas hay?

Teresa: Yo diría que otra ventaja es el horario de apertura, porque nosotros no cerramos al mediodía y permanecemos abiertos hasta tarde. En cambio, las tiendas y supermercados en los pueblos y ciudades del territorio español cierran a la una y media o a las dos, y no abren hasta las cuatro y media o las cinco. A menudo, también se ven obligados a cerrar por completo dos o tres semanas al año para las vacaciones familiares, puesto que no sería viable continuar abiertos si parte de la plantilla no está.

Periodista: ¿Piensas que los hipermercados tienen desventajas?

Teresa: Bueno, pienso que hacer las compras en un hipermercado puede ser un poco impersonal porque le falta el trato más humano y cercano que ofrecen las tiendas de barrio. Además, los centros comerciales tienden a estar a las afueras de las ciudades en polígonos industriales o comerciales, así que tienes que coger el coche o el autobús para ir.

Respuesta

Ventajas	Desventajas
Comprar todo en un mismo lugar Aparcamiento siempre disponible Precios más bajos Gama de productos más amplia Horas de apertura más largas No cierran por vacaciones	Servicio un poco impersonal Se tiene que coger el coche o autobús para ir porque están más lejos

7 Escribe y habla

El ejercicio brinda a los estudiantes la oportunidad de expresar sus opiniones. Recuérdeles que pueden reciclar el vocabulario del ejercicio anterior, además de utilizar comparativos y la forma impersonal del verbo *poder*, que ya han practicado en estas páginas.

B. *Como parte de su investigación, los estudiantes de bachillerato visitan el rastro de Madrid y consideran los hábitos de los consumidores*

1 Lee

El objetivo de este ejercicio es principalmente cultural, pues los estudiantes aprenden sobre dos lugares igualmente emblemáticos, pero muy distintos. Indique a los estudiantes que compartan su opinión con un compañero y después puede pedir a un estudiante de cada pareja que comparta la opinión de los dos con el resto de la clase o en grupos más grandes. Si quiere ampliar el ejercicio más de lo propuesto, puede pedir a los estudiantes que elaboren un perfil del tipo de consumidor que creen que compra en el Rastro y el del que compra en el Rastro y el que compra en los centros comerciales. Luego puede pedirles que compartan sus ideas con el resto de la clase.

2 Lee y escribe

Este es un ejercicio de comprensión que quizás algunos estudiantes encuentren desafiante. Si es así, recuérdeles que lleguen a sus conclusiones por eliminación y que se fijen en el uso de palabras clave en cada mitad de las frases. Si lo desea, puede cuestionar a los estudiantes en relación al tiempo verbal utilizado para estos consejos, puesto que ya han sido expuestos al imperativo en la unidad 7.

Respuesta

1 **I**, 2 **A**, 3 **F**, 4 **E**, 5 **H**, 6 **B**, 7 **D**, 8 **G**

3 Lee y habla

Una vez más, este ejercicio tiene un objetivo más bien cultural y brinda la oportunidad a los estudiantes de expresar sus opiniones con respecto a la práctica del regateo en muchos lugares del mundo, incluyendo el mundo hispano.

El ejercicio tiene la intención de hacer reflexionar a los estudiantes sobre el vocabulario que han aprendido en el ejercicio anterior. Puede, si lo desea, liderar la conversación o designar a un estudiante que la lidere a través de comparaciones, como por ejemplo: *utilizar una calculadora para crear tensión es* ***menos*** *efectivo* ***que*** *sonreír*.

4 Habla

El ejercicio tiene la intención de hacer que los estudiantes consideren el regateo en su país de origen. Puede dividir a los estudiantes en grupos pequeños donde puedan discutir el tema. Puede sugerirles preguntas adicionales para ampliar la discusión: ¿Dónde se regatea? ¿Por qué en algunos lugares sí y otros no? ¿Es una práctica justa?

5 Escucha

El ejercicio pone a prueba la capacidad de comprensión auditiva de los estudiantes al mismo tiempo que sus conocimientos básicos de gramática. Después de escuchar una primera vez, pregunte a los alumnos qué están investigando los jóvenes. Si usted lo desea, puede pedirles que intenten hacer el ejercicio antes de escuchar el audio, puesto que la mayoría de las respuestas se pueden deducir con tan solo sus conocimientos de gramática.

Audio

La comida en la calle es muy popular en todos los países latinoamericanos. En Bolivia, por ejemplo, la comida en la calle es una de las razones contribuyentes al fracaso de los restaurantes de comida rápida.

Por desgracia, en España la venta de comida en la calle está prohibida salvo en algunas excepciones, como por ejemplo los churros o las castañas, que se permiten por razones de tradición. Esto ha resultado en el aumento de locales que destinan un espacio a la venta de comida para llevar. Así pues, en lugares como el rastro de Madrid, la comida en la calle es ilegal, pero es bastante habitual.

Respuesta

1 El joven habla sobre la **comida** en la calle.
2 En América Latina comer en la calle es muy **popular**.
3 Los restaurantes de comida rápida en Bolivia **fracasaron**.
4 En España se **prohíbe** la venta de comida en la calle.
5 La venta de **churros** permanece legal porque es tradicional.
6 La cantidad de locales que proporcionan comida para llevar ha **aumentado**.
7 En el rastro de Madrid es **frecuente** ver gente comiendo en la calle.

6 Investiga y escribe

Una vez más, este es un ejercicio predominantemente cultural y, dependiendo del país en que se encuentre, es un tema de debate sociocultural, pues la comida rápida es mayoritariamente preferida por los jóvenes de hoy en día en muchos países. Los estudiantes tienen que elegir un texto adecuado para el escrito que, en este caso, sería un artículo. Una vez los estudiantes hayan hecho su investigación, puede, si lo desea, animar el debate sobre las preferencias alimenticias y si piensan que la comida de la calle boliviana es más o menos sana que la comida de restaurantes de comida rápida y lo que ellos preferirían comer. Podría, por ejemplo, proponer una situación ficticia a los estudiantes donde ellos se encontraran de viaje en Bolivia, tuvieran hambre y pudieran elegir entre salteñas (empanadas típicas de carne) o hamburguesas. ¿Qué elegirían? Basándose en sus respuestas, podría agrupar a los estudiantes de acuerdo con sus preferencias para que cada grupo defendiera su preferencia.

7 Lee

El objetivo del ejercicio es ampliar el vocabulario de los estudiantes en cuanto a tiendas y secciones de unos grandes almacenes. Dependiendo del idioma del colegio y la cantidad de cognados con este u otros idiomas conocidos por los estudiantes, el ejercicio será más o menos simple.

Si lo desea, puede utilizar el ejercicio para la práctica oral, otorgando un número de 1 a 6 a cada estudiante. Se tira un dado y el estudiante con el número que salga tiene que presentar su sección y los artículos que allí se venden.

8 Lee

El objetivo del ejercicio es practicar y poner en contexto el vocabulario del directorio de secciones que los estudiantes han explotado en el ejercicio anterior.

Respuesta

1 *Aparcamiento naranja*
2 Planta 5
3 Planta baja
4 Planta 3
5 Planta 5
6 Planta 2
7 Planta baja
8 Planta 1
9 Planta baja

9 Habla

El ejercicio tiene el fin de consolidar el vocabulario del directorio de secciones poniendo a prueba la imaginación y la espontaneidad de los estudiantes. Puede, si lo desea, proporcionarles una lista de artículos para de este modo hacer el ejercicio menos exigente.

Respuesta posible

PLANTA 6: Quiero tomar un café, comprar un balón de fútbol y una raqueta de tenis.

PLANTA 5: Quiero comprar un dominó de animales para mi hermano pequeño, cambiar mi vuelo de Navidad a Buenos Aires y comprobar cuánto dinero tengo en la cuenta bancaria.

PLANTA 4: Quiero comprar una minifalda, un sujetador nuevo y mirar precios de vestidos de novias.

PLANTA 3: Quiero comprar unas botas de invierno, un vestidito para la niña de la vecina, que tiene seis meses, y una cuna para el bebé de mi hermana.

PLANTA 2: Quiero comprar una corbata para mi padre, un frigorífico para mi madre, unas copas de vino nuevas, una cubertería y algo para el cumpleaños de mi abuela.

PLANTA 1: Quiero comprar una falda formal para el trabajo, unas servilletas de Navidad y renovar el seguro del coche.

PLANTA BAJA: Quiero comprar una colonia, unos pendientes de plata, un nuevo juego para la consola de mi hermano, entradas para el concierto del sábado y hacer una copia de la llave de casa.

SEMISÓTANO: Quiero comprar un cinturón de cuero, unos sellos, un paquete de cigarrillos y ajustar mis gafas.

SÓTANO: Quiero depilarme las piernas y cortarme el pelo.

APARCAMIENTO: Quiero ir a buscar la compra que he hecho por Internet y lavar el coche.

C. *Los estudiantes de bachillerato observan de cerca el comportamiento de los consumidores*

1 Escucha

1 El objetivo del ejercicio es exponer a los estudiantes a una primera conversación en el contexto de comprar ropa. La conversación es bastante simple y los estudiantes deberían poder identificar la foto con facilidad.

Respuesta

Foto **E**

2 En esta ocasión los estudiantes tienen que escuchar más detalladamente, aunque con una dosis de sentido común podrán contestar a las preguntas sin demasiado desafío. Es recomendable que recuerde a los estudiantes que la conversación tiene lugar en una tienda, de manera que piensen lógicamente en las posibles respuestas, incluso antes de escuchar el audio de nuevo.

Respuesta

A Pregunta si puede probarse el vestido.
B El vestido es demasiado grande.
C La dependienta le da una talla menos.
D Sí, compra el artículo.

Audio

—Me gusta este vestido rojo. ¿Me lo puedo probar, por favor?

—Sí, claro. Los probadores están al fondo a la derecha.

...

—¿Le va bien?

—No, no es mi talla. Es demasiado grande. ¿Tiene una talla menos?

—Sí, aquí tiene.

...

—Sí, me queda perfecto.

—Tiene razón, le queda muy bonito. ¿Lo va a tomar?

—Sí, lo voy a comprar.

2 Lee

El objetivo del ejercicio es evaluar la capacidad de comprensión del vocabulario clave de cada conversación sin la necesidad de comprender todos los detalles. Si lo desea, puede otorgar roles a cada estudiante de manera que representen la conversación antes de compartir su respuesta con el resto de la clase. Pregunte a los alumnos si utilizan un tono formal o informal. La respuesta en este caso es formal por el uso de *usted*.

Respuesta

1 **B**, 2 **A**, 3 **C**, 4 **D**

 ***Actividad complementaria 11.1***

Esta actividad adicional complementa el desarrollo de vocabulario relativo a las compras.

Respuesta

Cada país tiene su propio **sistema** de tallas. En España y Latinoamérica se compra la **ropa** por tallas, los zapatos por **números** y otros artículos por **tamaño**. Generalmente, la mayoría de países latinoamericanos siguen el **mismo** sistema que España, aunque México tiene el suyo **propio**. Por ejemplo, una **talla** 34 en España es una 22 en México.

3 Lee

En esta ocasión se requiere que los estudiantes demuestren una comprensión más detallada del texto para que puedan relacionar las conversaciones con los resúmenes. Por otro lado, ahora que ya han relacionado las conversaciones con las imágenes, estas les serán de ayuda para eliminar o considerar algunas respuestas.

Respuesta

B Conversación 4 porque la clienta compró unas pastillas que no son las correctas y necesita cambiarlas o que le devuelvan el dinero.

C Conversación 3 porque se mencionan efectivo, tarjetas de crédito y cheques.

D Conversación 2 porque el cliente busca un descuento.

E Conversación 1 porque la clienta se prueba unos vaqueros.

4 Lee

Este ejercicio tiene el objetivo de identificar palabras claves que los estudiantes deberán reconocer en el contexto de las compras. Si lo desea, puede pedir que los estudiantes traduzcan las palabras al idioma del colegio en lugar de crear una definición en español.

Respuesta

talla: *medida convencional asociada con la ropa*

descuento: reducción de precio

tara: un defecto en el producto

temporada: un espacio determinado de tiempo, en este caso determinado por el tipo de ropa de acuerdo con el tiempo: otoño, invierno, primavera y verano

caja: lugar asignado para pagar por los productos en las tiendas

efectivo: dinero en su forma original de billetes y monedas

tarjeta de crédito: rectángulo de plástico numerado con un microchip que es emitido por un banco y permite hacer compras y pagar el mes siguiente o a plazos

cheques: documento expedido por el propietario de una cuenta bancaria que autoriza a otro a extraer una cantidad específica de dinero

recibo: es un resguardo que evidencia la compra de un producto o un servicio

reembolso: es la devolución del dinero cuando se devuelve un producto a una tienda

cambios: son la sustitución de un producto por otro

5 Lee

El objetivo del ejercicio es hacer que los estudiantes identifiquen el objeto al que se refieren los pronombres de objeto directo de las conversaciones. Deberá recordar a los estudiantes la necesidad de considerar el género y el número del pronombre de acuerdo con la explicación gramatical para que puedan identificar el objeto correctamente, pues, aunque los pronombres de objeto directo pueden resultar relativamente desafiantes para algunos estudiantes, el tema de las compras proporciona una introducción sencilla y accesible.

Respuesta

En la frase...	el pronombre...	sustituye a...
¿Me **los** puedo probar?	los	*los vaqueros*
¿**Los** tiene en negro?	los	los vaqueros
... solamente **lo** hacen en azul.	lo	este modelo
los voy a dejar.	los	los vaqueros
¿Se **los** lleva?	los	estos zapatos
No, no **la** veo.	la	la tara
... no puedo vendérse**los**.	los	los zapatos
¿**La** ve?	la	la caja
... ya no **los** aceptamos.	los	los cheques
... no son **las** correctas.	las	estas pastillas
... ya **lo** he tirado.	lo	el recibo
... **las** cambiamos entonces	las	las pastillas

 Cuaderno de ejercicios 11/3

En esta actividad, los alumnos tienen que escribir y practicar la estructura con la expresión del verbo *quedar* dentro del tema de la ropa. Puede explicar a los alumnos cuándo tienen que utilizar *queda* (con un nombre en singular) y *quedan* (con un nombre en plural).

Respuesta

Esta chaqueta me queda grande.
Estos zapatos me quedan pequeños.
Esta camisa me queda mal.
Esta falda me queda estrecha.
Estos pantalones me quedan largos.
Esta camiseta me queda ancha.
Esta blusa me queda estrecha.
Esta corbata me queda corta.

 Cuaderno de ejercicios 11/4

El objetivo de este ejercicio es revisar el vocabulario común para transacciones habituales en una tienda de ropa. Los estudiantes necesitan leer y reordenar la conversación de una forma lógica.

Respuesta

H Hola, ¿le puedo ayudar?
I Sí, quisiera comprar un vestido de noche para una fiesta.
A Muy bien, ¿de qué color quiere el vestido de noche?
C Quiero el vestido de noche en azul oscuro si es posible, o negro.
D Aquí tiene. ¿Le gusta?
F Sí, es bonito. ¿Me puedo probar el vestido?
G Sí, por supuesto, los probadores están al fondo... ¿Le queda bien?
K Me va bien, pero un poco ajustado. ¿Tiene el vestido en una talla más grande?
E Sí, tenemos el vestido en la talla 40 también.
J Perfecto. Voy a comprar el vestido en la talla 40. ¿Dónde está la caja?
L Está cerca de la entrada, a la izquierda.
B Muchas gracias. Voy a pagar el vestido.

 Cuaderno de ejercicios 11/5

El ejercicio tiene el objetivo de consolidar el uso de los pronombres de objeto directo que los estudiantes han aprendido en el libro del alumno. La conversación ha sido diseñada para que los estudiantes se den cuenta de cómo los pronombres hacen que la conversión sea más fluida y menos repetitiva.

Respuesta

1 *Muy bien, ¿de qué color **lo** quiere?*
2 **Lo** quiero azul oscuro, si es posible, o negro.
3 Sí, **lo** tenemos en la talla 40 también.
4 ¿Me **lo** puedo probar?
5 Voy a comprar**lo** en la talla 40.
6 ¿**Lo** tiene en una talla más grande?

6 Lee y escribe

El objetivo del ejercicio es comprobar la habilidad de los estudiantes de comprender el texto en detalle mientras que se les expone a problemas o sucesos habituales en el contexto de las compras.

Respuesta

1 *La clienta quiere comprar unos vaqueros de la talla 38.*
2 Se prueba unos vaqueros azules.
3 No le gusta el color.
4 Decide no comprarlos.

7 Lee y habla

El objetivo del ejercicio es comprobar la habilidad de los estudiantes de comprender el texto en detalle mientras que se los expone a problemas o sucesos habituales en el contexto de las compras.

Respuesta

El problema es que los zapatos son muy caros y, según él, tienen una tara.

El cliente espera que el dependiente le haga un descuento.

El dependiente ofrece buscar otros zapatos iguales sin tara.

El cliente no quiere, así que el dependiente sugiere que mire en la sección de fin de temporada para buscar algo más barato.

8 Lee y escribe

El objetivo del ejercicio es comprobar la habilidad de los estudiantes de comprender el texto en detalle mientras que se los expone a problemas o sucesos habituales en el contexto de las compras.

Respuesta

1 *Verdadero – (¿Dónde está la caja, por favor?).*
2 Falso – (*Son cincuenta y ocho euros*).
3 Verdadero – (*No, lo siento, ya no los aceptamos*).
4 Falso – (*Entonces, voy a pagar con tarjeta*).

9 Lee y escribe

El objetivo del ejercicio es comprobar la habilidad de los estudiantes de comprender el texto en detalle mientras que se los expone a problemas o sucesos habituales en el contexto de las compras.

Respuesta

1 La clienta compró unas **pastillas** para su madre.
2 Por desgracia no **son** las correctas.
3 La clienta ya no tiene el **recibo**.
4 Por eso, la clienta no **puede** obtener un reembolso.

10 Habla

En este ejercicio los estudiantes deben reciclar el vocabulario de las conversaciones precedentes para preparar sus propias conversaciones con el mismo propósito. Anime a los estudiantes a ser creativos y actuar como clientes particularmente difíciles para ampliar las conversaciones.

D. *Los estudiantes de bachillerato entrevistan a sus familiares y consideran nuevas tendencias y cambios*

1 Lee, escribe y comprende

El objetivo del ejercicio es poner a prueba la capacidad de comprensión de los estudiantes. Los textos son relativamente largos para esta altura de su aprendizaje de español, pero es un tema familiar para el cual pueden anticipar las respuestas con facilidad, aplicando una dosis de sentido común. Puede apoyar a los estudiantes discutiendo los elementos esenciales en las respuestas, tales como el tiempo verbal que buscan o si buscan un sustantivo o un verbo, por ejemplo. A la pregunta sobre el tipo de texto que es y sus características, indique a sus alumnos que tienen frente a ellos un artículo. Aproveche la oportunidad para repasar su estructura.

Respuesta

1 Hacía las compras en las tiendas del pueblo.
2 Porque los dependientes les ayudaban a encontrar lo que querían comprar.
3 Lo compraba a contra reembolso en un catálogo.
4 La gama era más limitada.
5 Porque la calidad era buena y sabía que la tienda solucionaría cualquier problema.
6 Es muy impersonal, no se habla con nadie y a veces no hay ni cajeros.
7 Ayer hizo la compra por Internet con su hijo.
8 Le preocupa el fraude y que sus datos personales no estén seguros.

2 Lee

El objetivo del ejercicio es que los estudiantes consideren el uso del imperfecto en contexto.

Respuesta

Beatriz habla de cómo eran las cosas en el pasado: describe el pasado y acciones repetidas una y otra vez en el pasado.

3 Lee y escribe

El ejercicio tiene el objetivo de consolidar los conocimientos ya adquiridos en otras unidades sobre el uso del imperfecto, proporcionando ejemplos de su uso en contexto.

Respuesta

Descripción: *cuando yo era joven*, todo era bastante accesible, la calidad era mejor, la calidad de los productos no es lo que era.

Acción repetida: *íbamos a las tiendas del pueblo*, nos ayudaban a comprar, lo compraba a contra reembolso, tenías que elegir de entre una gama más limitada, comprábamos en nuestras tiendas locales.

4 Lee

El ejercicio tiene el objetivo de consolidar los conocimientos ya adquiridos en otras unidades sobre el uso del pretérito indefinido, proporcionando ejemplos de su uso en contexto.

Respuesta

Lo utiliza cuando habla sobre lo que hizo ayer.

- Ayer Sebastián me convenció...
- Hicimos la compra desde su móvil...
- ... fue fácil y rápido.

5 Lee

Este ejercicio pone a prueba la capacidad de comprensión de los estudiantes. El texto es también relativamente largo para esta altura de su aprendizaje de español, pero el tema es familiar y pueden de nuevo anticipar las respuestas con un poco de sentido común.

Respuesta

1 Es fácil, hay más donde elegir y mejores precios.
2 Va a la tienda para probarse los artículos, pero no los compra allí por no hacer cola y no cargar con la compra si no va directo a casa.
3 Pide más de lo que necesita para probárselo y luego devuelve lo que no quiere.
4 Muchas tiendas ofrecen facilidades de pago.
5 Porque los datos personales circulan encriptados y además, generalmente, el comprador está asegurado contra el uso fraudulento de su cuenta.
6 Porque evitas las compras impulsivas cuando pasas por delante de algo que te llama la atención.
7 Los horarios de apertura.

6 Escribe

El objetivo del ejercicio es profundizar la comprensión de los estudiantes de los textos sobre Beatriz y Sebastián, al tiempo que practican la destreza de justificar sus opiniones. Si lo desea, puede convertir la actividad en una actividad oral donde los estudiantes compartan sus opiniones con el resto de la clase. Puede por ejemplo empezar una frase: *Hacer las compras en Internet es más fácil porque...* y cada estudiante deberá añadir una razón diferente hasta que a nadie se le ocurran más razones.

7 Escucha

El objetivo del ejercicio es que los estudiantes identifiquen si los locutores están a favor o en contra del uso de Internet para realizar compras. Los estudiantes escuchan para identificar los puntos clave: a favor o en contra.

Respuesta

A En contra – Le da miedo pagar y no recibir el producto.
B A favor – Nunca ha tenido una mala experiencia, se fija en la reputación del vendedor.
C A favor – Conoce a mucha gente que compra en Internet sin problemas.
D En contra – Teme ser víctima de fraude, cree que comprar cara a cara es más seguro.

Audio

A La verdad es que yo no les tengo confianza. Me da miedo que se queden con mi dinero y yo no reciba nada.
B Llevo 96 compras por Mercado Libre y nunca me han robado. Por el momento, todo perfecto. La clave está en fijarse en la reputación del vendedor en los comentarios disponibles.
C Conozco gente que compra de todo en Internet y está muy conforme porque nunca ha tenido problema alguno.
D Nunca he comprado nada en la red por temor a un fraude o a que me den lo que no era. Pienso que comprar cara a cara siempre será más seguro.

8 Escucha

En este ejercicio se requiere que los estudiantes se concentren en las razones expresadas para justificar la opinión positiva o negativa de las compras en Internet.

Respuesta

1 **D**, 2 **A**, 3 **B**, 4 **C**

9 Habla

El ejercicio tiene el objetivo de crear una oportunidad para que los estudiantes discutan sus propias opiniones sobre las compras en Internet, su seguridad y ventajas o desventajas. Puede si lo desea dividir a sus estudiantes en a favor o en contra, o por el contrario, otorgarles un rol que deben defender tanto si están de acuerdo o no. Se recomienda que anime a los estudiantes a compartir o crear ejemplos de situaciones en las que la compra, ya sea cara a cara o por Internet, haya sido particularmente agradable o desagradable.

Cuaderno de ejercicios 11/6

El objetivo de este ejercicio es que los estudiantes se den cuenta de que no solo hay problemas de fraude con compras en la red, sino que también los puede haber cara a cara. Los estudiantes tienen que identificar los tres elementos de los billetes falsos que son mencionados.

Respuesta

1 textura
2 marca de agua
3 número de serie

El estafador te dice que tienes un billete falso y ofrece comprobar si tienes más. En la comprobación, cambia tus billetes normales por otros falsos.

 Cuaderno de ejercicios 11/7

El objetivo del ejercicio es consolidar lo que los estudiantes han aprendido hasta el momento en relación con compras en la red. El folleto les brinda la oportunidad de utilizar el vocabulario aprendido, incorporando las opiniones discutidas en clase. Si lo desea, puede establecer un requisito del número de palabras que desea que contenga el folleto, o también puede pedir a los estudiantes con un nivel más alto de español que añadan consejos, para lo que van a requerir el uso del imperativo.

 Cuaderno de ejercicios 11/8

Esta actividad permite a los estudiantes practicar el uso correcto del imperfecto dentro de la estructura de una postal. Indíqueles que tengan en cuenta la persona y el número para escribir la forma del verbo correctamente.

Respuesta

1	fuimos	8	fuimos
2	compramos	9	pedí
3	llevaron	10	pidieron
4	probé	11	fuimos
5	dieron	12	dijo
6	pude	13	dejaron
7	sobró		

E. *Los estudiantes de bachillerato investigan las compras en Internet con más detalle*

1 Lee

El objetivo del ejercicio es hacer que los estudiantes identifiquen las fracciones y proporciones incluidas en el texto y que se han presentado en el vocabulario. El ejercicio es bastante sencillo, pues las frases están en el orden en que aparecen en el texto aunque su expresión es diferente, pero con ideas sinónimas. Pregunte a los alumnos qué tipo de texto es. Aproveche para repasar la estructura de un artículo de periódico y el de un blog. En este caso, se trata de un artículo de periódico porque para un blog normalmente debemos insertar la URL o dirección de Internet.

Respuesta

1	2/3	4	1/4	7	1/10
2	1/5	5	9/10	8	1/3
3	1/3	6	1/5	9	6/10

2 Habla

El ejercicio crea una oportunidad para que los estudiantes expresen sus opiniones sobre los datos presentados sobre España, que puede que sean muy diferentes a lo que ellos estén acostumbrados, dependiendo del país en que se encuentren.
Es importante que, donde sea posible, evite el uso del subjuntivo para no confundir a los estudiantes, pues probablemente es demasiado temprano en su estudio del idioma para comprender completamente su funcionamiento.

3 Escribe

El objetivo del ejercicio es que los estudiantes preparen sus propias preguntas para sus compañeros basadas en lo que han leído en el artículo de esta página.
Se sugiere que anime a sus estudiantes a escribir de cinco a ocho preguntas para que así tengan suficiente información para producir un resumen significativo.
Si lo desea, puede hacer que los estudiantes hagan la encuesta de forma escrita y pidan a otras clases de español del centro que contesten a las preguntas. De hecho, la encuesta puede ser en el idioma del centro y ser realizado con estudiantes de otras materias si no hay un número representativo de estudiantes de español, pues sus estudiantes todavía tendrán que traducir sus hallazgos para presentar el resumen en la clase de español.

Respuesta posible

La frecuencia de compra: ¿Con qué frecuencia compras en la red? ¿Utilizas Internet para hacer tus compras? ¿Cuántas cosas has comprado en la red en los últimos seis meses?

El tipo de producto: ¿Qué productos compras en Internet? ¿Qué productos has comprado recientemente en Internet?

La forma de pago: ¿Cómo pagas cuando compras en Internet? ¿Qué utilizas para pagar tus compras en línea?

Los problemas que hayan tenido: ¿Has tenido algún problema comprando en la red? ¿Qué problemas has tenido con tus compras en la red?

Sus opiniones: ¿Cuál es tu opinión sobre comprar en la red? ¿Qué piensas sobre comprar en la red? ¿Crees que comprar en la red es fácil/seguro?

4 Habla

El ejercicio tiene el objetivo de hacer que los estudiantes practiquen oralmente el vocabulario y las estructuras relacionadas con el tema de las compras que han visto hasta el momento, al mismo tiempo que practican su comprensión auditiva, puesto que deberán tomar notas de las respuestas que sus compañeros les den.

5 Escribe

En este ejercicio, se requiere que los estudiantes presenten sus descubrimientos con el objetivo principal de que practiquen el uso de fracciones que han aprendido. En este caso, se pregunta a los estudiantes sobre el tipo de texto que tienen que escribir. Indique que la respuesta correcta es un informe, ya que solo se pide que hablen de los resultados.

Respuesta posible

<u>**Informe sobre los hábitos de compra**</u>

La mitad de mis compañeros tienen una cuenta segura en Internet para pagar por sus transacciones en Internet, y las tres cuartas partes compran en línea al menos una vez al mes. Los productos más habituales que compran son la música o las películas, pero dos de cada tres también utilizan Internet para comprar regalos para amigos o familiares. La mayoría de las chicas han comprado ropa en línea y, aunque la mayoría opina que vale la pena, una tercera parte se ha sentido decepcionada con la calidad de la prenda, o ha tenido problemas al intentar hacer una devolución o un cambio.

Actividad complementaria 11.2

El objetivo de esta actividad adicional es reciclar algunos de los conceptos vistos en esta unidad, pero desde un ángulo un poco diferente, en este caso como vendedor y no comprador. Los estudiantes deberían poder completar el ejercicio sin demasiada dificultad, pero es recomendable recordarles que deberán aplicar sus conocimientos gramaticales para eliminar respuestas.

Respuesta

1 **C**, 2 **A**, 3 **F**, 4 **B**, 5 **G**, 6 **H**, 7 **D**, 8 **E**

6 Investiga y escribe

El ejercicio tiene un objetivo sociocultural y lingüístico, pues los estudiantes investigan las tendencias de su propio país, pero después deberán resumirlas en un artículo, practicando de esta forma su habilidad de escribir textos más extensos. Si lo desea, puede sugerir a los estudiantes que hagan comparaciones con la situación en España y los resultados de su investigación en su país. Es importante que hable con sus alumnos del tipo de texto más adecuado para esta tarea, repasando las características de ambos. La mejor opción es un artículo de opinión, ya que se pide a los alumnos que reflexionen acerca del significado de sus comparaciones.

7 Lee y escribe

El objetivo del ejercicio es que los estudiantes identifiquen las palabras correctas según el contexto de la frase. Recuerde a los estudiantes que apliquen sus conocimientos de gramática para simplificar el ejercicio y limitar la cantidad de opciones posibles.

Respuesta

1	antivirus	6	investigación
2	tarjeta de crédito	7	letra pequeña
3	antelación	8	certificado de seguridad
4	contraseñas	9	privacidad
5	gangas	10	garantía

8 Escribe

El objetivo del ejercicio es que los estudiantes consideren los consejos y decidan cuáles creen que son más importantes. Puede, si lo desea, ampliar el ejercicio pidiendo a los estudiantes que amplíen sus respuestas justificándolas.

9 Habla

El ejercicio tiene el objetivo de brindar práctica oral a los estudiantes. Si lo desea, puede actuar o pedir a alguno de los estudiantes de nivel más alto que actúe como abogado del diablo, intentando revocar las opiniones de los estudiantes en favor de otros consejos, de esta manera, forzando a los estudiantes a pensar en otras defensas para sus consejos.

10 Habla y comprende

1 El objetivo del ejercicio es que los estudiantes resuman lo que se ha discutido en clase y han aprendido sobre la seguridad en la red, esta vez de una forma ininterrumpida.

2 En esta actividad, se pide a los estudiantes que piensen en las normas de comportamiento relacionadas con el uso de la tecnología. Puede indicarles que, en parejas, escriban una lista con los pros y una lista con los contras (lo que se ha de hacer y lo que se tiene que evitar). Para ampliar la actividad, puede indicar a los estudiantes que hagan un trabajo electrónico en los que enumeren con fotografías y texto el resultado de la lista.

Repaso

¿Dónde y cómo comprar? Compara las opiniones

1 Lee

El objetivo del ejercicio es revisar las opiniones sobre la seguridad en la red. La respuesta es personal y no hay una respuesta correcta o incorrecta como tal. Si lo desea, puede pedir a los estudiantes que justifiquen sus respuestas, aunque ya se les requiere que lo hagan en el siguiente ejercicio.

2 Habla

El objetivo del ejercicio es que los estudiantes practiquen su destreza defendiendo sus argumentos, lo cual han podido practicar bastante en esta unidad. Una vez más, la respuesta es personal.

3 Escribe

Durante la unidad, los estudiantes han visto variedad de ventajas y desventajas en lecturas y audios en relación con las compras en diferentes lugares.
El ejercicio brinda una oportunidad para que los estudiantes revisen estas y las compilen en este ejercicio con el objetivo principal de revisar lo ya aprendido. Si lo desea, puede pedir a los estudiantes que escriban un número determinado de ventajas o desventajas.

4 Habla

El objetivo del ejercicio es hacer que los estudiantes defiendan su posición con relación a la mejor manera de hacer las compras, sacando el máximo rendimiento posible al vocabulario, opiniones y estructuras vistas en esta unidad. Puede, si lo desea, agrupar a los estudiantes en pequeños grupos donde haya un estudiante defendiendo cada tipo de comercio y donde primero se hagan las presentaciones sin interrupción, con los demás estudiantes tomando notas de las ideas que quieren luego revocar en la parte de debate, después de las presentaciones.

Punto de reflexión

Pida a los estudiantes que, en parejas, enumeren sus lugares de compra preferidos. También tienen que contestar y justificar la importancia que tienen las compras en su vida.

Creatividad, Actividad y Servicio

Pida a los estudiantes que inviten a un grupo de abuelos a la escuela para mostrar cómo era su vida cotidiana sin los artefactos tecnológicos actuales.

Indique a los estudiantes que piensen en preguntas de la vida cotidiana, como por ejemplo:

- ¿Cómo eran los coches?
- ¿Había televisión? ¿Cuántos canales de televisión había?
- ¿Existían los ordenadores?
- ¿Con qué aparatos escuchaban música?
- ¿Cómo quedaban con sus amigos sin teléfonos móviles?

12 Salud y bienestar

Área temática	Identidades
Tema	Bienestar físico Comida y bebida
Aspectos	Cuerpo Enfermedad Doctor / médico Remedios / medicamentos Accidentes Salud y dieta: vegetarianismo
Gramática	Pretérito perfecto Verbo *doler* Verbos modales (continuación)
Tipos de texto	**Textos personales** Correo electrónico Lista **Textos profesionales** Entrevista Carta Informe Cuestionario **Textos de medios de comunicación de masas** Artículo Aviso
Punto de reflexión	¿Qué es lo más importante para tener una vida saludable?
Rincón IB	**Teoría del Conocimiento** • ¿Cómo afecta socialmente el mal hábito de fumar? **Creatividad, Actividad y Servicio** • Emprende una campaña con folletos y un vídeo de tu creación promoviendo hábitos saludables entre los jóvenes. Invita a un experto en medicina preventiva para dar una charla sobre el tema a los alumnos de tu clase. **Para investigar** • Investigación sobre los hábitos de comida de los jóvenes. • Investigación sobre la actitud hacia la obligatoriedad de las vacunas infantiles. **Oral individual** • Describir fotos relacionadas con hábitos saludables y nocivos de los jóvenes y responder a preguntas sobre ellas. • Conversación general sobre los hábitos que te ayudan a mantenerte saludable.

Esta unidad trata del tema de la salud física y mental. Los estudiantes van a aprender el vocabulario relacionado con las partes del cuerpo y las enfermedades y padecimientos más comunes, así como familiarizarse con conversaciones en la consulta del médico y por teléfono con los servicios de emergencia en caso de accidente. Los estudiantes también van a aprender el vocabulario y las estructuras para hablar de la dieta sana, el estrés y la vida sana en general, más allá de la dieta y del ejercicio. La reflexión principal de la unidad se centra en cómo llevar una vida sana, evitando, así, malos hábitos dañinos para la salud.

Gramaticalmente, esta unidad se centra en tres puntos gramaticales: el pretérito perfecto, el verbo *doler* y los verbos modales.

1 Para empezar

Este es un ejercicio introductorio donde se espera que los estudiantes identifiquen el mensaje principal y los puntos esenciales de la información contenida en el cartel, que en su mayor parte han sido resaltados.

Respuesta posible

El cartel tiene el propósito de concienciar sobre la necesidad y el valor verdadero de donar sangre.

Los problemas resaltados son la distribución poco consistente de donaciones, la pequeña proporción de donaciones altruistas y la falta de seguridad y análisis de las donaciones.

2 Habla

Este ejercicio brinda a los estudiantes la oportunidad de discutir los datos del cartel y expresar sus opiniones propias. Puede, si lo desea, ampliar la conversación al aspecto cultural de las donaciones de sangre y y a la razón por la cual, según los estudiantes, en algunos países se dona más o menos sangre, aunque deberá ser cauteloso en referencia al aspecto moral-religioso que puede ser un tema difícil para algunos estudiantes. También puede animar a los estudiantes a hablar de experiencias propias, si algún familiar o conocido ha necesitado sangre y si esto ha cambiado o cambiaría su actitud acerca del tema, siempre tratando el tema con la delicadeza que se merece y utilizando su discreción y su conocimiento sobre sus estudiantes.

A. *Estudiantes de bachillerato: Prácticas laborales con un médico de cabecera*

1 Lee

El objetivo del ejercicio es simplemente el incremento de la base de vocabulario, ya que hasta este momento los estudiantes tan solo han visto algunas partes del cuerpo en el contexto de descripciones físicas en la unidad 2. Aunque para el ejercicio los números tan solo apuntan a una parte del cuerpo (por ejemplo: *un brazo*), en el vocabulario se ha tenido en cuenta el plural para hacer el ejercicio más fácil, ya que los estudiantes podrán deducir de este modo algunas de las partes. Si lo desea, puede añadir un elemento de competición al ejercicio, dando a los estudiantes un tiempo muy limitado para identificar el vocabulario, o bien individualmente o en grupos, o dividir el vocabulario en pequeños grupos que, una vez identificadas las cuatro o cinco palabras otorgadas, deberán elaborar una descripción para compartir con los demás. Indique a los estudiantes que tienen que buscar las tres palabras que sobran en el diccionario.

Respuesta

1 la cabeza
2 el cuello
3 el brazo
4 el pecho
5 el estómago
6 las caderas
7 la rodilla
8 la pierna
9 el pie
10 el tobillo
11 el codo
12 la mano
13 la espalda
14 el hombro
15 los ojos
16 la oreja
17 la nariz
18 la boca
19 el pelo
20 la cara

2 Lee y comprende

1 En una progresión lógica, este ejercicio presenta las estructuras más comunes para referirse a enfermedades y padecimientos comunes. Se espera que los estudiantes puedan completar el ejercicio a través del vocabulario que han visto en el ejercicio anterior.

Es oportuno que recuerde a los estudiantes las construcciones valorativas que ya utilizan con los verbos de opinión como *gustar*, *encantar* y *apetecer*. El verbo *doler* también utiliza una construcción valorativa, donde uno o varios elementos causan una reacción en alguien. Si el sujeto que nos causa esta reacción es singular (por ejemplo: *la cabeza*), el verbo se conjuga en la tercera persona del singular (*duele*), mientras que, si hay más de un sujeto causando la reacción, sentimiento o sensación (por ejemplo: *los dientes*), el verbo deberá ser conjugado en la tercera persona del plural (*duelen*). La persona a la que se le causa la reacción expresada por el verbo se refleja con el uso del pronombre de complemento indirecto inmediatamente antes del verbo (*me, te, le…*).

Respuesta

1 **B**, 2 **G**, 3 **J**, 4 **C**, 5 **E**, 6 **D**

2 En esta actividad, se insta a los estudiantes a hablar sobre la importancia del deporte en la salud y en la prevención de dolores y enfermedades en el futuro. Aproveche esta actividad para preguntar a los estudiantes qué deportes practican y con qué frecuencia.

3 Escribe

En esta ocasión, los estudiantes deberán manipular las estructuras que han visto en el ejercicio anterior para de esta manera crear sus propias frases en relación de los padecimientos que sobraron en el ejercicio 2.

Respuesta

A Me duele la cabeza. / Tengo dolor de cabeza.
F Me duele la espalda. / Tengo dolor de espalda.
H Me he fracturado una mano. / Me he roto una mano.
I Me duelen los oídos. / Tengo dolor de oído.

 Cuaderno de ejercicios 12/1

El objetivo del ejercicio es que los estudiantes revisen las partes
del cuerpo que han visto en el libro del alumno.

Respuesta

Horizontales		**Verticales**	
2	cuello	1	ojos
4	pelo	3	espalda
7	piernas	5	estómago
10	mano	6	dientes
12	orejas	8	pies
13	cabeza	9	brazo
14	rodillas	11	nariz
		13	cara

4 Lee

Este ejercicio introduce vocabulario y estructuras adicionales, así como remedios comunes. Los estudiantes deberán emparejar los padecimientos con los remedios, para lo cual deberán utilizar el contexto de las frases en las cuales se incluye vocabulario más bien sencillo, que ya deberían conocer. Los estudiantes deberían estar familiarizados con la mayoría de estos remedios, y así pues hacer enlaces simples como *guisantes congelados* para *un golpe*, o *miel y limón* para *la tos*. Los estudiantes también deberían reconocer el verbo *tomar*, de manera que podrán descartar padecimientos que no requieran la ingestión de un remedio, lo que les ayuda a establecer un proceso de eliminación.

Si lo desea, también puede utilizar este ejercicio para cuestionar a sus estudiantes sobre el tiempo verbal utilizado en los consejos y remedios, puesto que los estudiantes ya han visto el imperativo en la unidad 7.

Respuesta

1 **G**, 2 **C**, 3 **E**, 4 **F**

5 Escucha

El objetivo del ejercicio es que los estudiantes practiquen la comprensión oral del vocabulario relacionado con dolencias, padecimientos y remedios vistos en esta unidad. También puede utilizar este ejercicio para explicar/repasar las estructuras de tiempo *hace*... y *desde*..., pidiéndoles a los estudiantes que escuchen de nuevo e identifiquen las estructuras. Antes de escuchar, pregúnteles si las conversaciones van a tener un tono formal o informal.

Audio

1 —Hola, buenos días. ¡Siéntese! ¿Qué le pasa?
—Hace tres días que estoy resfriada y tengo mucha tos.
—Bueno, eso es normal en invierno. Abríguese y tome este jarabe tres veces al día durante una semana.

2 —¡Hola! ¿Qué te ocurre?
—Hace dos días que me duele la garganta. Me duele desde el lunes.
—Vamos a ver... La tienes inflamada, pero no hay infección. Aquí tienes unos caramelos de miel y limón para que te alivien.

3 —¡Hola! ¿Qué te ocurre?
—Hace cinco días que me duele un oído, creo que me duele desde el fin de semana pasado.
—Vamos a ver... Aquí tienes unas gotas, y unos antibióticos para que los tomes cada ocho horas durante siete días.

Respuesta

Problema	¿Desde cuándo?	Recomendación médica
1 *resfriado y tos*	*3 días*	*abrigarse, jarabe 3 veces al día, una semana*
2 dolor de garganta	2 días	caramelos de miel y limón
3 dolor de oído	5 días	gotas, antibióticos cada 8 horas, 7 días

 Cuaderno de ejercicios 12/2

El objetivo de este ejercicio es que los estudiantes continúen utilizando el vocabulario
y las estructuras de diálogos relativos a enfermedades y dolencias comunes.

Respuesta posible

Conversación 1
—Hola, buenas tardes, ¿qué le pasa?

—Me duele la cabeza.

—¿Desde cuándo le duele?

—Hace tres días.

—Bueno, debe tomar estas pastillas cada ocho horas e intente dormir.

Conversación 2
—Hola, buenas tardes, ¿qué le pasa?

—Estoy resfriado y me duele la garganta.

—¿Desde cuándo se encuentra mal?

—Hace dos días.

—Bueno, debe tomar este jarabe y se debe abrigar.

Cuaderno de ejercicios 12/3

En esta actividad se pide a los estudiantes que utilicen la forma del pretérito perfecto correcta en un correo electrónico dirigido a un amigo sobre el tema salud y bienestar. Antes de hacer el ejercicio, repase con sus estudiantes el uso del pretérito perfecto y los participios irregulares.

Respuesta

1	he decidido	6	he notado
2	he empezado	7	he apuntado
3	he dejado	8	he decidido
4	he ido	9	he dado
5	ha escrito	10	has decidido

Cuaderno de ejercicios 12/4

En este ejercicio los estudiantes tienen la oportunidad de repasar de forma práctica el uso de los participios irregulares. Un repaso gramatical de los mismos es conveniente.

Respuesta

1	abierto	4	puesto	7
2	dicho	5	escrito	8
3	cubierto	6	muerto	9

6 Lee

Página 141

El objetivo del ejercicio es que los estudiantes lean rápidamente el texto para averiguar de qué se trata, sin leer detalladamente lo que dice, ya que lo van a hacer en el siguiente ejercicio. Puede que sea necesario que dé un tiempo límite de uno o dos minutos a sus estudiantes. Recuérdeles que no deberán leer cada palabra, sino mover los ojos rápidamente en busca de palabras con las que estén familiarizados o palabras que se repitan con frecuencia, que claramente tendrán un significado clave para el texto.

Respuesta

El texto trata de la mortalidad infantil, sus causas y posibles estrategias de prevención.

7 Lee

Esta vez los estudiantes leen el texto prestando atención a los detalles para completar la tabla. Es posible que algunos estudiantes requieran el uso de un diccionario o la sección de vocabulario para poder completar la actividad. Es importante que los alumnos reflexionen sobre las características de un artículo. (Puede consultar la tabla al final de este libro).

Respuesta

Número diario de fallecidos	Razón de los fallecimientos	Métodos de prevención mencionados
indefinido	*accidentes de tránsito*	*uso del casco* *uso de cinturones de seguridad*
480	ahogados	chalecos salvavidas piscinas y balsas rodeadas de vallas prestación de primeros auxilios rápida en caso de emergencia
260	quemaduras	alarmas contra el humo encendedores con dispositivos de seguridad reguladores de la temperatura del agua caliente
más de 100	caídas	instalación de dispositivos de seguridad en ventanas equipos especialmente diseñados en las zonas de recreo
125	intoxicación	cierres de seguridad

8 Habla

Página 141

El ejercicio proporciona a los estudiantes la oportunidad de discutir sus opiniones sobre el tema de las muertes y los accidentes infantiles. Se recomienda que anime a los estudiantes a compartir experiencias propias de accidentes y noticias al respecto.

9 Escribe

La actividad cierra el tema de la salud infantil con una oportunidad para que los estudiantes practiquen lo que han aprendido y reciclen vocabulario y estructuras aprendidas en esta página de forma escrita, con amplia oportunidad de presentar datos, expresar y justificar su opinión en un contexto relativamente formal. Para los estudiantes con un nivel más bajo se sugiere que les recomiende que se centren en tres párrafos, para los cuales se les ha dado una introducción en el libro del alumno, mientras que puede animar a los estudiantes de nive más alto a ser más creativos y que piensen en el tipo de texto (en este caso, una carta formal).

Respuesta posible

Potosí, 30 de octubre

Muy señor mío:

Me llamo Isabel y soy una estudiante de Medicina en la Universidad de Favarolo, en Argentina. Tengo un interés particular en la medicina infantil y en el futuro espero especializarme en Pediatría.

Estoy haciendo mis prácticas en un centro médico en el departamento de Potosí. Durante mi estancia en Potosí, he notado que hay una balsa sin ningún tipo de protección, donde muchos niños juegan cada día. Los vecinos de la zona me han contado que, como consecuencia de la falta de protección, el año pasado se ahogaron tres niños, y creo que sus muertes se podrían haber evitado.

Para salvaguardar la seguridad de los niños, hay que implementar medidas de precaución, que en este caso no son muy costosas. Es necesario vallar la balsa y poner chalecos salvavidas al alcance para evitar más muertes innecesarias, puesto que la mayoría de muertes infantiles de este tipo se pueden prevenir.

Muy atentamente,

Isabel Bienaimé

 ***Actividad complementaria 12.1***

Esta actividad profundiza en la comprensión de parte del texto que aparece en la página 141 y proporciona práctica adicional utilizando información sobre accidentes.

Respuesta

1 Verdadero – Entre los 10 y 19 años, la causa principal de muerte son los accidentes de tránsito.

2 Falso – Muchos niños mueren ahogados por jugar en zonas con piscinas o balsas de agua sin vallas, sin chalecos salvavidas disponibles, o acceso a asistencia de emergencia.

3 Falso – 480 niños mueren ahogados diariamente y 260 niños mueren cada día víctimas de quemaduras.

4 Verdadero – Más de un centenar de niños mueren cada día por causa de caídas, 260 por quemaduras, 480 ahogados y los accidentes de tráfico son la causa principal de muerte.

B. *Los estudiantes de bachillerato asisten a una conferencia sobre la situación global de la salud en la adolescencia*

1 Habla

El objetivo del ejercicio es hacer que los estudiantes consideren los problemas a los que se enfrentan en la adolescencia y que pueden tener consecuencias duraderas y permanentes. Se sugiere que anime a los estudiantes a considerar los problemas más grandes para los adolescentes en su ámbito local.

2 Lee

El ejercicio tiene el objetivo de presentar a los estudiantes con vocabulario clave relacionado con los temas más corrientes de salud en relación a los adolescentes.

Respuesta

1 **D**, 2 **A**, 3 **E**, 4 **C**, 5 **B**

3 Lee, escribe y comprende

1 El ejercicio tiene el propósito de profundizar en los textos breves, concentrándose en el uso de consecuencias y razones.

Si lo desea, puede utilizar este ejercicio como una plataforma para entablar una discusión más profunda sobre estos temas, cuestionando a sus estudiantes sobre sus opiniones personales al respecto de lo que se menciona.

Respuesta

1 Si dejan de fumar, van a engordar porque tener un cigarrillo en las manos evita que coman.

2 Es una combinación de la falta de ejercicio y una dieta no equilibrada.

3 La sociedad tiene una imagen pobre de los jóvenes y piensa que no saben disfrutar sin beber.

4 Los jóvenes se sienten presionados por todas partes: por los padres, la sociedad, los profesores, los amigos, etc.

2 Esta actividad pretende hacer reflexionar a los alumnos sobre los diferentes tipos de problemas de salud según el país de donde provengan. Para ampliar la actividad, puede pedir a los estudiantes que hagan una lista sobre los problemas más comunes relacionados con la salud y los jóvenes de sus países de procedencia para hacer comparaciones.

4 Escucha y lee

El ejercicio expone a los estudiantes a una conversación modelo en un caso de emergencia en un país de habla hispana y tiene por objetivo que los estudiantes identifiquen la información clave. La conversación también alerta a los estudiantes, que mayoritariamente estarán en una edad donde pueden o podrán conducir en un futuro próximo, de los peligros de conducir bajo la influencia del alcohol.

Asimismo, si lo desea, puede asignar el papel de operador y de víctima a dos de sus estudiantes y hacer que interpreten la conversación, teniendo de este modo una oportunidad más de supervisar su pronunciación.

Audio

—Servicio de emergencia, ¿qué servicio precisa?

—Ambulancia, por favor... hemos tenido un accidente, un coche con dos jóvenes salió de una esquina sin mirar.

...

—Servicio de ambulancia, dígame dónde se encuentra usted.

—En la avenida de la Torre, cerca de la calle Oquendo. Mi amigo está herido, creo que tiene una pierna rota y le sale sangre de la cabeza. Está inconsciente.

—¿Y usted, está bien?

—Pues no lo sé. Estoy asustado y me duele el brazo, pero creo que no tengo nada roto.

—¿Hay otros heridos?

—Creo que no. El conductor y el pasajero del otro vehículo están borrachos, pero no parecen heridos porque están fuera del coche cantando y riendo.

—Muy bien, no se mueva y no intente mover a su amigo, una ambulancia y la policía van a llegar en cinco minutos. Deme su nombre por favor...

Respuesta

- ¿Qué ha pasado? Ha habido un accidente de tráfico.
- ¿Dónde? En la avenida de la Torre, cerca de la calle Oquendo.
- ¿Por qué ha ocurrido? El conductor del otro coche conducía borracho.
- ¿Hay heridos? ¿Cuáles son sus heridas? Hay un herido: un chico inconsciente con una pierna rota y le sale sangre de la cabeza.
- ¿Qué instrucciones da el operador? No moverse del lugar y no intentar mover a su amigo.
- ¿Qué va a ocurrir después de la conversación? Una ambulancia y la policía llegarán en cinco minutos.

5 Lee y escribe

El ejercicio tiene el objetivo de exponer a los estudiantes al tipo de vocabulario común en formularios, en este caso relacionados con la declaración de un accidente de carretera.

Respuesta

DECLARACIÓN PRELIMINAR DE ACCIDENTE EN CARRETERA

Fecha: 15 febrero

Hora: 06:20

Lugar: avenida de la Torre, cerca de la calle Oquendo.

Causa y circunstancias: un coche con dos jóvenes salió de una esquina sin mirar y causó un accidente. El conductor y el pasajero del coche en cuestión habían bebido.

Daños materiales: los dos coches y un semáforo.

Número de heridos: 2

Heridas: un chico inconsciente con una pierna rota y sangre en la cabeza,
otro con dolor en el brazo y magullado, pero sin heridas evidentes.

Firma: Arciel S.S.

Nombre y apellidos: Arciel Solano Sendino.

Soy la víctima ☑ Soy un testigo ☑

6 Escribe

El ejercicio brinda a los estudiantes la oportunidad de practicar el vocabulario introducido en la conversación. Se recomienda que anime a aquellos estudiantes con un nivel más alto a ser creativos, mientras que aquellos con nivel más bajo se pueden ceñir a la conversación modelo alterando una menor parte de su contenido. El ejercicio puede después convertirse en un ejercicio de comprensión auditiva, haciendo que los estudiantes interpreten sus conversaciones para el resto de la clase, quien deberá o bien contestar a las preguntas del ejercicio 4 o rellenar el formulario del ejercicio 5 en cada ocasión, según usted lo desee.

7 Lee

El ejercicio practica las estructuras con verbos modales que ya se introdujeron en la unidad 10. Los estudiantes deberán completar las frases escogiendo el infinitivo cuyo significado complemente más adecuadamente cada frase.

Respuesta

1 *jugar*
2 ver
3 hacer
4 reducir
5 dormir
6 organizar

8 Lee y escribe

El ejercicio continúa practicando los verbos modales. Las respuestas serán de carácter personal.

Respuesta posible

No debo ver la televisión antes de acostarme.

No debo jugar con videojuegos antes de ir a dormir.

Tengo que beber menos café.

Debería acostarme a la misma hora todos los días.

9 Escribe

Este ejercicio brinda a los estudiantes la oportunidad de consolidar el vocabulario adquirido evitando limitar la creatividad y respuesta de los estudiantes con un título específico para que ellos exploten el ángulo que deseen y que más les interese. Si lo cree necesario, puede ofrecer a todos o algunos de los estudiantes títulos específicos, como por ejemplo:

- *¿Son saludables los jóvenes de hoy en día?*
- *Jóvenes con poca salud, ¿su culpa, o la culpa de la sociedad actual?*
- *El siglo XXI: una sociedad de jóvenes vagos, borrachos y deprimidos.*

Respuesta posible

Salud y juventud

Hoy en día los adolescentes están expuestos a muchos factores que ponen en peligro la longevidad de su salud, pues la combinación de todas las tentaciones a su alcance con las presiones de la segunda etapa de su vida hacen difícil encontrar un equilibrio.

Por un lado, se enfrentan a presiones de grupo que a veces les tienta a acercarse a aquello que les está prohibido por la ley o por sus padres. Esta afirmación de rebeldía puede en ocasiones llevarlos a ser víctimas del alcohol, el tabaquismo o las drogas. Por desgracia, aunque en la mayoría de los casos estos problemas serán temporales, a veces marcarán su vida adulta, causando graves problemas de salud.

Por otro lado, los jóvenes se enfrentan a una sociedad muy crítica y competitiva, en la que algunos adolescentes encuentran difícil ser ellos mismos, sin complejos ni prejuicios, resultando en niveles de depresión y ansiedad altos.

El estrés de los exámenes, la sociedad consumista, el acoso a través de nuevas tecnologías, el deseo de encajar, la falta de ejercicio y la falta de sueño son todas razones por las que los adolescentes adquieren malos hábitos con los que, en algunos casos, van a convivir el resto de sus vidas.

C. *Los estudiantes de bachillerato analizan algunas estadísticas*

1 Lee

El objetivo del ejercicio es que los estudiantes lean los miniartículos para identificar los puntos esenciales que los llevarán a reconocer el vocabulario clave. Se recomienda que en primer lugar haga que los estudiantes miren las fotos y anticipen el vocabulario que piensan que van a encontrar en el ejercicio, de manera que les resulte más ameno.

Respuesta

1 **D**, 2 **E**, 3 **C**, 4 **B**, 5 **A**

Titular que no se menciona: 6.

2 Lee

En este ejercicio los estudiantes deben leer los miniartículos más detalladamente para demostrar una comprensión más profunda, para lo cual su sentido común y familiaridad con efectos y causas de las enfermedades mencionadas les ayudará a identificar el vocabulario adicional, que puede que no hayan visto hasta ahora.

Respuesta

1 El ejercicio y la dieta sana se recomiendan para prevenir los infartos y los derrames cerebrales.
2 La depresión es un problema muy grande porque la mayoría de los que la sufren no tienen acceso a tratamiento adecuado ni salud pública.
3 Los países en vías de desarrollo son culpables de un porcentaje elevado de fallecidos en accidentes de tráfico porque su crecimiento económico lleva al incremento de coches y, así pues, al incremento de accidentes.
4 Es importante actuar contra el tabaquismo porque las previsiones indican que el número de víctimas mortales va a alcanzar los ocho millones para el 2030.
5 La diabetes presenta riesgos adicionales de problemas con el corazón y derrames.

3 Escribe

El objetivo del ejercicio es hacer que los estudiantes consideren la magnitud de la información en los artículos y decidan cuáles son los temas que más les preocupan a su edad, creando de esta forma amplia oportunidad para que expresen sus opiniones.

Tenga en cuenta que, si proporciona a los estudiantes vocabulario y estructuras diferentes al ejemplo, puede que estas necesiten el subjuntivo, de manera que será necesario guiar a los estudiantes hacia estructuras donde este no sea necesario o explicarlo si lo cree oportuno.

4 Habla

El objetivo del ejercicio es que los estudiantes practiquen de forma oral el vocabulario introducido en esta página, al mismo tiempo que practican su capacidad de defender y justificar su punto de vista. Se sugiere que, en primer lugar, los estudiantes identifiquen aquellos puntos en los que están totalmente de acuerdo, si los hay, y aquellos que para ellos son clave y sobre los que tienen una opinión muy definida. Después deberán tomar turnos para justificar los puntos en los que no estén en acuerdo, intentando llegar a un acuerdo final.

5 Investiga

El objetivo del ejercicio es que los estudiantes aprendan sobre una de las crisis de sanidad más preocupantes en décadas recientes. De este modo, los estudiantes empezarán a considerar por qué enfermedades que no supondrían mucho problema en el primer mundo pueden llegar a tener una escala considerable y preocupante en países subdesarrollados o en vías de desarrollo. Es recomendable que dirija a sus estudiantes a la página de la Organización Mundial de la Salud para que los datos obtenidos sean verídicos y no sensacionalistas.

Datos claves

El Ébola es un virus que se transmite de animales salvajes a humanos y de humanos a humanos.

El índice de fatalidad es variable, pero puede alcanzar el 90 %.

Cuando estalló el brote del 2014, no había vacunas licenciadas para prevenir o tratar el ébola.

Diagnóstico y tratamiento temprano es la clave para la supervivencia de la víctima.

6 Lee

El ejercicio tiene un objetivo mayoritariamente gramatical, ya que presenta a los estudiantes la oportunidad de repasar el uso de tiempos verbales que ya han visto. Si lo desea, puede utilizar este ejercicio como una plataforma para la discusión oral sobre el tema del ébola.

Respuesta

1 *ha sido*
2 ha muerto
3 trabajaba
4 ha sido
5 requiere
6 contrajo
7 costó
8 ha generado
9 estaba
10 ha costeado

7 Lee

El ejercicio requiere que los estudiantes comprendan la información detallada en el artículo para poder establecer si las frases son correctas, falsas o si la información no se menciona en el texto. Los estudiantes deberán corregir aquellas frases que no sean verdaderas. Pida a los estudiantes con nive más alto que justifiquen también las frases que son verdaderas.

1 Verdadero
2 No se menciona
3 Falso – El misionero contrajo el virus en Liberia.
4 No se menciona
5 Falso – No se le hizo una autopsia porque el protocolo lo requiere así.
6 Verdadero
7 No se menciona
8 Verdadero

8 Escucha

El ejercicio tiene el propósito de ofrecer a los estudiantes práctica de compresión auditiva. Se requiere que los estudiantes identifiquen si los interlocutores se preocupan sobre las enfermedades tropicales y que tomen notas de información adicional que puedan entender.

Audio

1 Sí, sí me preocupa porque todavía no hay una cura confirmada y el ébola tiene hasta un 90% de tasa de mortalidad.
2 No, para nada. El ébola, el dengue, la polio y estas enfermedades son parte del tercer mundo y yo no vivo en el tercer mundo.
3 Sí, claro que me preocupa porque cualquier persona que viene a nuestro país puede estar infectada con cualquier virus mortal y no lo sabremos hasta que sea demasiado tarde.
4 Sí, de hecho estoy convencida de que la raza humana va a morir a causa de un virus mortal. El mundo es un lugar muy pequeño hoy en día, y cualquier virus de África puede estar aquí en un abrir y cerrar de ojos.
5 Me preocupa por la gente de África, pero no por nosotros en el Oeste. Cada año tenemos algo nuevo que nos va a matar: primero fue el SIDA y luego las vacas locas, la gripe aviar... Todavía estamos aquí, ¿no?

Respuesta

1 *Sí, porque no hay cura y tiene una tasa de mortalidad muy elevada.*
2 No, porque son enfermedades del tercer mundo y no vive allí.
3 Sí, porque la gente que viaja a su país puede estar infectada.
4 Sí, porque cualquier virus de África puede llegar muy rápidamente. Está convencida de que la raza humana va a morir de un virus mortal.
5 Sí y no. Sí por la gente de África. No por el Oeste, porque siempre hay algo nuevo.

9 Escribe

El objetivo del ejercicio es que los estudiantes expresen sus propias opiniones de forma escrita después de haber escuchado varias ideas que podrán utilizar y reciclar. Puede, si lo desea, guiar a los estudiantes menos independientes a estructurar su comentario de una forma lógica, primero introduciendo una razón o razones por las que deberíamos preocuparnos, seguido por razones por las que no deberíamos preocuparnos para finalmente exponer la opinión propia, que evidentemente deberá ser justificada. Puede también animar a sus estudiantes a investigar y utilizar ejemplos de brotes, epidemias o casos de estas enfermedades. Si lo desea, puede hacer que los estudiantes evalúen el trabajo escrito de sus compañeros, identificando en cada caso un elemento lingüístico o de contenido que creen que podría ser mejorado. Los estudiantes deben pensar en el tipo de texto. Puede ser un artículo de opinión, un blog o un comentario en una página web, entre otras opciones posibles.

10 Investiga

El objetivo primordial de este ejercicio no es lingüístico, sino de preparación para poder luego acceder a la siguiente tarea oral.

11 Habla

Aquí los estudiantes presentan los datos que han descubierto en el ejercicio anterior. Escuchan las presentaciones de sus compañeros y elaboran y responden a las preguntas pertinentes. Se recomienda que recuerde a sus estudiantes que deberán revelar las fuentes de su información para justificar su presentación de datos.

Recuerde a sus estudiantes que su presentación deberá seguir una trama lógica y que, en general, se acepta que, cuando se presenta un tema, primero se tiene que explicar al público de lo que se va a hablar, entonces hablar sobre ello y, finalmente, resumir de lo que se ha hablado. Así pues, la presentación tiene que contener introducción, cuerpo y conclusión. Sugiérales a los estudiantes que incluyan varias de las causas de mortalidad, para después centrarse en una o dos, para las cuales pueden considerar medidas de prevención, así como comparar estas con las de otros países vecinos o latinoamericanos.

D. *Los estudiantes de bachillerato estudian su módulo de nutrición y salud pública*

1 Lee

El objetivo del ejercicio es que los estudiantes identifiquen la idea de cada elemento a través de palabras claves para emparejar cada mito con su clarificación y la iniciativa correspondiente. Al mismo tiempo, el ejercicio también tiene el objetivo de hacer que los estudiantes empiecen a pensar en la dieta y los elementos necesarios, así como en las desigualdades que existen entre los países en términos de nutrición. También puede utilizar esta oportunidad para invitar a los estudiantes a compartir otros mitos que conozcan que no estén en la tabla, bien en relación con la dieta o en relación con otros temas de salud.

Respuesta

1 **E** iv, 2 **A** iii, 3 **D** i, 4 **C** v, 5 **B** ii

2 Habla

El ejercicio pretende que los estudiantes entablen una conversación alrededor del tema de la malnutrición, cuyo ángulo dependerá del país donde se encuentre. Anime a sus estudiantes a considerar los elementos de la dieta equilibrada que vieron en la unidad 4. La conversación puede centrarse en desequilibrios económicos en su país o también puede centrarse en la calidad de la nutrición de una dieta a base de comida rápida y comida basura. Para establecer cuál es el mejor ángulo para abordar la discusión, puede pedir a sus estudiantes que definan el término *malnutrición* y de ahí haga que discutan en pequeños grupos su existencia en su país. Una vez decidido el nivel de malnutrición, podrá proponer que consideren quién o quiénes son los culpables y que también consideren posibles soluciones. Dé cinco minutos para que los estudiantes discutan en sus pequeños grupos para después poder ofrecer al resto de la clase un resumen de sus opiniones. Donde las opiniones sean muy diferentes entre los grupos, puede proponer un debate donde los grupos deberán intentar rebatir las opiniones de los demás y justificar las suyas propias.

3 Escribe

Este es un ejercicio de preparación para después poder evaluar la calidad de la dieta de los estudiantes. Puede, si lo desea, asignar esta tarea como deberes, pues puede resultar más fácil mantener una lista durante los tres días que pensar en ese momento en todos los alimentos consumidos.

4 Escribe

El ejercicio sugiere que los estudiantes intercambien sus listas y de este modo analicen la dieta de un compañero. En caso de que en su clase tenga alguna situación comprometida, puede hacer que los estudiantes analicen su propia dieta. Sugiera a los estudiantes menos hábiles que sigan la estructura del modelo ofrecido en el libro del alumno. Anime a sus estudiantes a utilizar los verbos modales en lugar del imperativo para dar consejos.

Respuesta posible

Comes una dieta bastante sana porque comes suficiente fruta y verdura cada día y esto es muy importante para obtener las vitaminas y minerales necesarios para el cuerpo. Por otro lado, aunque comes suficiente carne y aproximadamente la cantidad recomendada de alimentos ricos en almidón, no comes pescado y tienes que hacer un esfuerzo para comerlo de vez en cuando. También debes beber más leche, porque no tomas suficientes lácteos. Además, tienes que cambiar tus bebidas gaseosas altas en azúcares por zumo de fruta sin azúcares añadidos o agua, pues es mucho más sano. Finalmente, también tienes que reducir la cantidad de caramelos y dulces que comes, puesto que, con el tiempo, el exceso de calorías que consumes podría resultar en un aumento de peso.

5 Lee y escribe

El ejercicio tiene el propósito de exponer a los estudiantes a vocabulario e ideas en torno al tema del vegetarianismo y precisa que los estudiantes demuestren una comprensión básica para la que no van a necesitar comprender en detalle toda la información, sino tan solo los subtítulos y palabras claves.

Respuesta

1 Está a favor.

2 Razones:

- Para llevar una vida más saludable.
- Para evitar el hambre del mundo.
- Para proteger a los animales.
- Para salvar el planeta.

6 Lee y escribe

El ejercicio brinda la oportunidad de practicar conectores para definir razones o consecuencias, tratando de evitar el uso excesivo de conectores más simples como *porque* y añadiendo de ese modo variedad al vocabulario de los estudiantes.

Respuesta posible

1 *El vegetarianismo evita enfermedades, **puesto que** es una alimentación sana.*

2 Se consumen menos grasas, **así que** se disfruta de mejor salud.

3 Hay hambre en los países pobres, **pues** se come demasiada carne en los países ricos.

4 Queremos comer carne, **por esta razón** hacemos sufrir a millones de animales.

5 La ganadería intensiva es nociva para nuestro planeta, **ya que** daña a nuestro planeta / **ya que** lo daña.

6 Mucha gente quiere proteger el medio ambiente, **de manera que** se vuelven vegetarianos.

7 Escucha

El objetivo del ejercicio es la práctica de la comprensión auditiva sobre el tema del vegetarianismo. Puede, si lo desea, entablar una discusión previa de las razones por las cuales la gente se vuelve vegetariana para, de este modo, predecir las respuestas que los estudiantes van a escuchar.

Audio

1 Soy vegetariana porque amo la naturaleza, y no soporto tener delante de mí un cadáver, simplemente no puedo comerlo, respeto las demás formas de vida porque soy bióloga y me apasiona la vida.

2 La carne es una sustancia que el cuerpo no necesita para su subsistencia y que solo causa desajustes.

3 Cuando tenía diez años más o menos, fui a visitar a unos tíos que son vegetarianos, y tenía que comer su comida, que entonces se me hacía insípida, pero luego regresé a mi casa y, no sé, no me dieron ganas de comer carne, y así sin más dejé de comerla.

4 Estaba supergorda y me propuse perder peso y, aunque me planteé dejar de comer carne, me costó mucho, vale la pena porque ahora estoy muy bien.

5 Simplemente porque es más saludable comer vegetales y cereales.

Respuesta

1 Ama la naturaleza, no soporta la idea de comer un animal muerto.

2 La carne es innecesaria en nuestra dieta.

3 Estuvo obligada a ser vegetariana cuando visitó a sus tíos en la infancia.

4 Originalmente para adelgazar, después para mantener la figura.

5 Los vegetales y los cereales son más saludables.

Cuaderno de ejercicios 12/5

En esta actividad se pide a los estudiantes que enlacen los problemas relacionados con la salud y el bienestar con sus posibles soluciones. Es un ejercicio de comprensión de vocabulario para reforzar los conceptos estudiados en la lección.

Respuesta

1 **H**, 2 **A**, 3 **E**, 5 **C**, 6 **I**, 7 **G**, 8 **D**, 9 **F**, 11 **B**

(Los problemas relacionados con la salud que no se mencionan son 4 El cáncer y 10 Los resfriados y la tos).

Cuaderno de ejercicios 12/6

El ejercicio explota vocabulario relacionado con la dieta y en particular el vegetarianismo. Puede que sea necesario que los estudiantes utilicen el diccionario para entender las palabras que no han visto.

Respuesta

	Ventaja	Desventaja
1 *Es una dieta baja en grasas saturadas.*	✔	
2 No contiene nada de colesterol.	✔	
3 Puede ocasionar carencias de algunos micronutrientes.		✔
4 Puede incluir más fibra, lo que está asociado con menor prevalencia de algunos cánceres.	✔	
5 El alto consumo de fibra puede impedir que algunos minerales se absorban correctamente.		✔
6 Ayuda a prevenir la obesidad.	✔	
7 Es más difícil tener una dieta equilibrada.		✔
8 El déficit de vitamina B2, solo hallada en productos cárnicos, puede resultar en anemia.		✔
9 El hierro de origen vegetal no se absorbe con la misma facilidad.		✔
10 Las proteínas de origen animal tienen mejor calidad nutricional.		✔

8 Escribe

Este ejercicio permite que los estudiantes consoliden el vocabulario que acaban de aprender, al mismo tiempo que escriben sus opiniones personales sobre el vegetarianismo. Si lo desea, puede llevar el tema un poco más allá y, antes de llevar a cabo este ejercicio, puede instigar una discusión sobre las diferencias entre ser vegetariano y ser vegano, y cómo estas diferencias afectan a los temas tratados por el artículo, para que algunos de los estudiantes puedan incluir estás ideas en su respuesta escrita.

E. *Los estudiantes de bachillerato consideran los pilares de la vida sana*

1 Lee y habla

El objetivo del ejercicio es cambiar el ángulo de la unidad para dejar temporalmente de lado accidentes, enfermedades y padecimientos para enfocar en un tema más general e íntegro de la vida sana. A través de las preguntas los estudiantes identifican elementos que contribuyen a la salud y, así pues, contribuyen a la felicidad. Dependiendo del perfil de su clase, como punto de partida, puede hacer que los estudiantes compartan sus respuestas al cuestionario o podría hacer que contesten al cuestionario de una manera anónima para entonces analizar los resultados de la clase. En cuanto a las sugerencias de cómo cada pregunta se relaciona con la vida sana, podría escribir las preguntas en pequeños papeles y entregar uno o dos papeles a grupos pequeños que deberán justificar la relevancia de la pregunta, pero sin mencionar las palabras claves (que, si desea, puede también escribir en el papel) para que el resto de la clase adivine qué pregunta justifican.

Respuesta posible

1. *El ejercicio ayuda a controlar el estrés y quemar las calorías de los excesos en nuestra dieta.*
2. La cafeína es un estimulante que puede alterar la presión sanguínea o repercutir negativamente en nuestro sueño.
3. Dormir lo suficiente es importante para sentirse fresco y así abordar la vida con positividad y sin apatía resultante del cansancio.
4. Una dieta poco equilibrada puede causar cansancio y también problemas relacionados con la obesidad.
5. Poder hablar de nuestras preocupaciones con alguien es necesario para evitar problemas de salud mental.
6. Los conflictos pueden elevar los niveles de estrés y tener repercusiones negativas en el estado de ánimo y bienestar emocional.
7. Manejar bien el tiempo disponible también puede reducir los niveles de estrés.
8. Una vez más, la organización puede evitar estrés innecesario.
9. Sentirse bien en la rutina diaria es importante para el bienestar emocional.
10. Tener el dormitorio ordenado crea un ambiente más favorable para relajarse, cosa que sin duda ayuda a dormir, lo que es necesario para una vida sana.

2 Lee y escribe

Aquí los estudiantes responden las preguntas del ejercicio 1 por sí mismos para evaluar si llevan una vida sana. Se recomienda que primero les indique que tomen notas breves de sus respuestas a las diez preguntas para después poder producir una respuesta elocuente, ordenando las respuestas de una forma lógica de acuerdo con la conclusión a la que hayan llegado.

Respuesta posible

Yo creo que sí llevo una vida sana porque, aunque no estoy obsesionado con el ejercicio, voy al gimnasio dos o tres veces por semana, ya que me ayuda a relajarme. No me gustan ni el té ni el café, además sigo una dieta relativamente equilibrada, aunque debo hacer un esfuerzo para dormir un poco más, puesto que nunca duermo nueve horas al día entre semana. En otros aspectos, tengo muchos amigos y me llevo muy bien con mi familia, así que no tengo estrés en ese aspecto. En cuanto a mi tiempo, soy bastante organizado, pero mi puntualidad deja algo que desear porque siempre llego tarde a todos los sitios.

3 Lee

El objetivo del ejercicio es que los estudiantes demuestren la comprensión del vocabulario e ideas principales del texto, que en este caso es bastante accesible, puesto que el vocabulario también es bastante accesible. Pida a los estudiantes más avanzados que justifiquen también las frases que son verdaderas.

Respuesta

1 Verdadero
2 Verdadero
3 Falso – Les preocupa mucho cómo pagar por sus estudios.
4 Verdadero
5 No se menciona
6 Falso – La música y la televisión ayudan a un porcentaje de jóvenes menor que el ejercicio físico.
7 No se menciona
8 Verdadero

4 Lee

El objetivo del ejercicio es la profundización de vocabulario relacionado con el estrés. Los estudiantes relacionan los consejos con la justificación relevante detrás de cada consejo. Recuerde a los estudiantes que el ejercicio les resultará más fácil si aplican la estrategia de eliminación. En muchos casos, palabras de la misma familia deberían llevar a los estudiantes a las respuestas correctas.

Respuesta

1 **B**, 2 **F**, 3 **H**, 4 **C**, 5 **I**, 6 **D**, 7 **A**

5 Habla

El ejercicio brinda a los estudiantes la oportunidad de discutir sus opiniones sobre el estrés y estrategias para mantenerlo bajo control. Puede, si lo desea, hacer que los estudiantes elijan un número determinado de consejos que piensan que son particularmente importantes (no más de dos o tres) y deberán defender su elección frente a otros que hayan elegido otros consejos diferentes. Como ampliación, puede pedir a los estudiantes que ilustren los consejos que quieran defender con ejemplos verídicos o imaginarios de situaciones personales o de su entorno.

6 Lee y escribe

El objetivo del ejercicio es hacer que los estudiantes reflexionen sobre situaciones estresantes para los jóvenes. La respuesta es personal y puede, si lo desea, pedir a los estudiantes que escriban o discutan las situaciones que ellos han vivido y que han encontrado más estresantes, y medidas que pueden tomar en cada caso para controlar este estrés.

7 Escucha

El objetivo de ejercicio es que los estudiantes demuestren su capacidad de comprensión auditiva respecto a métodos de combatir el estrés. Una discusión en grupos o con toda la clase sobre lo que sus estudiantes hacen cuando se sienten particularmente estresados sería beneficiosa, puesto que podría anticipar algunas de las respuestas.

Respuesta

1 Practicar deporte o escuchar música.
2 Encerrarse en su habitación, música bien alta, velas aromáticas y acostarse un rato.
3 Ver una película y olvidarse de todo por dos horas.
4 Charlar/salir con un amigo.

Audio

1 A veces practico algún deporte o escucho música.
2 Me encierro en mi habitación, pongo la música bien alta, velas aromáticas y me acuesto un rato.
3 A veces me veo una película y me olvido de todo durante un par de horas.
4 Si estoy estresado, llamo a un amigo para charlar, o, si es posible, aún mejor, salir juntos.

8 Escribe

El ejercicio tiene el objetivo de consolidar el tema del estrés y la vida sana, brindando a los estudiantes la oportunidad de escribir sus opiniones y sus experiencias personales, utilizando el vocabulario, ejemplos y estructuras que han visto hasta ahora. Anime a los estudiantes a ilustrar sus respuestas con ejemplos personales o imaginarios.

Respuesta posible

¡Hola, chicos!

Bueno, pues creo que en mi entorno la principal causa del estrés de los jóvenes son las notas. Asistimos a un colegio donde tradicionalmente se sacan muy buenas notas, de manera que la presión de los profesores y de nuestros padres es enorme. Cuando sacas menos de un sobresaliente, te sientes fracasado y como que has decepcionado a todos.

Estos días yo estoy estresada a causa de mi profesora de arte, porque tengo la sensación de que me odia, y por eso siempre me da notas más bajas que a mis amigas. Por ejemplo, el otro día mi amiga Mari y yo elegimos el mismo tema y produjimos unas interpretaciones muy parecidas, pero, como siempre, la profesora automáticamente decidió que soy yo la que copié, y por eso solo me puso un 4, mientras que a Mari le puso un 7. No me parece justo. Aparte de esto, tengo problemas con mis padres porque no aceptan a mi novio, porque tiene cinco años más que yo, pero para mí la edad es tan solo un número.

Para aliviar el estrés, hago boxeo en mi gimnasio. Es un deporte violento, pero "agredir" el saco de boxeo me relaja. Cuando salgo del gimnasio, siempre estoy físicamente cansada, pero emocionalmente más fresca y alegre. ¡Lo recomiendo a todo el mundo! Además del boxeo, me relaja escuchar música, pero tiene que ser música tranquila porque si no me irrita.

¡Suerte con vuestro estudio!

Araceli

Creatividad, Actividad y Servicio

Indique a los alumnos que van a preparar una campaña con folletos y un vídeo introductorio para promover los hábitos saludables entre los jóvenes. Después de haber hecho la presentación de la campaña, los estudiantes tendrán que buscar un experto en medicina preventiva para dar una charla en clase sobre los hábitos y costumbres de una vida saludable.

Repaso

Para tener una vida saludable

1 Habla

El ejercicio brinda la oportunidad de practicar para el examen oral. Los estudiantes deberán preparar una presentación sobre lo que representa la foto: en este caso el estrés de un estudiante, posiblemente poco organizado, trabajando en el último minuto y en un ambiente desorganizado y poco favorable a la calma. Puede permitir a los estudiantes que trabajen con un compañero, y así practiquen cómo contestar preguntas relacionadas con los temas propuestos, o pueden preparar preguntas juntos y luego preguntarlas a otros estudiantes, respondiendo las suyas.

Preguntas sugeridas

- ¿Qué es la vida sana?
- ¿Qué es lo más importante para tener una vida sana?
- ¿Piensas que tú llevas una vida sana? ¿Por qué?
- ¿Cuáles piensas que son los retos de los adolescentes de hoy en día?
- ¿Cuál crees que es el problema de salud más preocupante para los adolescentes?
- ¿Crees que los adolescentes de hoy en día llevan una vida sana?
- ¿Llevas una dieta equilibrada?
- ¿Cómo podrías mejorar tu dieta?
- ¿Crees que es importante hacer ejercicio para tener una vida sana?
- ¿Tienes algún vicio poco sano?
- ¿Qué hábitos deberías cambiar para llevar una vida más sana?
- ¿Estás estresado?
- ¿Cómo te afecta el estrés?
- ¿Crees que el estrés es un problema entre los jóvenes?
- ¿Cómo podemos controlar el estrés?

Punto de reflexión

En esta actividad los estudiantes tienen que escribir cinco puntos clave para tener una vida saludable. Después, pueden ampliar la actividad haciendo una encuesta en la clase para sacar conclusiones con los puntos más importantes.

13 Mi estilo de vida

Área temática	Identidades
Tema	Bienestar físico
Aspectos	Estilo de vida Dieta Estado físico Adicción
Gramática	Imperativo (repaso) Condicional (repaso) Subjuntivo (introducción) Pretérito imperfecto y pretérito indefinido (repaso) Expresar recomendaciones y consejos
Tipos de texto	**Textos personales** Blog Sitio web de una red social **Textos profesionales** Folleto **Textos de medios de comunicación de masas** Artículo
Punto de reflexión	¿Es fácil llevar una vida sana?
Rincón IB	**Teoría del Conocimiento** • ¿Por qué es importante cuidarse bien? ¿Por qué el estilo de vida cambia en varias partes del mundo? ¿Hay un estilo mejor, en tu opinión? **Creatividad, Actividad y Servicio** • Diseña un plan de cinco puntos para mejorar tu propia salud física y mental durante el mes que viene, por ejemplo toma diez minutos de meditación cada día para relajarte. **Para investigar** • Investigación sobre lo que se considera una substancia aceptable o no socialmente en diferentes culturas. **Oral individual** • Describir fotos relacionadas con adicciones de los jóvenes y responder a preguntas sobre ellas. • Conversación general sobre tu estilo de vida: los aspectos positivos, negativos y lo que te gustaría cambiar en el futuro.

Esta unidad trata del tema de la relación entre la salud física y el estilo de vida. Los estudiantes van a aprender el vocabulario relativo a la dieta, el estado físico y las adicciones. Gramaticalmente, esta unidad se centra en el repaso de varios tiempos verbales: el imperativo, el condicional y el pretérito imperfecto junto con el pretérito indefinido. Además hay numerosos ejercicios para desarrollar la expresión de recomendaciones y consejos. Esta unidad explora estilos de vida diferentes, la dieta y también cuestiones sobre la apariencia y las adiciones, para ayudar a los estudiantes a entender que todos somos diferentes y todos necesitamos tomar decisiones sanas para nosotros mismos.

1 Para empezar

Este es un ejercicio introductorio donde se espera que los estudiantes identifiquen los diferentes deportes que aparecen en las fotos. Les puede recordar que los deportes ya aparecieron en la unidad 8.

Respuesta

jugar al baloncesto
correr
montar en bicicleta
escalar
hacer karate / kárate
jugar al fútbol
nadar
hacer deporte en el gimnasio

2 Escribe y habla

Los estudiantes ya sabrán la mayoría de estas actividades gracias a la unidad 8. No obstante, es importante repasarlas para luego poder describir lo que hacen las personas y poder incluirlas en sus descripciones de una vida sana durante esta unidad.

Los estudiantes deben intentar incluir tantos detalles como sea posible para ayudar a su compañero a adivinar a quién describe. Esta actividad intenta llevar a los estudiantes a reflexionar sobre las motivaciones y el placer de hacer ejercicio, y que no piensen solo en el deporte o actividad en concreto.

A. *¿Llevas una vida sana?*

1 Escucha

Los estudiantes deben escuchar con cuidado para rellenar los espacios, prestando atención a los tiempos verbales. Además deben reflexionar sobre si se trata de una conversación formal o informal —estamos ante un diálogo informal entre dos amigos o conocidos— y sobre qué elementos de la conversación nos llevan a pensar que esto es así —uso de la segunda personal de los verbos (*llevas*, *haz*, *come*) en vez de la tercera (*lleva*, *haga*, *coma*), utilización del nombre del interlocutor para dirigirse a él (lo que hace pensar que se conocen), aparición de expresiones coloquiales como "Pero, muchacho…" u "Ojála". Tambien deberán decidir cuál creen ellos que es el objetivo de la conversación.

Respuesta

1 llevas
2 llevaba
3 me cuidaba
4 estoy
5 haz
6 come
7 puedo
8 tengo
9 bebo
10 me encantaría
11 cocinaría

Audio

—¿Llevas una vida sana, Álvaro?

—Pues, no sé. Antes llevaba una vida más sana y me cuidaba bien, pero ahora..., probablemente, estoy un poco gordo.

—Pero, muchacho, haz más ejercicio y come mejor. Es fácil.

—Ojalá pudiera, pero no puedo. Tengo que estudiar mucho para mis exámenes en julio, y siempre tengo hambre cuando estudio. Y como estoy cansado, bebo demasiados refrescos azucarados. Si tuviera más tiempo o energía, me encantaría hacer más deporte y cocinaría más..., pero no puedo.

Cuaderno de ejercicios 13/1

Este ejercicio fortalece la comprensión de la formación y el uso del presente de imperativo en la segunda persona del singular. Los estudiantes tendrán que prestar atención a la formación de los verbos irregulares tales como *hacer* e *ir*.

Después de que escriban su propia tabla y la completen, haga que pasen cinco minutos trabajando con una pareja para repasarla, buscando errores con las conjugaciones y maneras de mejorar sus frases.

Respuesta

Infinitivo	Imperativo (tú)	Frase
comer	*come*	*Come más pescado, es muy sano.*
combinar	combina	Combina varios tipos de ejercicio cada semana.
beber	bebe	Bebe mucha agua.
hacer	haz	Haz más deporte, es muy bueno para la salud.
ir	ve	Ve andando a tu casa.
fumar	fuma	Fuma lo menos posible.
correr	corre	Corre al menos tres veces por semana.
intentar	intenta	Intenta comer menos dulces.
dormir	duerme	Duerme adecuadamente.
evitar	evita	Evita las bebidas azucaradas.

 Cuaderno de ejercicios 13/2

Esta actividad pone los imperativos en contexto y fortalece la comprensión del vocabulario del tema de la salud.

Respuesta

1 ***Intenta*** llevar una vida más sana.
2 Si estás estresado, siempre **duerme** como mínimo ocho horas cada noche.
3 **Evita** las comidas con mucha grasa, causan mucho daño a tu sistema digestivo.
4 Si quieres tener más energía, **corre** como mínimo tres veces por semana.
5 **Intenta** que tus amigos dejen de fumar.
6 **Bebe** menos alcohol, aunque algunos expertos dicen que el vino tinto, de manera moderada, puede tener efectos positivos para la salud.
7 **Haz** todo con moderación, **combina** una dieta equilibrada con ejercicio.

 Cuaderno de ejercicios 13/3

En este ejercicio se practica el uso del imperativo, pero, además, se anima a los estudiantes a practicar cómo justificar una opinión, una práctica clave para cuando escriben con más detalles. Los estudiantes pueden investigar por qué se usa *duerme* y no *dorme*, es decir, la naturaleza irregular del verbo *dormir*.

Respuesta

1 *incluye*
2 evita
3 intenta
4 ayuda
5 protege
6 duerme
7 toma
8 come
9 respeta

2 Lee

Los estudiantes necesitarán comprender la segunda parte de la frase para poder conectar las dos secciones. Deben resolver las frases más obvias para luego revelar las que no les parecen tan fáciles. Los estudiantes necesitarán usar el texto con cuidado para eliminar las opciones inapropiadas.

Respuesta

1 **F**, 2 **D**, 3 **G**, 4 **B**, 5 **E**, 6 **A**

3 Lee

Los estudiantes deben considerar el texto de Raquel en detalle antes de completar la tabla. Antes de hacer el ejercicio será conveniente discutir con la clase sobre cómo abordar la tarea. Deben leer las frases de la tabla antes de leer el texto, y después buscar semejanzas entre las partes del texto, así como justificar sus respuestas con palabras del texto, ya que a menudo hay que hacerlo durante el examen.

Respuesta

	Verdadero	Falso	No se menciona
1 *Raquel cree que lleva una vida muy sana.*	✔		
2 Come una dieta muy variada.		✔	
3 No le importa lo que bebe.		✔	
4 Va al gimnasio siete días a la semana.	✔		
5 Mucha gente en su gimnasio toma drogas.	✔		
6 Antes se concentraba mucho en sus estudios.	✔		
7 Quiere entrenarse para competir en un concurso.			✔
8 Raquel escribe de manera formal sin explicar detalles personales.		✔	

1 *creo que llevo la vida más sana posible*
2 *como pollo a la parrilla o salmón a vapor, con arroz o verduras*
3 *bebo agua o batidos de proteínas*
4 *voy al gimnasio todos los días*
5 *mucha gente en mi gimnasio toma esteroides*
6 *tenía demasiado que estudiar*
8 *creo que* (expresión de una opinión), *locura* (uso de un lenguaje bastante informal)

4 Escribe

Los estudiantes deben utilizar el imperativo para escribir tres consejos. Puede dividir a la clase en parejas y asignar Raquel o Álvaro a cada pareja, para que los estudiantes trabajen con un compañero para decidir qué aconsejar a Raquel o a Álvaro. Luego pueden poner sus ideas en común con el resto de la clase.

Antes de escribir, los estudiantes necesitarán pensar en qué formato elegir para ofrecer los consejos a Raquel. Puede ser que quieran escribirle una carta, entonces deberán decidir si es una carta formal o informal y adoptar las convenciones apropiadas. Puede ser que decidan escribir un mensaje para un foro o una red social, pero, aun así, será importante poder justificar sus decisiones.

5 Habla

Muchos estudiantes decidirán inmediatamente que Raquel lleva una vida más sana, pero será importante animarlos a considerar el impacto a largo plazo de hacer demasiado ejercicio y de obsesionarse son su estilo de vida. Además, deben hablar del impacto de tomar drogas o suplementos para conseguir un estilo de vida más sano. Puede resultar útil que los estudiantes voten para estimular un debate, por ejemplo, indicando si creen que es más importante hacer ejercicio o estudiar.

6 Escribe

Este ejercicio tiene como objetivo repasar la formación del condicional y demostrar a los estudiantes cómo se combina el imperfecto de subjuntivo con el condicional. El subjuntivo no se ha visto como modo verbal durante el libro, pero es importante introducirlo como elemento que aparece con el condicional para acostumbrar a los estudiantes a sus formas y darles más capacidad para expresar consecuencias.

La segunda parte del ejercicio ofrece a los estudiantes la oportunidad de utilizar las frases para dar sus propias opiniones y así practicar el uso de *si* + imperfecto de subjuntivo + condicional.

Respuesta

1. Si mi amigo bebiera demasiado alcohol, le ***ayudaría*** (ayudar) con su problema.
2. Si mi primo tomara drogas, yo **contactaría** (contactar) a su médico.
3. Si pudiera, solo **compraría** (comprar) comida orgánica, pero a veces cuesta mucho.
4. Si fuera posible, me **encantaría** (encantar) llevar una vida supersana.
5. Si estuviera un poco gordo, **comería** (comer) menos comida basura.
6. Si tuviera más tiempo, **haría** (hacer) mucho más ejercicio.

7 Lee y escribe

Este ejercicio refuerza el uso de la estructura de *si* + imperfecto de subjuntivo + condicional, y da una serie de ejemplos para preparar a los estudiantes para la tarea de producción escrita del ejercicio siguiente.

Respuesta

1. Si tuviera más tiempo, dejaría mi trabajo y **haría** mucho más ejercicio.
2. Yo no estaría tan **estresada** y probablemente no **fumaría** más.
3. No **comería** más comida basura, **iría** a unos restaurantes fenomenales para cenar.
4. **Nadaría** en mi piscina en el jardín, y estaría más en **forma**, ¡segurísimo!
5. Si tuviera más dinero, compraría **comida** orgánica y **bebería** café de vendedores de comercio justo.

8 Escribe

Los estudiantes deben utilizar el condicional para dar sus propias opiniones. Todos los estudiantes deben incluir la estructura *si* + imperfecto de subjuntivo + condicional, que acaban de utilizar durante los ejercicios anteriores.

El hecho de que solo puedan escribir 140 caracteres indica que su mensaje será en el estilo de un tuit, así que deben usar frases cortas para incluir el mayor número de detalles posible y también muchas opiniones.

Cuaderno de ejercicios 13/4

Este ejercicio obliga a los estudiantes no solo a reflexionar sobre el significado de estos infinitivos sino también a utilizarlos para expresar y desarrollar sus propias opiniones sobre los temas introducidos en esta unidad.

Respuesta

1. *bebería menos alcohol*
2. comería más fruta
3. haría más ejercicio
4. dejarías de fumar
5. empezaría a hacer ejercicio
6. tomarían menos riesgos
7. irías al gimnasio a menudo
8. pararíamos de comer comida rápida
9. descansaría más
10. prohibiría las drogas

Cuaderno de ejercicios 13/5

Este ejercicio permite a los estudiantes practicar el uso del *si* + imperfecto de subjuntivo + condicional para expresar sus opiniones para llevar una vida sana. La actividad fortalece la confianza en conjugar el condicional y modela otra vez cómo utilizar los dos elementos para teorizar sobre una situación en el futuro.

Respuesta posible

1. Si tuviera un problema con el tabaco, *hablaría con mi madre.*
2. Si tuviera más dinero, compraría comida orgánica y más sana, porque es mejor para la salud.
3. Si pudiera, iría al gimnasio cada día porque sé que no estoy en forma.
4. Si no fuera tan difícil, me levantaría más temprano para ir a la piscina porque me parece muy relajante.
5. Si tuviera más tiempo, me encantaría leer más, me gusta descansar.
6. Si estuviera muy enfermo, creo que pasaría más tiempo con mi familia y mis amigos.
7. Si quisiera estar más sano, correría más para perder un poco de peso y porque me gusta.
8. Si pudiera comer mejor, tendría más energía y me sentiría mejor también.

 Cuaderno de ejercicios 13/6

Esta actividad está diseñada para desarrollar la familiaridad con un ejercicio común en el examen. Los estudiantes necesitarán usar un contexto y sentido común para eliminar algunas opciones cada vez y, luego, confirmar sus ideas al aplicar su conocimiento gramatical.

Cuando hayan terminado de hacer la actividad de forma individual, anime a los estudiantes a trabajar en grupos de tres para repasar sus decisiones. Como parte de la tarea, necesitarán justificar sus decisiones, acordar las respuestas correctas y analizar las decisiones que han causado cualquier error.

Respuesta

1 **F**, 2 **A**, 3 **C**, 4 **E**, 5 **J**, 6 **G**

 Cuaderno de ejercicios 13/7

Después de encontrar los verbos y escribir las frases, los estudiantes pueden disponer de dos minutos para repasar su trabajo para comprobar su precisión, detalle y variedad. ¿Se han incluido opiniones y conectores? ¿Se podría mejorar la calidad del vocabulario o añadir algunos detalles?

Respuesta

Verbos en condicional:

1 comería
2 evitaríamos
3 tendrías
4 compraría
5 podríamos
6 usarían
7 escucharíais
8 querríamos

Q	C	Q	J	H	S	N	K	X	C	S	S
W	H	X	P	K	O	X	S	N	O	U	A
T	Y	N	P	I	M	T	P	M	S	W	Í
D	Y	P	R	T	A	H	A	A	I	M	R
P	B	J	R	M	Í	Í	R	J	Q	M	D
K	X	P	O	D	R	Í	A	M	O	S	N
S	I	A	Í	R	A	H	C	U	C	S	E
I	M	K	E	N	T	A	Y	D	B	P	T
W	N	U	T	Y	I	T	O	S	B	Q	G
U	Q	Y	B	E	V	V	O	G	O	D	M
Z	B	C	O	M	E	R	Í	A	K	K	L
A	Í	R	A	R	P	M	O	C	K	M	E

B. *No llevaba una vida sana, pero ahora quiero cambiar*

1 Lee

Esta actividad practica principalmente el uso del pretérito imperfecto y pretérito indefinido. La tarea guía a los estudiantes a elegir el tiempo verbal adecuado para prepararlos para los ejercicios de esta página. Los estudiantes necesitarán esforzarse primero en entender el significado del texto, anotando su trabajo para poder justificar sus decisiones en cuanto al tiempo verbal elegido.

Los estudiantes deben hablar con una pareja para reflexionar sobre las características del texto. El texto usa el formato de un artículo en una revista, una forma de texto de medios de comunicación de masas. Las frases son completas y tienen un estilo informal para explicar el estilo de vida del chico cuando era más joven. Tiene una estructura clara con párrafos y conectores para incluir más detalles.

Después de que hayan completado los espacios, puede sugerir a los estudiantes que lean las respuestas de sus compañeros para comparar sus decisiones y conjugaciones, discutiendo por qué han utilizado cada verbo y cada tiempo verbal.

Respuesta

Cuando ***tenía*** (tener, pretérito imperfecto) quince años, **llevaba** (llevar, pretérito imperfecto) una vida bastante sana y también muy activa. Normalmente **jugaba** (jugar, pretérito imperfecto) al balonmano como mínimo cuatro veces por semana y **nadaba** (nadar, pretérito imperfecto) un poco cada domingo. Sí, **comía** (comer, pretérito imperfecto) muchas galletas, pero no **era** (ser, pretérito imperfecto) un problema porque **hacía** (hacer, pretérito imperfecto) mucho ejercicio.

Pero luego **terminé** (terminar, pretérito indefinido) mis estudios en el colegio. **Hice** (hacer, pretérito indefinido) mis exámenes y **fui** (ir, pretérito indefinido) a la universidad, y todo mi estilo de vida **cambió** (cambiar, pretérito indefinido).

En el futuro **comeré** (comer, futuro) mucho mejor y además **dormiré** (dormir, futuro) más. Lo más importante es que no **fumaré** (fumar, futuro). **Fumaba** (fumar, pretérito imperfecto) demasiado durante la universidad. Y me **gustaría** (gustarle, condicional) hacer más ejercicio. **Sería** (ser, condicional) estupendo formar parte de un equipo.

2 Lee

Esta actividad evalúa la comprensión de los estudiantes del texto de Rafael y los obliga a escribir con frases completas, utilizando la gramática para expresarse de manera correcta.

Respuesta

1. *Sí, jugaba al balonmano como mínimo cuatro veces por semana y nadaba cada domingo.*
2. No, comía muchas galletas.
3. Fue a la universidad.
4. No, su estilo de vida cambió.
5. Le gustaría hacer más ejercicio y formar parte de un equipo.

3 Escucha

La comprensión oral de este ejercicio ayudará a preparar a los estudiantes para el ejercicio de producción escrita con el que termina esta página. Además les ayudará a desarrollar su capacidad para prestar atención a los detalles de una conversación.

Audio

Ana: Adrián, ¿cómo eras cuando tenías quince años?

Adrián: Hacía mucho deporte, jugaba para un equipo local de baloncesto y nos entrenábamos dos veces por semana. Estaba muy delgado y en forma. ¿Y tú, Ana, llevabas una vida sana?

Ana: No, no me gustaba para nada hacer ejercicio, estudiaba mucho y no pensaba en nada más.

Adrián: Entonces, ¿te gustaría hacer más deporte en el futuro?

Ana: Sí, me gustaría nadar más, para mí es muy relajante, ¿y tú?

Adrián: Si tuviera más tiempo me gustaría cocinar más y comer mejor. Como demasiada comida basura.

Respuesta

	Verdadero	Falso	No se menciona
1 *Adrián no hacía mucho deporte.*		✔	
2 Adrián se entrenaba con su equipo de baloncesto tres veces por semana.		✔	
3 Adrián no estaba gordo y estaba en forma.	✔		
4 A Ana le importaban más sus estudios que hacer ejercicio.	✔		
5 Ana cree que la natación es relajante.	✔		
6 A Adrián le gustaría comer menos comida basura.	✔		
7 Adrián no come mucho en casa, prefiere comer en restaurantes.			✔
8 Ana y Adrián hablan de manera formal en su oficina.		✔	

1 Falso – Adrián hacía mucho deporte.

2 Falso – Adrián se entrenaba con su equipo dos veces por semana.

8 Falso – Ana y Adrián hablan de manera informal.

4 Escribe

Los estudiantes deben combinar una variedad de tiempos para escribir una descripción detallada. Después de veinte minutos, los estudiantes deben leer el trabajo de un compañero y utilizar la puntuación del cuadro para calificarlo. Cada vez que incluyan un adjetivo, por ejemplo, recibirán 1 punto, cada vez que incluyan un verbo en el pretérito imperfecto recibirán 3 puntos, etc.

Ejemplo: Llevaba una vida sana y jugaba frecuentemente al fútbol. = 9 puntos

2 x pretérito imperfecto *[llevaba, jugaba]* (3 puntos por pretérito imperfecto) = 6 puntos

1 adjetivo *[sana]* (1 punto por adjetivo) = 1 punto

1 conector *[y]* (1 punto por conector) = 1 punto

1 adverbio *[frecuentemente]* (1 punto por adverbio) = 1 punto

Después de recibir sus puntos, deben intentar añadir como mínimo 30 puntos más durante los próximos quince minutos. Este proceso ayuda a los estudiantes a entender el objetivo principal de la tarea, y la técnica de la puntuación les ayuda a darse cuenta de qué constituye un texto más elaborado y de mayor calidad gramatical.

Actividad complementaria 13.1

Esta actividad adicional proporciona más práctica escrita para las descripciones del estilo de vida, haciendo que los estudiantes reflexionen sobre su propia vida y cómo han cambiado sus hábitos, de esta manera también practicarán el uso del pretérito imperfecto.

C. *Los vicios y los hábitos sanos, ¿qué opinas?*

1 Lee

Esta actividad permite a los estudiantes deducir vocabulario clave de la unidad, que trata de la importancia de una vida sana. Además deben ampliar su gama de opiniones para poder explicar su perspectiva sobre los problemas de salud.

Respuesta

1. 1 **A**, 2 **C**, 3 **F**, 4 **E**, 5 **B**, 6 **D**
2. **Problemas:**
   tomar drogas duras
   comer comida basura
   tomar drogas blandas
   fumar
   beber alcohol
   hacer poco ejercicio
3. **Adjetivos:**
   grave
   malsana
   basura
   perjudicial
   antisocial

2 Lee

Este ejercicio continúa presentando el vocabulario clave de problemas de salud para fortalecer el entendimiento de los estudiantes. Además muestra el uso del comparativo y del superlativo relativo que se utilizará en el ejercicio siguiente.

Anime a los estudiantes a reflexionar sobre el objetivo del texto. Primero, pregúnteles sobre el contexto de los mensajes SMS (primos hablando de fumar y de la drogas). Después, los estudiantes podrían compartir sus ideas. La meta de estos mensajes es compartir información.

El texto habría sido diferente si los primos hubieran escrito cartas, porque habrían tenido que usar las convenciones de incluir su dirección, la fecha e, incluso, un saludo y una despedida apropiados. Hágales pensar en los diferentes textos en los cuales se podría compartir información. (Puede consultar la tabla al final de este libro).

Respuesta

1. Cree que fumar es asqueroso.
2. Luisa piensa que fumar es una tontería que causa mucho daño a los pulmones y es muy caro.
3. En su opinión tomar drogas es el peor de todos los vicios.
4. No, cree que puede ser muy peligroso, y no le gusta la idea de perder el control.
5. Sí, quiere entrenarse para el partido.

3 Escucha

El objetivo de este ejercicio es continuar desarrollando la capacidad de los estudiantes para entender y utilizar el vocabulario y las estructuras relativos a los hábitos que contribuyen positiva y negativamente a la salud. Los estudiantes deben intentar dar tantos detalles como sea posible.

Audio

1. Me llamo Óscar y juego demasiado con mis videojuegos, admito que tengo que hacer más ejercicio porque en este momento no estoy en forma y me siento horrible.
2. Me llamo Alba, y, en mi opinión, tomar drogas duras es un problema enorme, es muy grave.
3. Soy Paula. No me parece que fumar es tan perjudicial, es algo muy social.
4. Me llamo Alejandro y mi vicio es que me encanta comer la comida basura, es deliciosa y te hace la vida muy fácil.
5. Soy Daniela y mis padres suelen beber demasiado alcohol. Me preocupo mucho, porque soy muy consciente de que no se debe beber mucho. Creo que puede tener unos efectos nocivos a largo plazo.
6. Me llamo Javier y creo que tomar drogas blandas es malsano, y las drogas blandas pueden causar enfermedades mentales.

Respuesta

	Problemas de salud	Detalles adicionales
1 *Óscar*	*hacer más ejercicio*	*juego demasiado con mis videojuegos* *no estoy en forma, me siento horrible*
2 Alba	tomar drogas duras	es un problema enorme es muy grave
3 Paula	fumar	no es tan perjudicial es algo muy social
4 Alejandro	comer la comida basura	es deliciosa te hace la vida muy fácil
5 Daniela	beber alcohol	mis padres beben demasiado no se debe beber mucho efectos nocivos a largo plazo
6 Javier	tomar drogas blandas	es malsano pueden causar enfermedades mentales

4 Habla

Los estudiantes deben expresar opiniones basándose en lo que han aprendido durante esta unidad y en unidades previas para mejorar la calidad de sus declaraciones. Además, anímelos a que conecten sus frases con *y, pero, también, sin embargo* y *además.*

D. *Las adicciones*

1 Habla

Este ejercicio fortalece el conocimiento de los problemas de salud y también el uso del comparativo y el superlativo relativo. Los estudiantes deben reflexionar tras leer las frases, antes de hablar con su compañero, para formar sus opiniones y para pensar en cómo justificarlas.

La segunda parte del ejercicio trata de que los estudiantes reescriban las frases con las que no están de acuerdo, para convertirlas en frases con las que puedan estar de acuerdo. Este proceso les ayudará a identificar los elementos que aportan más significado en cada frase.

2 Escribe y comprende

1 Para continuar la práctica del vocabulario de salud y afianzar el comparativo y el superlativo relativo (que ya se trataron en la unidad 9), los estudiantes deben escribir unas frases para aclarar sus propias opiniones sobre una vida sana y la importancia de estos problemas.

2 Esta actividad puede estimular una tarea oral o escrita, la que sea más adecuada para la clase. Ofrece una oportunidad para reflexionar sobre su conocimiento actual de las actitudes internacionales en cuanto al uso de drogas, alcohol y tabaco. Por ejemplo, muchos estudiantes deben apreciar que el alcohol está prohibido en el mundo musulmán, pero puede ser que otros sugieran que los que no son tan devotos lo toman en secreto o en el bar de un hotel. Además, aunque no se puede fumar en espacios cerrados en muchas partes del mundo, en otras partes se fuma mucho. Así, gracias a estas preguntas, se presentará una oportunidad para hacer que sus estudiantes piensen sobre cómo estas prácticas y actitudes pueden cambiar según la localización geográfica, pero también por razones sociales, económicas y religiosas.

3 Lee y comprende

1 El objetivo de este ejercicio es proporcionar a los estudiantes con una serie de términos que les permitan hablar de manera más técnica de los problemas de salud. Deben buscar palabras claves para que les ayuden a deducir el significado de las definiciones, y luego conectarlas con el sustantivo apropiado.

Respuesta

1 **C**, 2 **G**, 3 **H**, 4 **B**, 5 **D**, 6 **A**, 7 **F**, 8 **E**

2 Las preguntas tienen como objetivo examinar las diferencias que existen entre las actitudes actuales y las que había en el pasado en cuanto a la adicción. Deben llevar a los estudiantes, en español o en su idioma nativo, a reflexionar sobre las sustancias que provocan adicción en nuestra sociedad moderna y lo que se usaba en el pasado. Como parte de esta reflexión, los estudiantes también deben considerar que en algunos países se prohíbe el alcohol y que en otros se permite el uso de varias drogas que se consideran ilegales en otros lugares y explorar las motivaciones de estos sistemas. Puede ser que resulte interesante e informativo reflexionar sobre si se debería prohibir el alcohol y el tabaco en el futuro, o deberían legalizarse en el caso de que hubieran sido descubiertos ahora.

4 Escucha

Aunque las descripciones no mencionan directamente el problema, los estudiantes deben interpretar las llamadas y luego utilizar el vocabulario que han aprendido anteriormente.

Estas personas describen sus preocupaciones a sus amigos o a miembros de su familia, así como los problemas de adicción que padecen. Puede ser que hablen con un médico o para recibir un consejo de otra persona, por ejemplo, un profesor, ya que se habla de manera seria y bastante formal.

Los estudiantes han utilizado todo el vocabulario que aparece en este ejercicio en unidades previas, pero puede que algunos estudiantes lo encuentren difícil. Para diferenciar el ejercicio, puede dar una lista de detalles a los estudiantes que tendrán que decidir a quién se describe en la llamada y qué problema presenta.

Audio

1 Mi padre fuma cincuenta cigarrillos al día, tiene una tos horrible y me preocupo mucho por su salud.
2 Mi madre tiene un problema: come mucho. Normalmente, toma tres o cuatro hamburguesas al día. Y odia hacer el ejercicio.
3 Mi amiga Cristina sale cada noche a un bar o a una discoteca, y siempre vuelve a casa borracha.
4 Mi primo es adicto, creo que tiene un problema con las drogas porque tiene problemas de concentración y de ansiedad. Su carácter cambió completamente cuando fue a la universidad el año pasado.

Respuesta

Persona descrita	Problema descrito	Detalles adicionales
1 *padre*	*fumador*	*fuma cincuenta cigarrillos al día* *tiene una tos horrible* *se preocupa mucho por su salud*
2 madre	obesidad	come mucho normalmente, toma tres o cuatro hamburguesas cada día odia hacer ejercicio
3 amiga	alcoholismo	sale cada noche siempre vuelve a casa borracha
4 primo	toxicómano	tiene problemas de concentración y de ansiedad su carácter cambió completamente el año pasado

5 Lee

Los sinónimos forman una parte importante de los exámenes. Es importante practicar cómo buscarlos. Así pues, este ejercicio practica esa destreza, además de introducir una manera escalonada de trabajar con un texto largo. Para realizar este ejercicio, los estudiantes solo tienen que leer los dos primeros párrafos del artículo. Primero los estudiantes necesitarán reflexionar sobre el significado de la palabra y dónde aparecería lógicamente según el contexto del artículo. Deben pensar también en el papel gramatical de la palabra, por ejemplo, un verbo necesitará estar en el mismo tiempo gramatical que el sinónimo que se busca.

Respuesta

1 sencillo – *fácil*
2 malo – perjudicial
3 estudio – informe
4 peligro – riesgo
5 resultado – efecto
6 acepta – admite

6 Lee y escribe

Anime a los estudiantes a que ahora lean el texto completo. Lo puede organizar como una tarea individual, en grupos o con toda la clase, pidiendo a estudiantes específicos que lean párrafos del texto.

Este ejercicio fortalece la comprensión del texto y además repite unos elementos claves del vocabulario de la unidad. Los estudiantes deben utilizar elementos específicos del texto para justificar sus respuestas.

Es importante ayudar a la clase a analizar el texto para apreciar sus características, especialmente dado el nivel de formalidad del texto.

- Factual. Incluye evidencia de varios informes oficiales y estadísticas.
- Sin opiniones.
- Estructura clara, con párrafos y subtítulos para dividir las secciones del texto.
- Lenguaje formal y técnico.

Respuesta

1 **B**, 2 **C**, 3 **A**, 4 **A**, 5 **B**

7 Escribe

Los estudiantes deben explicar las cifras que salen en el texto. Los estudiantes con un nivel más alto deben explicarlas utilizando sus propias palabras, mientras que los estudiantes con un nivel más bajo pueden utilizar más vocabulario y frases empleadas en el texto.

Respuesta posible

A Seis millones de personas mueren cada año a causa del tabaco.

B En España el 26 % de la población admite consumir tabaco diariamente.

C La tasa de fumadores se ha reducido un 25 % en la última década.

D Los consumidores de alcohol suponen el 76,7 % de la población.

E Los vascos son los españoles que más gastan en alcohol, 81 euros mensuales de media.

F 40 euros es el consumo medio mensual de alcohol de los ciudadanos de Extremadura, los más moderados de España.

8 Escribe

Tras analizar el texto *¿Es peor beber alcohol o fumar tabaco?*, los estudiantes deberían apreciar la importancia de elegir un texto bastante formal y que permite la explicación detallada de los peligros. Según el grupo de estudiantes que tenga, puede ofrecerles la oportunidad de elegir cualquier formato o proporcionarles las opciones de un resumen, un blog o una carta. Deben descartar rápidamente la idea de usar una carta, ya que no sería apropiada para alcanzar a todos los alumnos del colegio. El blog podría ser un medio apropiado, aunque, normalmente, incluiría más opiniones, mientras un resumen explicaría los riesgos y peligros de manera más factual y así sería el mejor tipo de texto para la tarea.

Muchos estudiantes tienen problemas a la hora de resumir textos. Antes de que empiecen a escribir su resumen, hábleles sobre cómo preparar la información para el resumen, ya que puede ser que unos tengan más conocimientos y confianza en sus destrezas que los demás. Deben escribir una lista de los puntos más importantes del texto. Estos formarán la base de su resumen, y deben conectar o combinar estos elementos adecuadamente para crear una descripción fluida.

E. *La legalización de las drogas, ¿qué opinas?*

1 Lee

Esta actividad intenta garantizar que los estudiantes entiendan el texto y se familiaricen con la información fundamental de por qué Uruguay legalizó la marihuana, antes de que pasen a explorar sus propias opiniones sobre el tema.

Es importante ayudar a los estudiantes a usar una variedad de técnicas para asegurar que tienen las respuestas correctas. Necesitan leer para entender el contexto, pero también aplicar su conocimiento de gramática para asegurar que las dos partes pueden conectarse.

Respuesta

1 **C**, 2 **A**, 3 **E**, 4 **D**

2 Escribe

Las respuestas de los estudiantes podrán variar considerablemente. Lo importante es que los estudiantes incluyan los detalles necesarios y que escriban frases completas. Además, recuérdeles que utilicen el pretérito imperfecto o el pretérito indefinido de acuerdo con el contexto y las preguntas.

Respuesta posible

1 *Los esfuerzos internacionales contra las drogas y el narcotráfico.*

2 Uruguay legalizó la venta controlada de la marihuana.

3 Mujica pensaba que la guerra contra las drogas era "la empresa más desastrosa el mundo".

4 Mujica pensaba que el narcotráfico era un negocio floreciente.

5 El Gobierno uruguayo quería evitar la violencia y el sufrimiento de los habitantes de su país.

3 Escucha

Este ejercicio proporciona más información sobre la legalización de la marihuana en Uruguay antes de debatir las razones y la justificación de la decisión. Haga que los estudiantes trabajen sobre el objetivo del reportaje. Después de contestar a las preguntas del libro del alumno, podría hacerles la siguiente pregunta:

¿Por qué es necesario e importante que un reportaje sea formal?

🔊 Audio

En el año 2014 Uruguay se convirtió en uno de los primeros países del mundo en legalizar la venta y el uso de marihuana. El Gobierno opinaba que la marihuana provocaba crimen, violencia y desesperación para la mayoría del continente americano, y que los esfuerzos internacionales no lograban nada con su "guerra contra las drogas". De hecho, quizás estos esfuerzos empeoraron la situación, puesto que los Gobiernos de México, Honduras, El Salvador, Nicaragua, Colombia y Brasil luchaban constantemente contra las fuerzas del narcotráfico.

Uruguay no quería sufrir el mismo destino. Por eso introdujo controles sobre el cultivo y la venta de la marihuana. Impuso impuestos sobre la venta para generar fondos y utilizar el dinero para invertir en programas de rehabilitación para los adictos.

Respuesta

1 convirtió
2 opinaba
3 provocaba
4 lograban
5 empeoraron
6 luchaban
7 quería
8 introdujo
9 Impuso

4 Lee

Este ejercicio enfoca la atención de los estudiantes en el uso combinado del pretérito imperfecto y el pretérito indefinido, incluyendo unos irregulares.

Respuesta

El pretérito indefinido	El pretérito imperfecto
convirtió (convertir)	opinaba (opinar)
empeoraron (empeorar)	provocaba (provocar)
introdujo (introducir)	lograban (lograr)
impuso (imponer)	luchaban (luchar)
	quería (querer)

5 Lee y escribe

Estas frases contienen mucho vocabulario desconocido, pero que en muchos casos los estudiantes deberían poder deducir utilizando las tácticas aprendidas durante las unidades anteriores, como la identificación de cognados, aplicar los conocimientos existentes y deducir el significado por el contexto de la frase. Estas frases y este vocabulario proporcionarán la base para los ejercicios siguientes.

En primer lugar, se recomienda que los estudiantes hagan esta tarea de manera individual, para permitirles a todos desarrollar sus capacidades personales a su ritmo.

Respuesta

A favor:

2 Nadie debe dictar lo que se puede hacer o no.

3 La guerra contra las drogas es represiva y causa mucha violencia, sin conseguir nada.

4 Si ya se pueden comprar drogas blandas de manera legal, también estaría bien poder comprar drogas duras.

9 Es mejor para el consumidor comprar un producto puro y controlado, sin riesgos de contaminación.

10 La táctica de castigar y alienar a los consumidores no funciona, la tasa de uso sigue creciendo.

12 Al legalizar la marihuana, también se puede educar más a la población, exactamente como se hace con el alcohol y el tabaco.

14 Al imponer impuestos sobre la venta de la marihuana, se puede invertir en la rehabilitación de adictos.

15 La marihuana tiene un uso importante para aliviar el dolor, es legal para uso medicinal en muchas partes de los Estados Unidos.

En contra:

1 No se debe experimentar con la vida de las personas.

6 La legalización va a tener un impacto enorme sobre los vecinos de Uruguay. Es irresponsable.

8 Muchos médicos se preocupan porque entienden los peligros de fumar marihuana. Puede causar enfermedades mentales y contribuye al cáncer de pulmón.

11 Al permitir a los jóvenes probar la marihuana, se abre la puerta a otras drogas más duras.

Sin decidir:

5 Mis amigos fuman mucha marihuana, y siempre doy excusas para no fumar también. Tengo ganas, pero estoy nerviosa...

7 Si los "expertos" no saben qué recomendar, ¿cómo podemos decidir nosotros? Ayúdame, por favor...

13 Mucha gente dice que la debo probar y que es muy relajante, pero por otra parte están los que dicen que va a afectar a mi cerebro a largo plazo. No sé qué hacer.

6 Escribe

Es importante repasar y enfatizar los consejos que aparecen en la tabla al final del libro del profesor en cuanto a cómo escribir un resumen. Los cinco elementos que eligen serán todos bastante diferentes, facilitando el debate que tendrá lugar durante el ejercicio siguiente.

Ya que los estudiantes acaban de clasificar las listas positivas, negativas e indecisas, deben declarar si están a favor, en contra o si se muestran indecisos en cuanto a la legalización de la marihuana. Debe animar a los estudiantes con un nivel más alto a pensar en cómo contestar a los argumentos con los cuáles no estén de acuerdo.

7 Habla

Es muy probable que este debate sea un reto para las opiniones de los estudiantes, puesto que en muchos casos nunca habrían pensado sobre este tema antes, así que tardarán un poco en asimilar los diferentes puntos de vista. Puede ser útil asignar un papel fijo a cada estudiante en el grupo para preparar sus argumentos y luego defenderlos, por ejemplo: un médico, un estudiante universitario, un político, un policía, etc. Tendrán que decidir la posición del individuo y si estaría a favor o en contra de la legalización y por qué.

8 Escribe

Antes de escribir sus respuestas, los estudiantes deben investigar la situación actual en Uruguay para aprender más sobre la realidad de la legalización y las experiencias y noticias al respecto. También deben escribir un plan para aclarar sus ideas antes de escribirlas, incluyendo dos elementos por cada idea que vayan a escribir.

Los estudiantes tendrán que hablar en parejas o en grupos de tres para considerar lo que necesitan incluir en su texto y para planear su respuesta. Como parte de esta tarea, deben apreciar la importancia de incluir opiniones y también estadísticas para fortalecer su argumento. Para conseguirlo, sería recomendable elegir un blog o un artículo. Los dos requieren el uso de una estructura con párrafos y lenguaje bastante formal, aunque también necesitarán vocabulario emotivo para desarrollar el argumento.

F. *Soy adicto, ¡ayúdame!*

1 Lee

Este ejercicio ayuda a los estudiantes a comprender el texto mejor y los obliga a pensar en la gramática para conectar las partes de las frases. Además, les ayuda a leer el texto poco a poco, desgranando el significado. Este tipo de ejercicio sale a menudo en los exámenes, así que valdrá la pena hablar con los estudiantes sobre las estrategias que pueden utilizar para decodificar el texto y luego para eliminar las respuestas inapropiadas, comenzando por conectar las frases más obvias.

Respuesta

1 **J**, 2 **A**, 3 **M**, 4 **K**, 5 **B**, 6 **E**, 7 **D**

2 Lee y escribe

Este ejercicio también es muy similar a uno que sale a menudo en los exámenes. Ayuda a la comprensión del texto, ya que los estudiantes tienen que desarrollar su capacidad de analizar el texto para obtener las palabras precisas. Puede que resulte eficaz pedir a los estudiantes que trabajen con un compañero para que puedan hablar de los procesos de deducción que están utilizando para hallar la respuesta correcta.

Respuesta

En el párrafo...	¿Qué palabra significa...?	Respuesta
1	*'algo que hace daño a la salud'*	*malsana*
1	'alguien que abusa del alcohol'	alcohólico
2	'persona que no bebe alcohol'	abstemio
2	'incidente involuntario que resulta en daño'	accidente

3 Escribe

El objetivo de este ejercicio es que los estudiantes utilicen la información del texto y contesten a las preguntas correctamente. Es importante que presten atención a la conjugación de las formas verbales, puesto que tendrán que variar/cambiar las formas que en el texto aparecen en su mayoría en la primera persona del singular a la tercera persona del singular. Puede resultar útil hablar de los verbos en las preguntas y cómo los pueden usar en sus propias respuestas, o que también podrían usar sinónimos para demostrar su conocimiento y la capacidad de conjugarlos de manera apropiada.

Ya que el texto es muy serio, los estudiantes deben adoptar un tono similar, sin añadir opiniones adicionales.

Respuesta

1 *Tenía diecinueve años cuando tuvo el accidente.*
2 Fumaba más o menos cuarenta cigarrillos cada día.
3 Dice que eran todos alcohólicos.
4 Sus ojos estaban siempre rojos y su piel amarilla.
5 Porque tuvo un accidente y se despertó en el hospital.
6 Dejó de beber alcohol y de fumar.
7 Va a ser difícil para el resto de su vida.
8 Va a hacer más ejercicio, va a comer mejor y va a dormir más.

Cuaderno de ejercicios 13/8

En esta tarea se repasan las formas del pretérito imperfecto y del pretérito indefinido, pero también es esencial subrayar las similitudes con otras formas. Por ejemplo, los estudiantes necesitan aprender que el pretérito imperfecto es igual en la primera persona del singular y en la tercera persona del singular. Además, se debe recordar a los estudiantes que la primera persona del plural del pretérito indefinido es igual a la primera persona plural del presente de los verbos terminados en -ar e -ir, lo que indica que siempre es recomendable reflexionar sobre el contexto de la frase para evitar errores o confusión en cuanto a los periodos de tiempo que describen.

	Pret. Imperf.	Pret. indef.	Pret. Imperf.	Pret. indef.	Pret. Imperf.	Pret. indef.
	yo		él/ella/usted		nosotros(as)	
bailar	bailaba	bailé	bailaba	bailó	bailábamos	bailamos
hablar	hablaba	hablé	hablaba	habló	hablábamos	hablamos
salir	salía	salí	salía	salió	salíamos	salimos
sufrir	sufría	sufrí	sufría	sufrió	sufríamos	sufrimos
beber	bebía	bebí	bebía	bebió	bebíamos	bebimos
correr	corría	corrí	corría	corrió	corríamos	corrimos

Cuaderno de ejercicios 13/9

Este ejercicio fortalece la comprensión del pretérito indefinido y del pretérito imperfecto e intenta reducir las posibles confusiones entre los usos contrastantes de los dos. Los estudiantes pueden trabajar solos o en parejas para hacer el ejercicio, ya que es importante animarlos a explicar sus decisiones y dar ejemplos cuando sea posible.

Respuestas

		V	F
1	El pretérito indefinido describe una acción ya terminada.	✔	
2	El pretérito imperfecto describe una acción que va a pasar pronto.		✔
3	A menudo se usa *mientras* + pretérito imperfecto.	✔	
4	A menudo se usa *cuando* + pretérito indefinido.	✔	
5	No se puede usar el pretérito indefinido y el pretérito imperfecto en la misma frase para describir algo en el pasado.		✔
6	*Ir* y *ser* son los únicos irregulares en pretérito imperfecto.		✔

Correcciones

2 Describe una acción en el pasado que pasaba durante un periodo indefinido o que pasaba habitualmente y que no tiene una conclusión fija.

5 El pretérito indefinido y el pretérito imperfecto se combinan para indicar que una acción o acontecimiento interrumpió otro (por ejemplo: *Escuchaba música en el gimnasio cuando vi algo horrible*).

6 *Ir*, *ser* y *ver* son los tres verbos irregulares para el pretérito imperfecto.

Cuaderno de ejercicios 13/10

Esta actividad practica cómo combinar el pretérito imperfecto y el pretérito indefinido. Discuta brevemente con los estudiantes cómo deducir el tiempo verbal correcto: el pretérito indefinido interrumpe la acción descrita por el pretérito imperfecto.

Respuesta

1 ***Corría*** en el parque con Javier cuando ***vi*** el accidente.

2 **Llevaba** una vida sana hasta que **conocí** a Mariló.

3 **Escuché** atentamente mientras el médico me **hablaba**.

4 Anoche **dormí** muy bien, pero durante mis exámenes **estaba** muy estresada.

5 No **quería** fumar, pero una vez lo **probé** en una fiesta y no me **gustó**.

6 Durante mis estudios universitarios mi padre siempre me **aconsejaba** que era bueno hacer deporte, y yo **seguí** su consejo.

Cuaderno de ejercicios 13/11

Este ejercicio ofrece la oportunidad de elegir entre los dos tiempos y así usar más creatividad. Anime a los estudiantes con un nivel más alto a usar una combinación del pretérito indefinido y del pretérito imperfecto para demostrar cómo es posible mezclarlos.

Después de escribir, los estudiantes deberían explicar a un compañero por qué eligieron el tiempo que eligieron para averiguar si han usado el tiempo correcto y, también, para comprobar si pueden añadir más información o complejidad.

Además, es importante asegurar que toda la clase ha usado el pronombre de objeto indirecto apropiado con *interesar*, según la forma que se decidió usar.

G. *La adicción, ¿se debe castigar o curar?*

1 Lee y escribe

Para justificar sus respuestas, los estudiantes tendrán que buscar la frase precisa que se usa en el texto para describir las diferentes opiniones. Recuérdeles que piensen cómo van a conectar sus respuestas, por ejemplo, usando *porque dice*, *porque cree*, *porque explica*, etc.

Respuesta

1 *Juan – Dice que todos debemos aceptar responsabilidad por nuestras decisiones.*

2 Trinidad – Explica que están enfermos y deben

estar en un hospital, no en una cárcel.

3 Juan – Sugiere que todos deben respetar la ley.
4 Juan – Dice que no quiere pagar por el tratamiento médico de un criminal.
5 Trinidad – Piensa que un adicto no debe estar lejos de su familia.
6 Juan – Explica que todos debemos aceptar responsabilidad por nuestras decisiones y que la policía debe castigar a los adictos cuando cometen un crimen, como a los demás.
7 Trinidad – Dice que un adicto debe estar en un hospital con un médico y unas enfermeras.

2 Escribe

Este ejercicio practica el uso del imperativo para repasar cómo dar consejos. Los estudiantes deben pensar en el significado del verbo, pero, además, deben reflexionar sobre el contexto de estas frases y cómo hacer que tengan sentido en el contexto de dar consejos sobre la adicción.

Respuesta posible

1 *Castiga a los criminales verdaderos y no a los adictos.*
2 Protege a la comunidad y a los adictos.
3 Ayuda a los adictos.
4 Respeta la ley.
5 Da tratamiento médico solo a los que se lo merecen.
6 Admite que tienes un problema.

3 Habla

Puede dividir a la clase en grupos de tres o cuatro, ya que los estudiantes seguramente no estarán todos de acuerdo, facilitando así el debate sobre el tema. Si lo ve necesario, puede dar a los estudiantes cinco minutos para que preparen sus respuestas y también para que preparen cómo van a defender su punto de vista. Lo más importante es que todos los estudiantes entiendan que no hay una respuesta definitiva y que todas sus opiniones tienen el mismo valor. Deben utilizar el lenguaje de las dos descripciones para desarrollar sus respuestas, pero los estudiantes con un nivel más alto deben incluir vocabulario y estructuras gramaticales adicionales, como el condicional para describir lo que harían ellos y el imperfecto para describir situaciones del pasado.

4 Escribe

Los estudiantes deben presentar sus ideas en esta tarea como resultado de los ejercicios que han llevado a cabo en esta página. Lo esencial es que desarrollen sus opiniones y las expresen correctamente utilizando las estructuras y las formas verbales aprendidas. Puede sugerir a los estudiantes que necesiten ayuda que incluyan los siguientes elementos:

Opinión: Creo que / En mi opinión…

Justificación: porque…

Conclusión: En el futuro se debe… y… porque los adictos…

Para contestar al artículo, los estudiantes necesitarán adoptar un tono bastante formal y enfocar su respuesta en las palabras claves de la pregunta (**castigar/ayudar**). Normalmente, el formato más apropiado para este objetivo sería una carta, así que los estudiantes tendrían que incluir las convenciones esenciales (dirección arriba a la derecha / fecha / Estimado…:/ Atentamente, / nombre completo).

Repaso

Los jóvenes y la vida sana

1 Escribe

Para cumplir con la tarea, los estudiantes necesitarán considerar las convenciones para un artículo como, por ejemplo, el uso de una estructura clara con frases completas y lenguaje emotivo.

El sistema de puntos utilizado en este ejercicio anima al estudiante a considerar las estructuras que va a utilizar en su descripción. En muchos casos los estudiantes tendrán que volver a escribir sus composiciones para llegar a los 50 puntos, ya que para alcanzar esa puntuación deberán elaborar textos de un cierto nivel de complejidad.

Tras completar sus descripciones, las pueden intercambiar con sus compañeros para sugerir maneras en las que mejorar los textos. Cuando los estudiantes vuelvan a recibir sus descripciones con las sugerencias de su compañero, deberán considerar los consejos y reescribir de nuevo sus descripciones, ampliándolas e incorporando las sugerencias. Puede sugerir que traten de ganar otros 25 puntos con lo que añadan a sus descripciones.

Respuesta posible

En mi opinión no llevaba una vida sana porque me encantaba comer muchos caramelos. Pero ahora suelo hacer mucho más ejercicio y odio comprar comida basura. Pero, si tuviera más tiempo, me gustaría jugar al fútbol porque sería muy relajante y estaría en una forma buenísima. Creo que llevar una vida sana es importante.

Puntos:

Elemento gramatical	Valor	Puntos
Un conector (*y, o, también, pero*)	1 punto	3 puntos
Un verbo en presente (*puedo, suelo, hago, me gusta*)	2 puntos	4 puntos
Un adjetivo (*importante, grande, basura, sano*)	3 puntos	15 puntos
Un verbo en pretérito imperfecto (*llevaba, me gustaba, solía, me entrenaba, comía*)	3 puntos	6 puntos
Un verbo en condicional (*me gustaría, comería, me entrenaría*)	5 puntos	15 puntos
Una frase *si* + condicional	8 puntos	8 puntos
Total		51 puntos

Punto de reflexión

Esta actividad oral ofrece una oportunidad a los estudiantes de usar el lenguaje que acaban de aprender durante la unidad. Antes de hacer la actividad, es útil enfatizar que no hay ninguna respuesta "correcta", pero que los estudiantes deben justificar sus opiniones. Anime a los estudiantes con un nivel más alto a usar una mayor variedad de verbos y tiempos para añadir más complejidad y fortalecer su seguridad.

También puede ser un momento apropiado para abordar la tarea de Creatividad, Actividad y Servicio, y así ayudar a los estudiantes a reflexionar un poco más sobre su propia salud y cómo mejorarla.

14 Las relaciones personales

Área temática	Identidades Ingenio humano
Tema	Relaciones personales Tecnología
Aspectos	Amigos Comunidad Familia Internet y redes sociales Relaciones entre internautas
Gramática	Formas impersonales (repaso) Expresar y contrastar opiniones Expresar acuerdo y desacuerdo
Tipos de textos	**Textos personales** Correo electrónico Sitio web de una red social **Textos profesionales** Folleto Carta **Textos de medios de comunicación de masas** Artículo Página web
Punto de reflexión	¿Por qué no todos nos llevamos bien?
Rincón IB	**Teoría del Conocimiento** • ¿Tienes el derecho de hacer lo que quieres? ¿Es importante tener leyes? ¿Por qué? • ¿Varían las leyes en diferentes países/culturas? **Creatividad, Actividad y Servicio** • Crea un póster comparando los derechos y los deberes de los jóvenes de tu país y de un país hispanohablante. **Para investigar** • Investiga los roles asociados tradicionalmente a cada sexo en diferentes sociedades y su cambio a través del tiempo. **Oral individual** • Describir fotos relacionadas con diferentes grupos de personas interactuando en diferentes contextos sociales: trabajo, amigos, familia, estudios. • Conversación general sobre tus amigos, lo que valoras en ellos, lo que sueles hacer con ellos. Habla también sobre cómo te comunicas con tus amigos.

La última unidad del libro abarca el tema de las relaciones personales y cubre aspectos tales como los amigos, la familia, la comunidad y las relaciones mediadas por el uso de tecnología. Este tema tan amplio y vibrante brindará a los estudiantes la oportunidad de utilizar los conocimientos lingüísticos que han desarrollado durante todo el libro. Gramaticalmente la unidad se centra en expresar y contrastar opiniones, acuerdos y desacuerdos. El tema de llevarse bien con los demás es algo que afecta a cada joven todos los días de su vida. Esta unidad intenta animarlos a reflexionar sobre los prejuicios y los factores que causan división en nuestra sociedad y, además, apreciar la importancia de la comprensión y la empatía.

1 Para empezar

Puede que algunos estudiantes tengan dificultad en decidir sobre el orden de sus prioridades, pero el ejercicio está diseñado para ayudarles a reflexionar sobre la importancia de diferentes aspectos en su vida. Los estudiantes con un nivel más alto deben intentar escribir justificaciones de por qué han colocado cada elemento en una cierta posición de importancia.

2 Habla

El ejercicio tiene como objetivo que los estudiantes practiquen el uso del comparativo relativo (*más... que / menos...que / tan...como*) para comparar sus prioridades en la vida, y para persuadir a sus compañeros de que reorganicen sus prioridades de acuerdo con las suyas. El ejercicio es más dinámico si los estudiantes tienen los factores escritos sobre tarjetas que funcionen como fichas que puedan mover en la escala de prioridades durante su debate.

Anime a los estudiantes a que utilicen las estructuras aprendidas durante la unidad 9 para indicar si están de acuerdo o no con sus compañeros.

A. *Los derechos de los jóvenes españoles*

1 Lee

Este es un ejercicio de comprensión para asegurar que los estudiantes entienden las descripciones claves que estructuran los derechos de los jóvenes españoles de acuerdo con diferentes edades.

Respuesta

- **A** *Se puede comprar un billete de lotería (18 años).*
- **B** Se puede votar (18 años).
- **C** Se puede contraer matrimonio (16 años).
- **D** Se puede usar un arma bajo determinadas condiciones legales (14 años).
- **E** Se puede conducir un coche (18 años).
- **F** Se puede ser miembro del Ejército (18 años).
- **G** Se puede dejar la educación obligatoria (16 años).
- **H** Se puede ser candidato a las elecciones para el Congreso de los Diputados (18 años).

2 Habla

Antes de empezar la tarea, vale recordar a los estudiantes los rasgos de un diálogo formal e informal. Déjeles hablar con una pareja o en grupos de tres durante un minuto y escribir dos listas. Después aliente al grupo a leer las listas a otros grupos y añadir algunos detalles, según les parezca apropiado.

Formal:

- Uso de *usted*
- Vocabulario técnico / bien educado

Informal:

- Uso de *tú*
- Vocabulario más coloquial
- Uso de palabras para hacer una pausa (*vale, pues, etc.*)

Para cumplir esta tarea, los estudiantes deben expresar y debatir sus opiniones, justificando sus respuestas con *porque*. También deben considerar cómo expresar acuerdo, desacuerdo, y hacer preguntas a sus compañeros, adaptando la segunda persona del singular y la segunda persona del plural, preguntando *¿por qué?* Anímelos a que comparen la información presentada con los derechos del país en el que viven y también con otros países que conozcan.

Actividad complementaria 14.1

Si lo cree oportuno, puede utilizar este ejercicio para consolidar el vocabulario introducido y ofrecer a los estudiantes una práctica adicional trabajando el vocabulario.

Respuesta

1 cumplen
2 hacer
3 contribuir
4 votar
5 salir
6 comprar
7 llevar
8 más
9 elegir
10 dejar

Creatividad, Actividad y Servicio

La tarea ofrece una oportunidad de investigar las leyes de un país hispanohablante y apreciar las diferencias y similitudes con su propio país. Pueden elegir sus propios países para investigar o el profesor puede organizar un sistema de premio sorpresa (hay una variedad de sistemas ofrecidos en línea para facilitar esta tarea). Después de crear su póster, los estudiantes pueden elaborar una lista (quizás para una exposición en el aula) de las leyes que los hayan sorprendido o que son muy diferentes a las de su propio país.

B. *Los derechos de los jóvenes latinoamericanos*

1 Lee

Estas preguntas permiten a los estudiantes contestar con sus propias palabras. Lo importante es que incluyan los detalles necesarios y, además, que las respuestas tengan sentido y precisión gramatical.

Antes de que comiencen a escribir sus respuestas, debata con los estudiantes sobre las estructuras y el vocabulario que aparecen en los textos para asegurarse de que puedan contestar adecuadamente.

Respuesta posible

1 *Solían trabajar con sus padres.*
2 Se puede fumar, pero no se puede comprar tabaco.
3 Sus padres le dicen que todavía no tiene la madurez para casarse y que tampoco tiene el dinero.
4 Sofía no puede cuidar a su bebé porque solo tiene trece años y no entiende todo lo que necesita un bebé.
5 Se acaba de cambiar la ley en Bolivia para dejar a los niños trabajar desde los diez años para ayudar a su familia.
6 Emilio cree que el amor le protegerá.
7 Rubén no cree que la mayoría de los jóvenes es capaz de tomar decisiones maduras.

2 Habla

Después de decidir con su compañero la edad a la cual los estudiantes creen que se debe poder hacer cada acción, y de justificar su decisión, pueden intercambiar sus opiniones con otros grupos o con el resto de la clase para crear una lista con las diferentes opiniones. Esto creará muchas oportunidades para debatir los diferentes aspectos, donde se debe animar a los estudiantes a utilizar el lenguaje de debate aprendido durante las últimas unidades.

Además los estudiantes pueden votar, o crear una encuesta, para averiguar si hay un consenso entre la clase.

3 Escribe

Los estudiantes deben intentar incluir las ideas desarrolladas durante el debate anterior. Deben utilizar la forma *usted*, ya que es un mensaje formal, y deben justificar sus opiniones para persuadir a la organización de que presten atención a sus opiniones.

Los estudiantes necesitarán poder justificar sus decisiones en cuanto a qué tipo de texto usan. Deben elegir un tipo de texto profesional y un registro formal. En su carta necesitarán incluir las convenciones necesarias, tal como la dirección, un saludo y una despedida formal y apropiada.

Una vez que hayan compuesto sus cartas, los estudiantes que hayan elegido al mismo personaje pueden colaborar comparando sus textos para luego crear un mensaje por parte de todo el grupo que incorpore todas sus ideas.

C. *La discriminación en el mundo moderno*

1 Escribe

Este ejercicio repasa las descripciones personales aprendidas en la unidad 2. Los estudiantes deben reflexionar sobre cómo describen a los individuos y qué aspectos atrajeron más su atención.

Después de hacer la tarea con el uso de sus libros y cuadernos, se pueden repasar las descripciones personales y los colores.

Actividad adicional para llevar a cabo en clase
Juego de *Adivina quién*: toda la clase se pone de pie y los estudiantes se turnan mencionando características propias (ejemplo: *tengo la piel oscura*) y se sientan todos los que no compartan ese rasgo. Se repite la acción hasta que solo permanece en pie una persona.

Es una actividad dinámica y animada, que además fomenta la reflexión de los estudiantes sobre el hecho de que todos somos diferentes e identificables individualmente y esa variedad enriquece a la sociedad y nos hace más interesantes.

2 Investiga

Esta unidad intentará animar a los estudiantes a mejorar la calidad descriptiva de sus producciones al incluir más adjetivos. Por eso, el objetivo de este ejercicio es ayudarles a que amplíen su gama de vocabulario. Indíqueles que tienen que buscar adjetivos que no hayan utilizado hasta ahora en esta unidad.

3 Lee

Los estudiantes deben reflexionar sobre las opiniones de las frases para luego conectarlas con las palabras y las fotos. Es posible que haya estudiantes que comenten que la discriminación étnica y el racismo son similares. Esto le brindará la oportunidad de debatir en mayor profundidad el concepto de discriminación e invitar a los estudiantes a considerar las sutiles diferencias que existen entre los diferentes tipos de discriminación.

Respuesta

Discriminación de identidad étnica → 4 **D**

Racismo → 2 **C**

Sexismo → 1 **A**

Discriminación de edad → 3 **B**

4 Habla

Los estudiantes deben decidir cuáles de los factores que aparecen al comienzo de la página en sus libros (*nacionalidad*, *color de pelo*, etc.) son importantes a la hora de definirlos como personas, y deben reflexionar sobre lo que verdaderamente les importa en sus rasgos individuales.

Se espera que en la mayoría de los casos los estudiantes no se sientan víctimas de discriminación, pero la tarea trata de ayudarles a darse cuenta de que la discriminación puede resultar de muchos factores y no solo del sexismo y del racismo. El ejercicio repasa también la descripción de emociones.

5 Escucha

Los estudiantes deben completar la primera columna con uno de los factores que aparecen al comienzo de la página en su libro. Déjeles escuchar la grabación en primera instancia para que decidan de qué factor se trata, y luego permítales que la escuchen una segunda y tercera vez (si lo cree necesario) para que anoten los detalles adicionales. Anime a los estudiantes con un nivel más alto a intentar anotar toda la información relevante en la segunda columna.

Recuerde a los estudiantes que deben escribir en la información adicional detalles en la tercera persona del singular. Si lo ve conveniente, puede practicar la formación de los verbos en la tercera persona del singular.

Audio

1 Creo que el sexismo es un problema enorme, ¡y yo soy un chico! Quiero un trabajo a tiempo parcial para el verano, pero es más o menos imposible, ya que en muchos restaurantes solo se ofrece trabajo a las chicas guapas, me molesta mucho.

2 Mi familia siempre tiene muchos problemas porque mis padres son inmigrantes, los dos nacieron en Ecuador y se mudaron aquí, a España, hace veinte años. A veces puede ser difícil para ellos encontrar trabajo.

3 Soy pelirrojo, y a mí me encanta, creo que tengo mucha suerte. Pero mucha gente se burlaba de mí en el colegio porque soy diferente, pero me da completamente igual, y nunca me voy a teñir mi pelo para ser "normal".

4 Mucha gente se ríe de mí porque mi pasión en la vida es el ajedrez. Pero me encanta este deporte porque me hace pensar y es algo muy social, pero muchos dicen que no es chulo. ¿Qué me importa la gente que no me entiende?

5 Vivo en una casa grande en un barrio próspero, y en mi opinión soy víctima de la discriminación y del acoso. En el colegio siempre me piden dinero, o me dicen que yo no entiendo el mundo real. Pero no es verdad, solo quiero ser como los demás.

6 Tengo un ojo azul y otro marrón, y cierta gente dice que soy un extraterrestre y que soy un poco friki, pero no lo soy. Me molesta a veces, pero no suelo escuchar a esta gente porque no merecen mi atención, de hecho me dan pena porque son ignorantes.

Respuesta

Factor	Información adicional
Sexo	*Es un chico.* *Quiere un trabajo a tiempo parcial para el verano, pero es más o menos imposible.* *En muchos restaurantes solo se ofrece trabajo a las chicas guapas.* *Le molesta mucho.*
Lugar de nacimiento / familia	Sus padres son inmigrantes. Nacieron en Ecuador. Se mudaron a España hace veinte años. Puede ser difícil para ellos encontrar trabajo.
Color de pelo	Es pelirrojo. Cree que tiene mucha suerte. Mucha gente se burlaba de él en el colegio por ser diferente. Le da completamente igual. Nunca se va a teñir su pelo para ser "normal".
Intereses	Su pasión es el ajedrez. Le hace pensar y es algo muy social. Muchos dicen que no es chulo. No le importa la gente que no le entiende.
Antecedentes sociales	Vive en una casa grande en un barrio próspero. Es víctima de la discriminación y del acoso. Siempre le piden dinero. Le dicen que no entiende el mundo real. Solo quiere ser como los demás.
Color de los ojos	Tiene un ojo azul y otro marrón. Cierta gente dice que es extraterrestre o friki. Le molesta, pero no suele escuchar a la gente porque no merecen su atención. Le dan pena porque son ignorantes.

Cuaderno de ejercicios 14/1

El objetivo principal de la actividad es que los estudiantes practiquen el uso de los verbos en contexto antes de usarlos durante el resto de la unidad.

Estas frases proporcionan ejemplos de una variedad de verbos en la primera persona del singular y en una variedad de tiempos verbales para ayudar a los estudiantes a repasarlos.

La segunda parte del ejercicio ayuda a los estudiantes a adaptar los verbos a la tercera persona del singular, y así poder describir personas y situaciones, para debatir los temas investigados durante la unidad.

Respuesta

Frase	1ª persona singular	3ª persona singular	Tiempo verbal
1 Soy bastante tímida y callada.	*soy*	*es*	*presente*
2 Era víctima de una campaña psicológica en línea.	era	era	pretérito imperfecto
3 Juego cada viernes en un equipo mixto de fútbol.	juego	juega	presente
4 Tengo muchos amigos en el colegio.	tengo	tiene	presente
5 Me mudé para escapar del acoso cotidiano.	me mudé	se mudó	pretérito indefinido
6 Me encanta vivir en Barcelona porque es una ciudad fascinante.	me encanta	le encanta	presente
7 Viajaría a Colombia para ayudar a mi primo.	viajaría	viajaría	condicional
8 Creo que el sexismo es una de las peores plagas de nuestros días.	creo	cree	presente
9 Me gustaba salir con ella cada noche.	me gustaba	le gustaba	pretérito imperfecto
10 No entiendo la discriminación, es algo ridículo.	entiendo	entiende	presente
11 Me sentía cómodo en su presencia.	me sentía	se sentía	pretérito imperfecto

Cuaderno de ejercicios 14/2

Este ejercicio fortalece la adaptación de los verbos entre la primera persona del singular y la tercera persona del singular, y sus correspondientes pronombres, para ayudar a los estudiantes a describir los problemas tratados durante la unidad.

Respuesta

1 ***Es*** *una chica bastante guapa y normalmente* ***tiene*** *mucha confianza en* ***sí*** *misma, pero* ***le parece*** *difícil seguir buscando trabajo, ya que* ***cree*** *que no va a encontrar nada digno.*

2 **Sus** padres son del sureste de Asia y **su** tono de piel es más oscuro que el de **sus** compañeros. A veces **sufre** acoso racista, pero **suele** intentar ignorarlo.

3 **Nació** en México, pero luego **se mudó** a San Diego, en los Estados Unidos, dos años más tarde. Aunque **lleva** quince años ya al norte de la frontera, mucha gente sigue sin **aceptarla** porque es una inmigrante. Sin embargo, la gente que **la conoce** no piensa que es diferente.

4 Mucha gente se burla de **él** porque **tiene** siete hermanos y cinco hermanas. **Es** bastante tímido, probablemente porque **es** el hermano menor de todos, así que casi nunca **habla** en casa.

5 No **lleva** ropa de moda, y como resultado **es** un poco diferente. La mayoría de los estudiantes de **su** colegio llevan la ropa más moderna, más de moda, pero no **le interesa** para nada, **quiere** marcar **su** propio estilo.

6 **Su** padre es agente de policía. **Ella está** muy orgullosa de él, pero aquí en Tijuana es un trabajo peligroso y poco popular, así que algunos de **sus** compañeros de clase no **la** tratan bien. **Le** molesta mucho.

6 Lee y comprende

1 Las preguntas tienen como objetivo tratar las experiencias personales de discriminación y reflexionar sobre las raíces y los prejuicios. Es esencial asegurar que los estudiantes desarrollen y justifiquen sus respuestas. Si los estudiantes no tienen experiencias de discriminación, anímelos a hablar de las condiciones de sus vidas y cómo lo han evitado.

2 Los estudiantes deben leer las descripciones de experiencias de discriminación y decidir de quién son estas opiniones. Los estudiantes deben reflexionar sobre los sinónimos y el significado exacto de las frases para averiguar las respuestas correctas.

Respuesta

1 *Andrés*
2 Trinidad
3 Dani
4 Dani
5 ninguno
6 Trinidad
7 Andrés
8 ninguno
9 ninguno
10 Dani
11 Trinidad
12 Andrés

7 Habla

Antes de acometer el ejercicio, conviene repasar las palabras interrogativas claves que necesitarán utilizar: *¿Qué? ¿Dónde? ¿Quién? ¿Cómo? ¿Por qué?* También indique a los estudiantes que no todas las preguntas necesitan una palabra interrogativa, por ejemplo: *¿Te gusta ir al colegio?*

Formar preguntas es una capacidad importante, pero también es bastante complicado. Para hacer esta tarea, los estudiantes deben utilizar su creatividad para proponer las preguntas posibles para la entrevista.

Los estudiantes deben trabajar en parejas para preparar sus preguntas. Los estudiantes con un nivel más alto pueden intentar formar preguntas para cada una de las respuestas (una respuesta por viñeta), mientras que los estudiantes que lo encuentren más difícil deben enfocar su atención en formar preguntas para una de las personas.

8 Escribe

Se espera que la mayoría de los estudiantes no hayan sido víctimas de la discriminación ni de la intolerancia. No obstante, en muchos casos se habrán visto ejemplos del problema, así que deben intentar describir sus experiencias de manera honesta.

Después de escribir estas descripciones, los estudiantes deben tener la oportunidad de comentar sobre las descripciones de sus compañeros. Deben leer la descripción de otro estudiante y alabar dos elementos positivos y recomendar una manera de mejorarla, por ejemplo, agregando detalles adicionales o incluyendo más complejidad gramatical como el pretérito imperfecto para describir experiencias en el pasado. Una vez que reciban los consejos de sus compañeros, los estudiantes deben hacer los cambios necesarios para aumentar la calidad de su escrito.

Vale animar a los estudiantes a notar cuál es el tipo de texto que van a usar y, luego, escribir tres viñetas / puntos para explicar su decisión, reflexionando sobre si es formal / informal, personal / profesional / medio de comunicación de masas y, después, por qué eligieron el formato preciso. Esto mostrará al profesor el nivel de pensamiento que acaban de utilizar para tomar su decisión.

D. *El acoso virtual – la amenaza de la tecnología*

1 Lee

Antes de categorizar el vocabulario, puede resultar útil repasar cómo reconocer los infinitivos (*-ar, -er, -ir*), los sustantivos (especialmente los prefijos y sufijos comunes, en este caso *-ión*, que aparece ocho veces) y los adjetivos.

Respuesta

Infinitivos	Sustantivos	Adjetivos
intimidar proteger amenazar avergonzar destruir expresarse comunicar educar enviar	tecnología acoso virtual padres riesgos medios sociales amigos intimidación protección vergüenza imágenes vídeos fotos dificultad responsabilidad discreción mención pánico confianza destrucción libertad expresión comunicación	psicológico nervioso tecnológico negativa importante horrible triste

2 Lee

Los estudiantes deben leer las tres citas detenidamente para buscar la información clave. Tendrán que reflexionar sobre los sinónimos y el contexto, por ejemplo, la única característica de personalidad que se menciona es *la confianza*, por esto, es Daniela la que la menciona.

Respuesta

1 Daniela
2 Nicolás
3 Santi
4 Daniela
5 Santi
6 Nicolás

3 Lee, escribe y comprende

La mayoría de los estudiantes reconocerán la estructura de las frases con el *se* impersonal, ya que han utilizado *se debe* y *se puede* varias veces durante las unidades.

También se debe enfatizar la diferencia entre el *se* impersonal (y subrayar que esta forma utiliza únicamente la tercera persona del singular) y el *se* de los verbos reflexivos o pronominales (el texto incluye *se convierten*).

Respuesta

1 y 2 *no se debe / la gente... debe / la gente en general no debe*
se usa / la gente en general usa
se sabe / la gente en general sabe
se puede / la gente en general puede
se dice / la gente en general dice
se escriben / la gente en general escribe

3 Para ayudar al grupo a desarrollar sus ideas y respuestas, deje que los estudiantes trabajen en grupos de tres para preparar un mapa conceptual sobre el tema. Como parte de esta tarea, deben incluir contraargumentos posibles para considerar otras perspectivas.

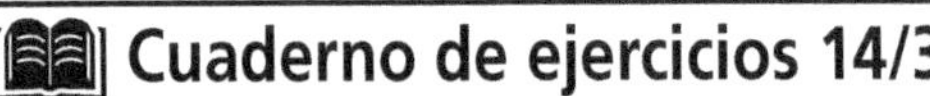 Cuaderno de ejercicios 14/3

Este ejercicio ayuda a los estudiantes a practicar el *se* impersonal. Es importante animarlos a usar una variedad de formas y no solo *se debe*. Es también esencial asegurar que añadan algo de complejidad a sus frases incluyendo conectores, opiniones y justificaciones, así como la palabra dada entre paréntesis. Después de que hayan escrito sus frases, organice un proceso de evaluación en parejas, permitiéndoles darse consejos el uno al otro para mejorar lo que han escrito y, además, para que aprendan de los otros miembros de la clase.

E. *La revista* Jóvenes Modernos *acaba de publicar una edición especial sobre cómo comportarse en línea*

1 Lee y comprende

Primero, hable con el grupo y investigue las características que notan. Deberían apreciar que es un texto formal y factual que narra las experiencias negativas en línea de una chica para aumentar la conciencia del problema. No es un texto personal ni profesional, pero intenta educar al público y, así, es un medio de comunicación de masas.

Esta tarea es similar a una que se utiliza a menudo en los exámenes, por lo que conviene que los estudiantes se acostumbren a practicarla. Antes de empezar el ejercicio, asegúrese de que todos los estudiantes entienden las instrucciones. Se pueden recomendar los pasos siguientes a los estudiantes para que puedan completar la actividad con éxito:

1 Primero lee detenidamente todas las partes de las frases para entenderlas.
2 Predice qué tipo de contenido seguirá a las primeras partes de las frases. Por ejemplo, en "Begoña perdió toda", *perdió* parece ser la palabra clave. Hay que buscar en la segunda parte de la frase algo que se pueda "perder": algo físico o algo mental.
3 Utiliza tus conocimientos gramaticales para decidir si la frase parece lógica o no. Por ejemplo, "Tras las revelaciones Begoña no" necesita un verbo en la tercera persona del singular.
4 Lee los textos. Busca los detalles apropiados para confirmar tus selecciones.
5 Repasa todo el proceso para confirmar que las respuestas son correctas.

Será importante dejar a los estudiantes hacer la tarea individualmente antes de analizarla. Pero, después de completarla, siempre es recomendable discutir en grupo sobre los pasos que los estudiantes siguieron y, en particular, las estrategias que utilizaron.

Respuesta

1 **D**, 2 **H**, 3 **A**, 4 **F**, 5 **B**

2 Escribe

Las respuestas siguientes son ejemplos utilizando los detalles necesarios. Los estudiantes con un nivel más alto deben utilizar sus propias palabras cuando sea posible, pero lo importante es que los estudiantes de todos los niveles contesten con frases completas.

Respuesta posible

1 *Tenía dieciséis años.*
2 Utilizaba sus cuentas para comunicarse con todo el mundo, para enviar mensajes y para compartir fotos y vídeos.
3 Se conocieron en un foro en línea.
4 Alejandro era divertido, inteligente e interesante.
5 Las tres chicas estaban en la misma clase que Begoña, pero no se llevaban bien.
6 Ella se sintió horrible. No fue al colegio durante tres semanas. No podía contestar el teléfono y borró sus cuentas en Facebook y en Twitter. Se sintió sola y paranoica.

3 Lee y escribe

Puede ser conveniente permitir a los estudiantes trabajar con un compañero o con un grupo pequeño para hacer este ejercicio. El proceso de compartir ideas ayudará a mejorar el texto, aunque deben escribir sus propias versiones.

Antes de hacer la tarea, también puede resultar útil analizar una frase única o unas palabras con toda la clase para reflexionar sobre cómo mejorarla. Por ejemplo, la frase *Tres chicas de su clase* puede convertirse en *Tres chicas crueles de su clase de Matemáticas.*

Respuesta posible

Tres chicas **crueles** de su clase **de Matemáticas**, con las cuales no se llevaba muy bien Begoña **porque siempre eran antipáticas con ella**, comenzaron a revelar **públicamente** muchos detalles personales de Begoña en Facebook. Pronto Begoña se dio cuenta de que Alejandro era una ficción **total**, que fueron las tres chicas las que enviaron todos **aquellos agradables e interesantes** mesajes a Begoña. Las chicas publicaron **maliciosamente** muchas cosas crueles, **desagradables** e íntimas, y todo el mundo se rio de **la pobre** Begoña.

4 Escribe

Antes de hacer este ejercicio, los estudiantes deben escribir un plan con viñetas para dar forma a sus ideas iniciales. Los estudiantes que tienen un nivel más bajo necesitarán utilizar y adaptar las frases utilizadas en estas dos páginas para acometer esta tarea.

Los estudiantes deben interpretar que la tarea requiere el uso de un texto de medios de comunicación de masas. Necesitarán elegir un formato que les permita tanto explicar sus propias experiencias y opiniones personales como explicar sus ideas para mejorar la situación a un nivel más general. Unas opciones apropiadas podrían ser un blog o un artículo.

Respuesta posible

En mi opinión el acoso escolar es salvaje y debemos hacer todo lo posible para proteger a los jóvenes de este tipo de violencia. Cuando tenía doce años, sufrí mucho abuso en línea y no sabía qué hacer. Se debe educar mucho más a los jóvenes y a los padres para eliminar el problema.

Cuaderno de ejercicios 14/4

Esta actividad tiene como objetivo permitir a los estudiantes repasar los pretéritos indefinido e imperfecto, así como el imperativo, para que se fijen en cómo deben combinarlos. Después de corregir sus respuestas, es importante analizar las funciones del pretérito imperfecto para narrar, con el pretérito indefinido, y para describir acciones fijas.

Cuando se haya hablado de los usos de las dos formas, vale la pena animar a la clase a pasar quince minutos añadiendo detalles y continuando la historia. Pueden trabajar solos o en parejas. El profesor puede pedir un número específico de verbos en el pretérito indefinido o en el pretérito imperfecto para guiarlos y para crear un desafío para todos los estudiantes.

Respuesta

1 Verbos en el pretérito indefinido (los estudiantes deben destacarlos en amarillo): conoció, se conectaron

2 Verbos en el pretérito imperfecto (los estudiantes deben destacarlos en rosa): tenía, se comunicaba, enviaba, compartía, le gustaba, utilizaban, era

3 Verbos en el imperativo (los estudiantes deben destacarlos en verde): ten

4 Adjetivos (los estudiantes deben subrayarlos): divertido, gracioso, privados

 Cuaderno de ejercicios 14/5

Los estudiantes necesitan apreciar la importancia de usar una variedad de vocabulario apropiado y aprender cómo buscar sinónimos y antónimos en el diccionario o en Internet. Es esencial recordarles la importancia de usar la misma categoría gramatical, por ejemplo, si el ejemplo es un sustantivo, el sinónimo y el antónimo también deben ser sustantivos.

Para animar a los estudiantes a usar más su creatividad, se puede ofrecer un punto por cada palabra que nadie más haya encontrado. La persona con más puntos gana.

Respuesta posible

	Sinónimo	Antónimo
1 molesto	fastidioso	agradable
2 un riesgo	un peligro	una certeza
3 hablar	conversar	callar
4 malo	dañino	beneficioso
5 difícil	arduo	sencillo
6 causar	provocar	impedir
7 un problema	una dificultad	una solución
8 rico	próspero	pobre
9 contento	satisfecho	triste
10 responsable	juicioso	irresponsable

 Cuaderno de ejercicios 14/6

Este ejercicio tiene como objetivo que los estudiantes practiquen las técnicas de mejorar sus escritos y se den cuenta de que pueden seguir un proceso gradual para que les resulte más sencillo.

Respuesta posible

1 Mi colegio nuevo es increíblemente tedioso porque no hay instalaciones, y los profesores no me inspiran.

2 Hay muchos chicos muy repelentes en mi clase de Matemáticas, porque son muy inmaduros y discriminadores.

3 En mi opinión el acoso virtual escolar es perjudicial de forma inquietante, ya que los jóvenes de hoy son el futuro de nuestra sociedad.

 ***Actividad complementaria 14.2***

Esta actividad adicional profundiza en la comprensión de parte del texto de la página 169 y desarrolla la capacidad de los estudiantes de identificar diferentes elementos lingüísticos.

Respuesta

1 Begoña (los amigos de Begoña)

2 los amigos de Begoña

3 Begoña

4 Begoña y Alejandro

5 Begoña y Alejandro

6 Begoña (el chico ideal de Begoña)

7 Begoña y Alejandro

F. *El estrés y los problemas juveniles, ¿cómo te puedo ayudar?*

1 Lee y comprende

Antes de que los estudiantes exploren los formatos, vale la pena preguntar a la clase qué características averiguan. Deben notar la naturaleza personal de los textos y que los cinco tratan de los mismos temas, el estrés y el bienestar, para crear una perspectiva más amplia. Se nota que fueron escritos de manera informal para explicar las preocupaciones de sus autores a un público general. Textos así formarían parte de un artículo en una revista para jóvenes, quizás para aumentar la conciencia sobre la amplitud del problema y para disminuir el estigma asociado.

Los estudiantes deben leer el texto y decidir si las frases son verdaderas, falsas o si no se mencionan para demostrar su comprensión del texto. Para agregar complejidad a la tarea, conviene obligar a los estudiantes a corregir las frases falsas y, además, a sugerir una frase más apropiada para resumir la descripción de alguien que no tiene una frase acertada.

Respuesta

	Verdadero	Falso	No se menciona
1 *Fran está harto de las quejas de su madre.*	✔		
2 Fran tiene unos deseos muy claros para su futuro.		✔	
3 María Dolores necesita escapar de su casa.	✔		
4 Ángel bebe cerveza con sus amigos en el parque.			✔
5 Jesús tiene miedo de no conseguir un trabajo bien pagado.		✔	
6 Isabel lleva una vida muy sana.	✔		

2 Lee y escribe

Este ejercicio tiene como objetivo asegurarse de que los estudiantes entienden la queja principal de cada joven, algo importante para luego analizar el texto más a fondo para deducir el significado de las expresiones con *tener* y *estar* en la próxima página.

Siempre vale la pena explicar a los estudiantes que no tienen que contestar a las preguntas en orden, que pueden eliminar las más obvias para luego revelar las respuestas más complicadas.

La segunda parte del ejercicio repasa como dar consejos, en este caso especialmente con *tienes que* y *debes*. También se puede preguntar a los estudiantes cómo formar el imperativo para dar consejos. Explique a los estudiantes que estos consejos a los jóvenes incluyen un imperativo (*intenta*). Deben buscarlo y luego explicar su formación antes de intentar escribir estos consejos de otra manera utilizando un imperativo.

Respuesta

1 **A** Isabel, **B** María Dolores, **C** Ángel, **D** Fran, **E** Jesús

2 **A** María Dolores, **B** Ángel, **C** Isabel, **D** Fran, **F** Jesús

3 Escribe

Los estudiantes deben utilizar los consejos del ejercicio anterior como pauta para escribir sus propios consejos. Anime a los estudiantes con un nivel más alto a describir sus propias experiencias como parte de sus consejos.

4 Investiga

Este es el vocabulario clave para esta parte de la unidad. No obstante, antes de buscarlo en el diccionario, los estudiantes deben trabajar en parejas para decodificar la lista utilizando los textos, y así proporcionar el contexto necesario y tratar de adivinar el significado de las palabras. Después de adivinar el significado y de explicar sus conjeturas, pueden confirmar sus ideas utilizando un diccionario (también pueden usar un diccionario en línea).

5 Escribe

Para practicar estas expresiones nuevas y así fortalecer su conocimiento, los estudiantes deben escribir cinco frases detalladas. Será útil animarlos a reflexionar sobre los consejos que vieron con anterioridad sobre cómo mejorar sus descripciones.

Después de escribir sus frases, conviene dejar que lean las frases de sus compañeros, tanto para aprender algo de sus ideas como para darles consejos sobre cómo mejorar su producción escrita.

Cuaderno de ejercicios 14/7

Es imprescindible que los estudiantes sepan conjugar estos dos verbos con seguridad. Este ejercicio proporciona una oportunidad de practicar su formación, pero también se puede aprovechar esta oportunidad para practicarlos de manera más activa. Por ejemplo, se pueden utilizar dos dados. Se usa un dado para elegir el pronombre personal (1 = *yo*, 2 = *tú*, etc.) y el otro dado indica la forma de conjugarlos
(1 y 2 = pretérito indefinido, 3 = pretérito imperfecto, 4 y 5 = presente, 6 = condicional). Los estudiantes pueden trabajar en parejas y uno de los dos sugiere qué verbo conjugar. Los estudiantes con un nivel más alto podrían luego usar su verbo conjugado en una frase.

Respuesta

Estar

pronombres personales	Pretérito indefinido	Pretérito imperfecto	Presente	Condicional
yo	estuve	estaba	estoy	estaría
tú	estuviste	estabas	estás	estarías
él/ella/usted	estuvo	estaba	está	estaría
nosotros(as)	estuvimos	estábamos	estamos	estaríamos
vosotros(as)	estuvisteis	estabais	estáis	estaríais
ellos/ellas/ustedes	estuvieron	estaban	están	estarían

Tener

pronombres personales	Pretérito indefinido	Pretérito imperfecto	Presente	Condicional
yo	tuve	tenía	tengo	tendría
tú	tuviste	tenías	tienes	tendrías
él/ella/usted	tuvo	tenía	tiene	tendría
nosotros(as)	tuvimos	teníamos	tenemos	tendríamos
vosotros(as)	tuvisteis	teníais	tenéis	tendríais
ellos/ellas/ustedes	tuvieron	tenían	tienen	tendrían

Cuaderno de ejercicios 14/8

En este ejercicio los estudiantes tendrán que hacer frases utilizando los verbos *tener* y *estar*, y tratando de ampliar la información y los detalles que dan en las frases. Este ejercicio también crea una oportunidad para que los estudiantes se den cuenta de todo lo que han aprendido hasta ahora en la unidad.

Respuesta posible

1 *Tenía miedo del efecto de la tecnología porque no sabía utilizarla con cuidado.*

2 Mi hermano tendría suerte si pudiera conseguir un buen trabajo a pesar de ser tan joven.

3 Estoy harta de que mis padres no confíen en mí.

4 Sentí vergüenza al presentar mi proyecto en clase porque hay varios chicos que siempre se ríen de mí.

5 Siempre estoy de buen humor cuando paso el día con mis amigos.

6 Escucha, habla y comprende

Los estudiantes deberán anotar toda la información que puedan sobre los temas indicados. Este diálogo ayudará a los estudiantes a generar ideas antes de hablar en sus grupos. Después de haberlo escuchado una primera vez, pida a los estudiantes que se fijen en el tono de la conversación para decidir si es formal o informal. Cuando hayan terminado el ejercicio, les puede preguntar por el objetivo de la conversación.

Audio

Lucía: Estoy completamente harta de esta idea de que nosotros, los jóvenes, somos todos malos. No es justo.

Jorge: Tienes razón. Es que hay muchos problemas para los jóvenes. No hay mucho trabajo y, por lo tanto, no tenemos dinero, así que no tenemos libertad ni independencia. La vida es difícil.

Lucía: Estoy de acuerdo. Creo que el acoso escolar es un tema que afecta a la mayoría de los adolescentes.

Jorge: Tengo suerte, no hay mucho acoso escolar en mi colegio, pero muchos estudiantes sufren de estrés a causa de los exámenes, a causa de conflictos con su familia, o debido a muchas cosas más.

Lucía: Sí. También hay problemas de autoestima y de salud, que en muchos casos son el resultado del estrés. Yo estoy en forma, pero me preocupo mucho de dos de mis mejores amigas. Tienen que perder un poco de peso y cuidarse mejor, pero…

Jorge: Vale, entiendo cien por cien, es difícil ayudar a los que te importan más, pero la verdad es que no somos todos malos como se dice en la prensa.

Respuesta

1
- La falta de trabajo: Jorge – como resultado los jóvenes no tienen dinero, libertad ni independencia.
- El acoso escolar: Lucía – afecta a la mayoría de los adolescentes.
- El estrés: Jorge – a causa de los exámenes, conflictos con su familia y muchas cosas más.
- Los problemas de salud: Lucía – problemas de autoestima, dos de sus mejores amigas deben perder un poco de peso, pero ella no sabe cómo ayudarlas.

2 Esta actividad está conectada al primer ejercicio de la unidad y los estudiantes pueden consultar el comienzo de la unidad para algunas ideas. Intente animar a la clase a considerar las experiencias de jóvenes en otras partes del mundo y de otros orígenes.

7 Escribe

Este ejercicio permite a los estudiantes utilizar el vocabulario y las estructuras de estas dos páginas, pero, además, deben intentar tener en cuenta los consejos claves de la unidad sobre cómo maximizar la calidad de sus escritos.

Los estudiantes necesitarán apreciar que el texto debe ser personal (una carta o un correo electrónico serían buenas opciones), pero con una apreciación de que un público más grande lo va a leer (es decir, la gente que lee el periódico local). El registro será informal y se necesitará explicar la situación actual a la chica sin ofrecer sus propias opiniones, y además tendrá que pedir unos consejos a la consejera sentimental.

Después de escribir su mensaje, los estudiantes deben intercambiar sus mensajes con un compañero y luego darles un consejo (preferiblemente relacionado con la utilización del imperativo) según los detalles precisos de su queja.

G. *¿Diferentes pero iguales? El sexismo en el mundo moderno*

1 Lee

Este ejercicio examina el nivel de comprensión de los estudiantes. Tienen que elegir la opción correcta para resumir el texto.

Después de hacer esta tarea, los estudiantes podrían escribir cinco frases más con dos opciones para luego compartir con un compañero. La actividad de producir frases que resuman el texto de manera correcta e incorrecta requiere una comprensión detallada del texto, por lo que es una buena actividad para asegurarse de que los estudiantes han entendido los diferentes párrafos.

Respuesta

1 **B**, 2 **A**, 3 **A**, 4 **A**, 5 **A**, 6 **A**, 7 **B**, 8 **A B**, 9 **B B**

2 Escucha y escribe

Este ejercicio ofrecerá otra descripción del sexismo en el mundo actual para ampliar las perspectivas de los estudiantes antes de hacer la última tarea escrita. Los estudiantes deben escribir frases completas.

Al igual que en el ejercicio anterior, después de realizar el ejercicio, los estudiantes podrían escribir frases que resuman el diálogo con dos opciones, para comprobar si sus compañeros han comprendido el diálogo.

Audio

—Sonia, ¿crees que el sexismo es un problema hoy en día?

—Pues, claro que sí, Manuel. Cada día veo a los chicos en mi colegio ligando con mis amigas, pero lo que ellos suponen que es ligar es, de verdad, acoso sexual.

—¿Sí?

—Las palabras que utilizan son horribles. Nos hacen sentir muy inferiores. Y sus gestos son... muy discriminatorios. Es como si nosotras, las chicas, fuéramos inferiores.

—¿Pero es como una broma, no? No es nada más que un juego.

—Puede ser una broma para ellos, pero nosotras tenemos miedo de los chicos que tienen más confianza. Son ellos los que gritan más, y luego miran a sus amigos, conscientes del dolor que causan sus palabras.

—Pero ¿no todos los chicos son así, verdad?

—No, no, tienes razón. La mayoría de los chicos de mi clase se avergüenzan del comportamiento de los demás. A menudo los chicos más tímidos son también los más simpáticos, y me llevo muy bien con ellos. Pero no nos gusta la atención de los otros, no sé qué hacer.

—Probablemente no debes hacer nada, ignórales. Son muy inmaduros.

Respuesta posible

1 *Sufre el sexismo en el colegio cuando los chicos creen que ligan con sus amigas. El problema es que no es ligar, es una forma de acoso sexual.*

2 Las palabras de los chicos causan los problemas. Y además sus gestos son discriminatorios.

3 Las chicas se sienten inferiores y tienen miedo de los chicos.

4 En muchos casos sí, porque se miran después de gritar, aunque piensan que es una broma o un juego.

5 No, la mayoría de los chicos se avergüenzan del comportamiento de los demás. Y muchos de los chicos son simpáticos.

6 Manuel dice que son inmaduros, y aconseja a Sonia que los ignore.

7 Sonia quiere que Manuel aprecie las dificultades provocadas por el sexismo y el machismo en nuestra sociedad. Manuel también intenta explicar que no todos los chicos comparten esta actitud de pensar que las chicas son inferiores u objetos para el uso de los hombres.

3 Habla y comprende

1 Este ejercicio no tiene una respuesta correcta única. No obstante, los estudiantes deben examinar los estereotipos sobre los papeles tradicionales de los hombres y las mujeres. Deben hablar de manera detallada y considerada para intentar llegar a un acuerdo entre los miembros del grupo. Después de hablar en grupos de cuatro, se pueden debatir sus conclusiones con toda la clase.

Puede asignar papeles a los estudiantes, por ejemplo, *un machista, una víctima del sexismo, una mujer casada, un amo de casa*, etc. Los estudiantes deben pensar en actitudes apropiadas para cada papel y defenderlas.

2 Estas preguntas animan a los estudiantes a reflexionar sobre los cambios durante las últimas décadas en actitudes hacia las mujeres y sobre el sexismo. No obstante, también llevan a una reflexión sobre los cambios adicionales necesarios y las actitudes de comunidades en otras partes del mundo. Es importante que los estudiantes aprecien en sus respuestas que no todas las sociedades comparten las mismas opiniones sobre el papel de la mujer en el mundo moderno, de manera positiva y negativa.

4 Escribe

Los estudiantes deben expresar su perspectiva individual para esta tarea. No obstante, además, deben considerar el mundo que los rodea y considerar los papeles y las expectativas de los hombres y las mujeres en su sociedad.

Convendrá recordar a los estudiantes que deben prestar atención a los consejos sobre cómo mejorar la calidad de sus escritos, que ya vieron en esta unidad. La tabla guiará a los estudiantes para mejorar sus descripciones. Anímelos a incluir un mínimo de 50 puntos.

Tras escribir sus textos, los estudiantes deben leer las descripciones de sus compañeros. Para ayudarse mutuamente a mejorar, deben primero resaltar los errores que encuentren con un rotulador fluorescente, pero sin corregir el error. Luego, deben contar el número de puntos incluidos. Por ejemplo, si se incluyen 5 adjetivos, el total sería 5 x 3 puntos = 15 puntos.

Cuando los estudiantes reciban de nuevo su escrito, deben considerar por qué sus compañeros han indicado los errores, cómo corregirlos y luego escribir su redacción de nuevo con las correcciones. Deberán añadir un párrafo más, para ganar como mínimo 25 puntos más, y deben subrayar las secciones que les van a otorgar esos puntos adicionales para demostrar que han reflexionado sobre el contenido de sus escritos.

Ejemplo

Creo que el sexismo es una parte negativa de nuestra sociedad que nos afecta a todos. Mis padres son muy tradicionales, mi padre trabaja para ganar dinero y mi madre es ama de casa, limpia la casa y cuida de sus hijos. Pero no está muy contenta, es una lástima. En mi opinión todo el mundo debe tener la oportunidad de ser feliz. Para mí, el sexismo limita la vida de una persona y por eso se debe erradicar.

Repaso

Enfrentarse al acoso

1 Habla

Este ejercicio tiene como objetivo principal guiar al estudiante a observar todo lo posible las imágenes a través de las preguntas. Se han utilizado tres fotos en secuencia, ya que esto refuerza la observación detallada de cada foto.

Respuesta posible

FOTO 1

1 Hay cuatro jóvenes, tres chicas y un chico. Una chica lleva un jersey rojo y tiene el pelo largo y moreno. Está sonriendo, parece contenta. El chico lleva un jersey gris y también se está riendo.
2 Acaban de salir del colegio. Están en la calle.
3 Tienen sus teléfonos móviles.

FOTO 2

1 Están enviando mensajes con sus teléfonos móviles.
2 Acosar a su compañera enviándole mensajes por el móvil.
3 Está preocupada, se siente incómoda.

FOTO 3

1 La chica recibió mensajes desagradables en el móvil.
2 La chica está triste, confusa y afectada. Parece que va a llorar.
3 Debe bloquear los números de teléfono de quienes tratan de acosarla y debe pedir ayuda a su familia y a sus profesores.

2 Escribe

El objetivo de este ejercicio es que los estudiantes practiquen estructuras y vocabulario aprendidos en esta unidad, y que reflexionen sobre los temas tratados y cómo pueden afectar a jóvenes de su edad.

Respuesta posible

Marisa es una chica normal. Ella quería ser amiga de un grupo del colegio, pero no la aceptaron. Se burlaron de ella y le mandaron mensajes desagradables al móvil. Ella tenía ganas de formar parte del grupo, pero ahora está muy triste. Va a pedir ayuda a sus profesores.

Punto de reflexión

Esta lista ayudará a los estudiantes a considerar los aspectos positivos de sus vidas y la naturaleza fugaz de la mayoría de sus quejas. Se pueden comparar las listas para enfatizar que, aunque somos todos diferentes, casi todos sufrimos de los mismos problemas y las mismas frustraciones nos afectan. Deben incluir algunos de los temas mencionados durante la unidad, como el acoso virtual y el estrés, que formarán parte de su reflexión sobre las diferencias y similitudes entre los problemas actuales y los de hace cincuenta años. Al examinar estos problemas, los estudiantes tendrán la oportunidad de reflexionar sobre por qué no todos nos llevamos bien, la pregunta clave de la unidad.

Tipos de texto

	Tipos de texto	Registro	Objetivo	Características	Más información
Póster	Medio de comunicación de masas	Más formal	• Educar / convencer al lector. • Anunciar algo. • Crear ambiente en una sala. • Informar o mentalizar sobre el tema que se desarrolla. • Realizar una campaña.	• Frases completas, pero no usa párrafos extensos / largos. • Atractivo y colorido.	• Ser llamativo (despertar interés). • Entenderse a primera vista (impacto visual). • Comunicar un mensaje de interés (ser comunicativo). • Permite recordar fácilmente el mensaje.
Artículo	Medio de comunicación de masas	Más formal	• Crear un argumento para persuadir al lector. • Función informativa.	• Usa frases completas y párrafos extensos / largos. • Usa opiniones para apoyar un argumento. • Lenguaje emotivo. • Título. • Nombre del autor, fecha y nombre de la revista / del periódico.	Extensión variable según aparezca en publicaciones más o menos extensas, como revistas escolares o públicas, periódicos, etc.
Resumen	Profesional	Formal / factual	Resumir y compartir los detalles más importantes de un texto.	• Solo usa hechos del texto original. • No incluye opiniones personales. • A menudo usa viñetas para separar y aclarar los detalles del texto.	• Extensión proporcional a la fuente. • Breve y claro. • Estructura clara. • Posibilidad de desarrollar un estilo propio de resumen, aunque sea objetivo.
Informe	Profesional	Formal / factual	• Objetivos y causas variados. • Educar al lector.	• Lenguaje formal y técnico. • Factual, sin opiniones. • Muy específico.	Pueden estar acompañados de tablas, explicaciones, proyectos y demás documentos relacionados.
Carta	Personal o profesional	Formal o informal	Compartir información.	• Incluye párrafos. • Contiene opiniones y experiencias personales. • El tono del lenguaje depende de si se escribe una carta formal o informal.	• Puede incluir: – Fecha: día, mes y año en que se expide la carta. – Lugar: nombre, dirección, ciudad, código postal del destinatario. – Posdata: abreviado P. D., es un mensaje final que se añade para aclarar una idea o exponer una información extra.
Blog	Personal o medio de comunicación de masas	Informal	Describir experiencias u opiniones personales.	• Lenguaje relajado. • Frases completas. • Incluye párrafos. • Contiene opiniones y experiencias personales. • A menudo incluye imágenes.	• Incluye la URL o dirección del blog. • A menudo se incluye la fecha de publicación del blog. • Se ha de incluir un encabezamiento en cada una de las entradas de blog. • Para ampliar, se pueden incluir comentarios de otros usuarios sobre las entradas de blog.

	Tipos de texto	Registro	Objetivo	Características	Más información
Diario	Personal	Informal	Reflexionar sobre su propia vida.	• Tono informal. • Completamente honesto y sincero. • Frases completas. • Incluye párrafos. • Contiene opiniones y experiencias personales.	• Incluye una entrada como *Querido diario*. • A menudo se incluye la fecha.
Tarjeta postal	Personal	Informal	Compartir información y expresar deseos.	• No tiene que incluir párrafos ni frases completas y complejas. • Contiene opiniones y experiencias personales. • El tono del lenguaje es familiar y a menudo afectivo.	• Puede incluir: – Fecha: día, mes y año en que se expide la postal. – Lugar: nombre, dirección, ciudad y código postal del destinatario. – Posdata: abreviado P. D., mensaje final que se añade para aclarar una idea o exponer una información extra.
Mensaje de texto	Personal	Informal	Compartir información y expresar deseos.	• Código lingüístico propio con grafía propia. • Frases sin verbo y casi sin conectores. • Palabras acortadas y a menudo sin vocales.	
Folleto	Profesional o medio de comunicación de masas	Formal o informal	• Compartir información. • Animar al lector a investigar más, a visitar algún lugar o a comprar algo.	• Imágenes atractivas. • Párrafos y también frases según sea lo más apropiado para lo que describe. • El tono depende del público y del objetivo. • Incluye opiniones cuando intenta animar al lector a comprar algo o a visitar algún sitio.	• Se debe incluir un encabezamiento. • A menudo el cierre contiene la dirección, la ciudad y el código postal del destinatario.
Reseña	Profesional o medio de comunicación de masas	Formal	• Resumir el contenido de una obra o evento con el propósito de compartir y dar información. • Tiene una parte objetiva y otra subjetiva en la que el autor de la reseña evalúa el mérito de la obra.	• Selección de lo más significativo de la obra o evento. • Expone las ideas principales del texto y su finalidad, así como todos los aspectos complementarios al texto, desde el punto de vista del autor.	
Declaración personal o currículum	Profesional o académico	Formal	Dar o compartir información que se ajuste al perfil del trabajador o estudiante que se está buscando.	• Fácil de leer. • Visualmente agradable. • No es falso. • Estilo definido (primera o tercera persona).	

	Tipos de texto	Registro	Objetivo	Características	Más información
Propuesta	Profesional	Formal	• Conectar con la propuesta específica que la motivó. • Dar respuesta a las preguntas que han motivado a realizar la propuesta.	• Simple y clara. • Diferente. • Centrada en el lector. • Debe ser atractiva.	
Correo electrónico	Personal o profesional	Formal o informal	Compartir información.	• Más corto que una carta. • Incluye párrafos. • Contiene opiniones y experiencias personales. • El tono del lenguaje depende de si se escribe un correo formal o informal.	• Incluye la fecha. • Muchas veces incluye la dirección electrónica del destinatario y la del emisor.
Artículo en línea	Medio de comunicación de masas	Formal	Informar.	• Frases completas. • Párrafos extensos / largos • Lenguaje claro y preciso. • Uso de imágenes, fotografías o gráficos que ilustran o complementan la información.	
Tuit	Medio de comunicación de masas	Informal	Compartir una opinión o un enlace con el mundo o alguien en particular.	• Máximo 280 caracteres. • Frases cortas. • Uso regular de abreviaciones.	• Incluye la fecha. • Muchas veces incluye la dirección electrónica del destinatario y la del emisor.
Entrada de foro virtual de discusión	Medio de comunicación de masas	Informal o formal	Intercambio de comunicación, debate y trabajo colaborativo.	• Breve. • Frases completas. • Puede contener párrafos, citas, bibliografía y referencias, dependiendo del propósito.	
Lista	Personal	Informal	Elaborar una serie de detalles relevantes.	• Uso de frases cortas o largas según el objetivo de la lista. • Puede ser completamente factual o desarrollar un argumento. • Usa "viñetas" (topos, puntos o boliches) en vez de párrafos.	
Formulario	Profesional, legal	Formal	Recabar información básica, por ejemplo, datos personales de la persona correspondiente.	• Estructurado. • Claro.	• Documento destinado a que el usuario introduzca datos de forma estructurada para su posterior almacenamiento y procesamiento, siendo la sencillez en su diseño y el orden de los datos dos características principales. • Utilizado en bancos, escuelas, hospitales, oficinas, etc.

Agradecimientos

Agradecemos a las siguientes fuentes y autores por el permiso que nos han otorgado para reproducir sus creaciones:

Cubierta (cover): curtis/Shutterstock, auremar/Fotolia, Mariusz Prusaczyk/Fotoalia, Rob Marmion/Shutterstock, Mariusz Prusaczyk/Fotolia, modestlife/Fotolia, bikeriderlondon/Shutterstock, MasterLu/Fotolia, Olinchuk/ Shutterstock